U0790865

预应力混凝土梁式桥的施工技术与质量检查

主　编　杨金顺　陈建国
副主编　江永安　赵跃红　雷应国
　　　　邹正伟　孙华新

黄河水利出版社
·郑州·

内 容 提 要

本书共分为七章，分别是公路桥梁工程测量，施工导流与围堰和基础处理，模板、钢筋、混凝土及钢筋混凝土工程，预应力混凝土工程，预应力混凝土浇筑及预应力混凝土梁式桥，桥面工程与附属工程，桥梁的检查与评定。

本书可作为广大公路桥梁建设、设计、施工、监理、管理人员参考用书，并供有相关专业的学校师生参考学习之用。

图书在版编目(CIP)数据

预应力混凝土梁式桥的施工技术与质量检查/杨金顺，陈建国主编. —郑州：黄河水利出版社，2010.2

ISBN 978-7-80734-730-9

Ⅰ.预… Ⅱ.①杨…②陈… Ⅲ.①预应力混凝土桥：梁桥-施工技术②预应力混凝土桥：梁桥-质量检查 Ⅳ.U448.35

中国版本图书馆 CIP 数据核字(2009)第 171428 号

出 版 社：黄河水利出版社

地址：河南省郑州市顺河路黄委会综合楼 14 层　　邮政编码：450003

发行单位：黄河水利出版社

发行部电话：0371-66026940、66020550、66028024、66022620(传真)

E-mail：hhslcbs@126.com

承印单位：黄河水利委员会印刷厂

开本：787 mm×1 092 mm　1/16

印张：12.5

字数：305 千字　　印数：1—1 000

版次：2010 年 2 月第 1 版　　印次：2010 年 2 月第 1 次印刷

定价：29.00 元

前　言

自改革开放以来，我国公路建设取得了前所未有的发展，随着科学的进步，新技术、新工艺不断出现，极大地提高了工程建设的整体水平。在公路桥梁的施工过程中，为适应桥梁工程建设的新形势，应不断发展和提高桥梁工程的施工技术水平，确保工程质量。作者结合对预应力混凝土梁式桥的施工经验和参照有关的桥梁施工规范，系统地归纳在一起，编写了《预应力混凝土梁式桥的施工技术与质量检查》一书。

本书由河南省水利第一工程局杨金顺、陈建国任主编；河南省河川工程监理有限公司江永安，郑州大学综合研究设计院赵跃红，河南省水利第一工程局雷应国、孙华新，郑州市水利监理中心邹正伟任副主编。

该书内容翔实，实用性和可操作性强，便于从事公路桥梁工程施工、设计、监理、管理等的技术人员使用和参考，对类似工程的建设具有重要的借鉴价值和推广意义。

目　录

第一章　公路桥梁工程测量

公路桥梁工程测量是为公路桥梁工程建设提供基本保障的重要的基础工作，包括规划设计阶段的工程测量（即公路工程准备阶段的测量）和施工阶段的公路桥梁工程施工测量。

公路桥梁工程建设的测量工作，必须保证测绘成果的质量，且应严格执行各种测量规范和满足各项技术要求的精度。

公路桥梁的施工准备工作，首先应做好施工现场准备，修建施工临时设施，安装调试施工用的机具及标定试验机具，进行施工测量及复核测量资料，做好材料的储存和堆放及开工前的各种试验检测工作，并根据招投标文件、施工合同、设计文件及有关规范编报施工组织设计，而且施工组织设计应包括编制说明、施工组织机构、施工平面布置图、施工方法、施工工艺、施工详图、资源计划、总施工进度计划和进度网络图、质量管理、安全生产、环境保护等内容。

施工单位必须建立健全质量保证体系，主要内容包括质量方针、质量目标、质量保证机构、质量保证程序、质量保证措施等。

第一节　施工准备阶段测量的基本要求

公路桥梁工程建设施工准备阶段的测量工作主要是测图比例的确定和平面控制测量，以及高程控制测量。其中平面控制包括基本平面控制、图根平面控制、测站点的平面控制。高程控制包括基本高程控制、图根高程控制、测站点高程控制及各项精度指标的确定原则。

一、测图比例的确定

测图比例应根据规划设计阶段和工程项目的实际需要确定。一般测量规范中规定公路工程的测图比例尺为1:2 000～1:10 000。

二、平面控制测量的要求

规范规定，平面控制测量应进行基本平面控制、图根平面控制和测站点平面控制等工作，其布设层次、施测方法和精度要求应符合表1-1的规定。

（一）基本平面控制的要求

基本平面控制的二等平面控制应按国家相应规范执行，三、四等平面控制应与现行国家相应规范一致，五等平面控制应为历次公路工程测量规范中使用的等级。

基本平面控制点的点位中误差是考虑到公路枢纽地区测制1:1 000及其更大比例尺的需要，要求最弱相邻点点位中误差不得大于±5 cm。

故规定，三、四、五等基本平面控制最弱相邻点点位中误差不得大于±0.05 mm。

表 1-1　平面控制测量布设层次、施测方法和精度要求

平面控制层次	测图比例尺			精度要求（图上 mm）
	1∶500	1∶1 000　1∶2 000	1∶5 000　1∶10 000	
基本平面控制	二、三、四、五等三角网、三边网、边角网、导线网和GPS网			三、四、五等基本平面控制最弱相邻点点位中误差不得大于 ±0.05
图根平面控制	解析图根	解析图根 解析图根	解析图根 解析图根 解析图根	最后一次图根点对于邻近基本平面控制点的点位中误差不得大于 ±0.1
测站点平面控制	解析测站	解析测站	解析测站 (图解测站)	测站点对于邻近图根点的点位中误差不得大于 ±0.2

注：1. 当进行 1∶500 比例尺测图时，其三、四、五等基本平面控制最弱相邻点点位中误差允许放宽到不超过 5 cm。
2. 条件有利时可以在基本平面控制的基础上，直接加密测点图，较小测区还可以用图根控制作为首级控制。
3. 精度要求不包括展点误差。
4. 在满足规范精度的前提下可逐级布网或越级布网。

（二）图根平面控制的要求

由基本平面控制发展的图根平面控制的精度梯度，应考虑测量控制点的点位误差，在不考虑展点误差的情况下，一般由起始误差和测量本身误差组成

$$m_{总}^2 = m_{起}^2 + m_{测}^2 \tag{1-1}$$

式中　$m_{起}$——起点误差；

$m_{测}$——测点误差。

在控制总误差的变化不大于 1/10 的情况下，即会得到

$$\frac{m_{起}^2}{\alpha m_{测}^2} \leqslant 1/10 \tag{1-2}$$

则 $m_{起} \leqslant 0.45 m_{测}$，凑整取 $m_{起} = 0.5 m_{测}$。

因此，规定最后一次图根点对于邻近基本平面控制点位中误差不得大于 ±0.05/0.5 = ±0.1(mm)。

(三)测站点平面控制的要求

由图根平面控制发展的测站点平面控制的精度梯度与基本平面控制发展的图根平面控制的精度梯度相同，即测站点对于邻近图根点的点位中误差不得大于 ±0.1/0.5 = ±0.2(mm)。

三、高程控制测量的要求

高程控制可分为基本高程控制、图根高程控制和测站点高程控制三级。其布设层次、施测方法和精度要求应符合表 1-2 的规定。

表 1-2　高层控制的布设层次、施测方法和精度要求

高程控制等级		布设层次			精度要求
		h=0.5 m	h=1.0 m	$h \geqslant$2.0 m	
基本高程控制（等）	一	一、二等水准			最弱点高程中误差不得大于 ±h/20。当 h = 0.5 m时，不得大于 ±h/16
	二				
	三	三、四、五等水准和电磁波测距三角高程			
	四				
	五				
图根高程控制（级）	一	图根水准	图根水准	图根水准	最后一次加密的高程控制点对邻近基本高程控制点的高程中误差不得大于 ±h/10，且最大不得大于 ±0.5 m
	二	图根水准	图根水准 解析高程	图根水准 解析高程	
	三			解析高程	
测站点高程控制		测图水准	解析高程	解析高程 (图解高程)	测站点高程对邻近图根高程控制点的高程中误差不得大于 ±h/6

注：1. h 为地形图的基本等高距，m。
2. 图根高程可用水准测量、电磁波测距三角高程测量、三角高程测量等方法施测。
3. 解析高程包括由解析边构成的三角高程、交会点高程及经纬仪视距高程。
4. 图解高程包括由图解边构成的交会点高程、平板仪复觇导线高程及转点高程（仅适用于航测综合法测图时测定测站点高程）。

(一)基本高程控制

基本高程控制的一、二、三、四等水准与《国家一、二等水准测量规范》(GB/T 12897—2006)和《国家三、四等水准测量规范》(GB 12898—2009)的规定一致,五等高程控制的精度估算仍忽略起始误差。自四等高程发展五等高程控制采用三等水准发展四等水准的精度梯度。据此分析,并进行估算,规定出基本高程控制最弱点高程中误差不得大于 $\pm h/20$,当基本等高距为 0.5 m 时,不得大于 $\pm h/16$。

(二)图根高程控制

图根高程水准可按同等精度及路线长度在五等高程控制的基础上发展两次,路线长度仍沿用原规范规定值。在推算其精度时考虑了起始数据误差的影响,故线路上最弱点相对于五等以上水准的高程中误差可推算得出。

两次图根水准路线长度和相应的最弱点高程中误差计算见表 1-3。

表 1-3　两次图根水准路线长度和相应的最弱点高程中误差计算

水准等级	允许每千米测段往返测或路线不符值 C(mm)	每千米高差中数全中误差 m_w(mm)	水准路线长度 L(km)		路线上最弱点高程中误差(mm)	
			基本等高距 $h=0.5$ m	基本等高距 $h\geqslant1$ m	基本等高距 $h=0.5$ m	基本等高距 $h\geqslant1$ m
图水 1	±40	±20	12	30	±41	±65
图水 2	±40	±20	12	30	±45	±75

当采用 0.5 m 基本等高距测量时,图根二级路线最弱点高程中误差 $m_h = \pm45$ mm $= \pm h/11$,与 $\pm h/10$ 很接近。

图根以下各级高程均在图根一级的基础上按 $1/\sqrt{2}$ 的精度梯度加密,当图根二级水准用直接水准有困难的个别地区,可用解析高程代替图根二级水准(0.5 m 基本等高距),其最弱点高程中误差为 $\pm(h/12)\times\sqrt{2} = \pm h/9$,略超出 $h/10$ 规定。比较上述两种情况,最弱点高程中误差取用 $\pm h/10$,因此规定图根高程控制最后一次加密的高程控制点对邻近基本高程控制点的高程中误差不得大于 $\pm h/10$。当基本等高距较大时,为了防止粗差,规定了最大不得大于 ±0.5 m。

(三)测站点高程控制

测站点高程仍以 $1/\sqrt{2}$ 的精度梯度加密,当采用 0.5 m 基本等高距时,测站点的高程中误差不得大于 $\pm h/6$。

由上述平面控制与高程控制精度指标规定知,只有严格按表 1-1 及表 1-2 中的布设层次、施测方法和精度要求作业,才能达到各级平面控制和高程控制的精度要求。

第二节　施工测量

施工测量的内容和要求:根据桥梁的形式、跨径及设计要求的施工精度,确定利用原设计网点加密或重新布设控制网点;补充施工需要的水准点、桥轴线及桥墩台控制桩;桥梁放样测量及要求。

下面重点介绍施工测量时的具体测量方法。

一、直接丈量法

当有良好的丈量条件时,可采用直接丈量法进行墩台施工定位,直接丈量法应对尺长、温度、拉力、垂度和倾斜度进行改正计算,其改正计算公式如下。

(一)尺长改正(Δl_d)

尺长改正的改正数为

$$\Delta l_d = \frac{l - l_0}{l_0}L \qquad (1\text{-}3)$$

式中 L——钢尺总长(刻度数),m;

l_0——钢尺检定时的标准长度,m;

l——实测尺段长度,m。

(二)温度改正(Δl_t)

温度改正的改正数为

$$\Delta l_t = lk(t - t_0) \qquad (1\text{-}4)$$

式中 l——实测尺段长度,m;

t_0——钢尺标准长度时的温度,℃;

t——测量时的实际平均温度,℃;

k——经检定的钢尺的线膨胀系数,如不确定,可用0.000 011 7/℃。

(三)拉力改正(Δl_p)

所施拉力不同于标准拉力时,拉力改正数为

$$\Delta l_p = \frac{l(p - p_0)}{AE} \qquad (1\text{-}5)$$

式中 l——实测尺段长度,m;

p——测量时的实际拉力,N;

p_0——检定时的标准拉力,N;

A——钢尺的断面面积,cm^2;

E——钢尺材料的弹性模量,MPa。

(四)垂直改正(Δl_f)

垂直改正的改正数为

$$\Delta l_f = -\frac{d}{24}\left(\frac{md}{p}\right)^2 \qquad (1\text{-}6)$$

式中 d——量距时钢尺两端支点间的距离,m;

m——钢尺每单位长度的质量,kg;

p——测量时的实际拉力,Pa。

（五）倾斜度改正（Δl_h）

倾斜度改正的改正数为

$$\Delta l_h = -\left(\frac{h^2}{2l} + \frac{h^4}{8l^3}\right) \tag{1-7}$$

式中 l——倾斜尺段长度，m；

h——两端高差，m。

（六）每一尺段的实际长（d_n）

每一尺段的实际长的计算式为

$$d_n = l + \Delta l_d + \Delta l_t + \Delta l_p + \Delta l_f + \Delta l_h \tag{1-8}$$

（七）全长距离（d）

全长距离计算式为

$$d = \sum d_n = \sum (l + \Delta l_d + \Delta l_t + \Delta l_p + \Delta l_f + \Delta l_h) \tag{1-9}$$

二、电磁波测距仪法

大中桥的水中墩、台和基础的位置，宜用校验过的电磁波测距仪测量。桥墩中心线在桥轴线方向上的位置中误差不应大于±15 mm。

量距精度按下列公式计算。

（一）各尺段观测值的中误差 m'

各尺段观测值的中误差为

$$m' = \pm\sqrt{\frac{[VV]}{n-1}} \tag{1-10}$$

式中 $[VV]$——各次丈量值与平均值之差的平方和；

n——丈量次数。

（二）各尺段算术平均值的中误差 m

各尺段算术平均值的中误差为

$$m = \frac{m'}{\sqrt{n}} = \pm\sqrt{\frac{[VV]}{n(n-1)}} \tag{1-11}$$

式中符号含义同前。

（三）量测段全长的中误差 M

量测段全长的中误差为

$$M = \pm\sqrt{m_1^2 + m_2^2 + \cdots + m_n^2} \tag{1-12}$$

式中 m_1、m_2、…、m_n——各尺段算术平均值的误差。

（四）量测段的精度 M_D

量测段的精度为

$$M_D = \frac{M}{D} \tag{1-13}$$

式中 M——量测段全长的中误差；

D——量测段全长的算术平均值。

(五)视距法测距要求

当量距精度要求高于1/25 000时,可采用视差法提高其精度,采用2 m横基尺为定长基线尺,进行测距时其方法如下。

1. 横尺站点法

计算公式 $$D = \frac{B}{2}\cot\varphi \tag{1-14}$$

精度公式 $$m_s = \frac{D^2}{2}\frac{m''_\varphi}{\rho} \tag{1-15}$$

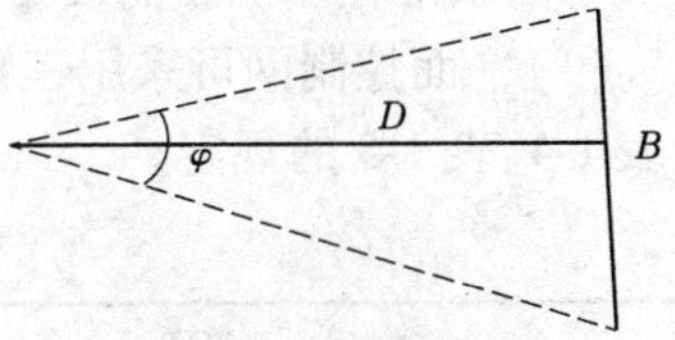

图1-1 横尺站点法简图

式(1-14)、式(1-15)中字母的含义参见图1-1。

式中 m_s——横基尺尺长检定中误差所引起的中误差;

m''_φ——视差角测角中误差;

$\rho = 206\ 265''$。

2. 横尺中点法

计算公式 $$D = D_1 + D_2 = \frac{B}{2}(\cot\varphi_1 + \cot\varphi_2) \tag{1-16}$$

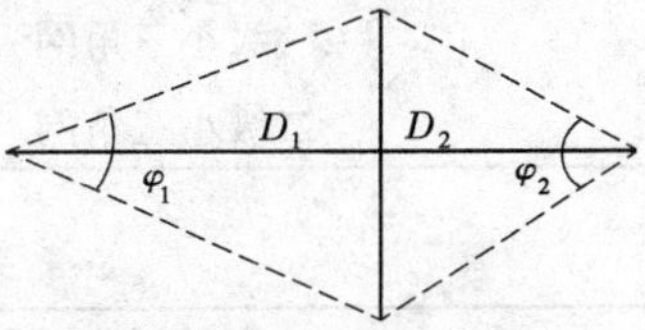

图1-2 横尺中点法简图

式中各符号含义见图1-2。

精度公式 $$m_s = \frac{D^2}{2\sqrt{\delta}}\frac{m''_\varphi}{\rho} \tag{1-17}$$

3. 辅助基线端点法

计算公式 $$D = \frac{B}{2}\cot\varphi_1\frac{\sin(\varphi_2 + \gamma)}{\sin\varphi_2} \tag{1-18}$$

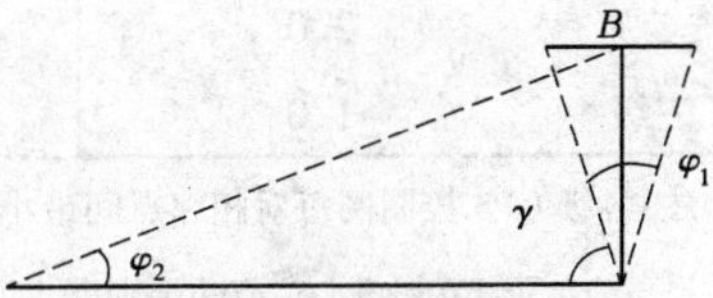

图1-3 辅助基线端点法简图

式中各符号含义见图1-3。

精度公式 $$m_s = D\sqrt{D}\frac{m''_\varphi}{\rho} \tag{1-19}$$

4. 辅助基线中点法

计算公式 $$D = \frac{B}{2}\cot\frac{\varphi_1}{2}\sin\gamma(\cot\varphi_2 + \cot\varphi_3) = D_1 + D_2 \tag{1-20}$$

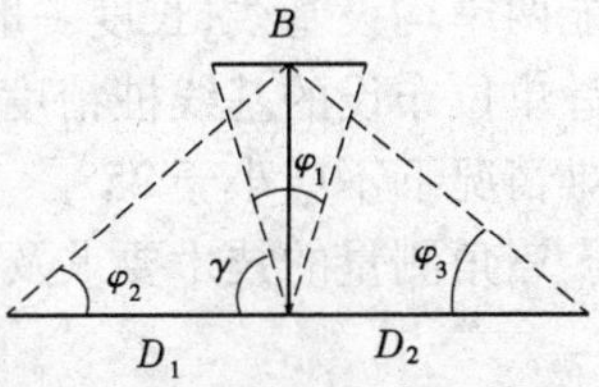

图1-4 辅助基线中点法简图

式中各符号的含义见图1-4。

精度公式 $$m_s = 0.6D\sqrt{D}\frac{m''_\varphi}{\rho} \tag{1-21}$$

第三节 桥梁施工过程中的测量和施工测量

施工过程中应测定并经常检查桥梁结构浇砌和安装部分的位置和标高,并作出测量记录和结论,当超过允许偏差时应分析原因并予以补救和改正,各结构部分的允许偏差均应符合规范和设计要求。

桥曲线超过1 000 m的特大桥梁和结构复杂的桥梁,施工过程应进行主要墩、台(塔、锚)的沉降变形监测,桥梁控制网应每年复测一次,以确保施工安全和质量。

桥梁竣工后应进行竣工测量,测量项目如下:①测量桥梁中线,丈量跨径;②丈量墩、台(塔、锚)各部分尺寸;③检查桥面高程;④为防止差错,施工测量必须由两个人相互检查校对并作出测量和检查核对记录。

平面水准控制测量的质量和要求如下:

(1)平面控制网可采用三角测量和 GPS 测量,三角测量和 GPS 测量等级的确定应符合表 1-4、表 1-5 的规定。

表 1-4　平面控制测量等级

等级	桥位控制测量
二等三角网	>5 000 m 的特大桥
三等三角网	2 000 ~5 000 m 的特大桥
四等三角网	1 000 ~2 000 m 的特大桥
一级小三角网	500 ~1 000 m 的特大桥
二级小三角网	<500 m 的大、中桥

表 1-5　GPS 控制网的主要技术指标

级别	每对相邻点平均距离(km)	固定误差 a (mm)	比例误差 b (mm)	最弱相邻点点位中误差(mm)
一级	4.0	5	1	10
二级	2.0	5	2	10
三级	1.0	5	2	10

注:各级 GPS 控制网每对相邻点间最小距离不应小于平均距离的 1/2,最大距离不应大于平均距离的 2 倍。

(2)平面控制三角网测量。三角网的基线不应少于两条,依据当地条件,可设于河流的一岸或两岸。基线的一端应与桥平曲线连接,并尽量近于垂直。当桥轴线较长时应尽可能两岸均设基线,长度一般不小于桥平曲线长度的 0.7 倍,困难地段不得小于 0.5 倍,设计单位布设的基线桩精度够用时应予以利用。三角网所有角度宜布设在 30°~120°,困难情况下不应小于 25°。

三角测量的技术要求及测距仪测量精度等级分别见表 1-6、表 1-7。

表 1-6　三角测量的技术要求

等级	平均边长(km)	测角中误差(″)	起始边边长相对中误差	最弱边边长相对中误差	测回数			三角形最大闭合差(″)
					DJ_1	DJ_2	DJ_3	
二等	3.0	±1.0	≤1/250 000	≤1/120 000	12	—	—	±3.5
三等	3.0	±1.8	≤1/150 000	≤1/70 000	6	9	—	±7.0
四等	1.0	±2.5	≤1/10 000	≤1/40 000	4	6	—	±9.0
一级小三角	0.5	±5.0	≤1/40 000	≤1/20 000	—	3	4	±15.0
二级小三角	0.3	±10.0	≤1/20 000	≤1/10 000	—	1	3	±30.0

表 1-7　测量精度等级

测距仪精度等级	每千米测距中误差 m_D(mm)	
Ⅰ级	$m_D \leqslant 5$	$m_D = \pm(a + bD)$
Ⅱ级	$5 < m_D \leqslant 10$	
Ⅲ级	$10 < m_D \leqslant 20$	

注:表中符号含义同前。

桥位三角网精度如表 1-8 所示。

表 1-8　桥位三角网精度

等级	桥平曲线桩间距离(m)	测角中误差(″)	桥平曲线相对中误差	基线相对中误差	三角形最大闭合差(″)
二	>5 000	±1.0	1/130 000	1/260 000	±3.5
三	2 000~5 000	±1.8	1/70 000	1/140 000	±7.0
四	1 000~2 000	±2.5	1/40 000	1/80 000	±9.0
五	500~1 000	±5.0	1/20 000	1/40 000	±15.0
六	200~500	±10.0	1/10 000	1/20 000	±30.0
七	≤200	±20.0	1/5 000	1/10 000	±60.0

三角平差一般按角度以条件观测平差为主,平差计算结束后,验算精度应符合表 1-8 的规定。

三角网测角中误差按下式计算

$$m_B = \sqrt{\frac{[ww]}{3n}} \tag{1-22}$$

式中　m_B——测角中误差,(″);

w——三角形的角度闭合差,(″);

n——三角形的个数。

测边单位权中误差按下式计算

$$\mu = \sqrt{\frac{[\rho dd]}{2n}} \tag{1-23}$$

式中　μ——测边单位权中误差;

d——各边桩近距离的较差,mm,应不超过按仪器标称精度的极限值(2 倍);

n——测距的边数;

ρ——各边距离测量的先验权，其值为 $1/\delta_D^2$，δ_D 为测距的先验中误差，可按测距仪的标称精度计算。

任一测距的实际测距中误差可按下式计算

$$m_{Di} = \mu\sqrt{\frac{1}{\rho_i}} \tag{1-24}$$

式中 m_{Di}——第 i 边的实际测距中误差，mm；

ρ_i——第 i 边距离测量的先验权；

其他字母含义同前。

当网中的边长相差不大时，可按下式计算平均测距中误差

$$m_D = \sqrt{\frac{[dd]}{2n}} \tag{1-25}$$

式中 m_D——平均测距中误差，mm；

其他字母含义同前。

三角网的平差计算如下所述。

(1)桥梁三角网的平差计算，三角锁的近似平差、角度闭合差的调整如图 1-5 所示。设 a'_i、b'_i、c'_i 为三角锁中各角的观测值，f_i 为三角形的闭合差，其平差计算公式及第一次调整后的同一三角形三个角的改正值如下

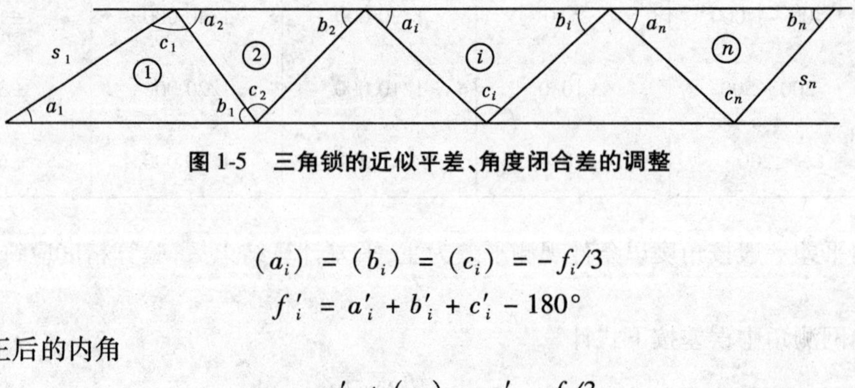

图 1-5 三角锁的近似平差、角度闭合差的调整

$$(a_i) = (b_i) = (c_i) = -f_i/3 \tag{1-26}$$

$$f'_i = a'_i + b'_i + c'_i - 180°$$

改正后的内角

$$a_i = a'_i + (a_i) = a'_i - f_i/3 \tag{1-27}$$

$$b_i = b'_i + (b_i) = b'_i - f_i/3 \tag{1-28}$$

$$c_i = c'_i + (c_i) = c'_i - f_i/3 \tag{1-29}$$

(2)边长闭合差的调整。由第一条基线 s_1 及经过第一次改正后的内角 a_i、b_i，应用正弦定理可推算出最后的边长度 s_n 为

$$s_n = s_1\frac{\sin a_1 \sin a_2 \cdots \sin a_n}{\sin b_1 \sin b_2 \cdots \sin b_n} \tag{1-30}$$

则边长闭合差 w_d 为

$$w_d = \sum \lg\sin a_i - \sum \lg\sin b_i + (\lg s_1 - \lg s_2) \tag{1-31}$$

设 a_i、b_i 为正弦对数 1″的变化值，经两次调整的角度值为

$$a_i = a'_i - f_i/3 - \frac{w_d}{\sum a_i + \sum b_i} \tag{1-32}$$

$$b_i = b'_i - f_i/3 - \frac{w_d}{\sum a_i + \sum b_i} \tag{1-33}$$

$$c_i = c'_i - f_i/3 \tag{1-34}$$

大地四边形的近似平差计算公式如下所述。

(1)角度闭合差的调整,如图 1-6 ~ 图 1-8 所示。

设 w、f_1、f_2 分别为图 1-6、图 1-7、图 1-8 的闭合差,角度第一次改正值用(a_i)、(b_i)表示,则其改正值方程为

$$\left.\begin{aligned} \sum(a) + \sum(b) + w &= 0 \\ (a_2) + (b_2) - (a_4) - (b_4) + f_1 &= 0 \\ (a_1) + (b_1) - (a_3) - (b_3) + f_2 &= 0 \end{aligned}\right\} \tag{1-35}$$

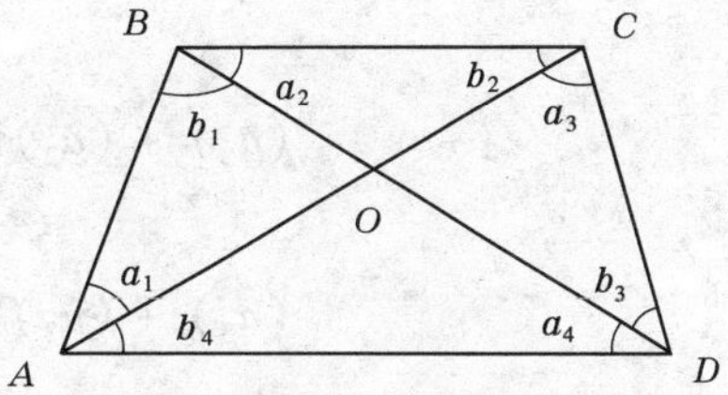

图 1-6　角度闭合差调整(一)

由上述第一式得各角的改正值为

$$(a_i) = (b_i) = -w/8 \tag{1-36}$$

由上述第二式得各角的改正值为

$$(a_2) = (b_2) = -(a_4) = -(b_4) = -f_1/4 \tag{1-37}$$

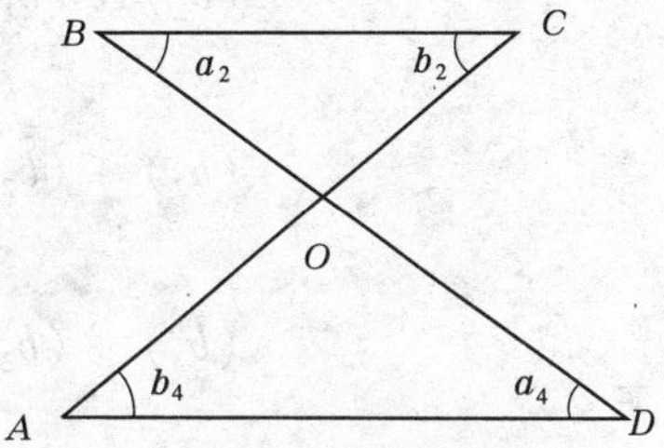

图 1-7　角度闭合差调整(二)

由上述第三式得各角的改正值为

$$(a_1) = (b_1) = -(a_3) = -(b_3) = -f_2/4 \tag{1-38}$$

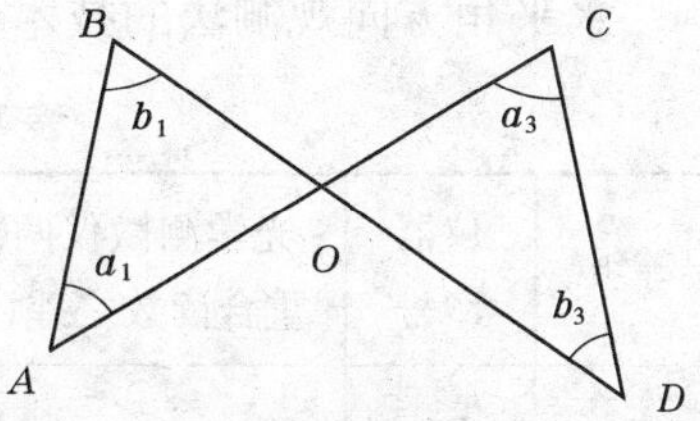

图 1-8　角度闭合差调整(三)

各观测值由于角度闭合差产生的改正值为

$$(a_1) = (b_1) = -w/8 - f_2/4 \tag{1-39}$$

$$(a_2) = (b_2) = -w/8 - f_1/4 \tag{1-40}$$

$$(a_3) = (b_3) = -w/8 + f_2/4 \tag{1-41}$$

$$(a_4) = (b_4) = -w/8 + f_1/4 \tag{1-42}$$

(2)边长闭合差的调整。假设大地四边形各内角经过第一次调整后完全正确,则用第一次调整后的各角代入边长公式,以图中的 O 为极,由 OA 开始,经过 AOB、BOC、COD、DOA 四个三角形,又回到 OA,即必须满足

$$\frac{\sin a_1 \sin a_2 \sin a_3 \sin a_4}{\sin b_1 \sin b_2 \sin b_3 \sin b_4} = 1 \tag{1-43}$$

但实际上大地四边形的各角经过第一次调整后仍不能完全正确,必须存在一个边长闭合差 w_d,则

$$w_d = \sum \lg\sin a_i - \sum \lg\sin b_i \tag{1-44}$$

设 a_i 角的第二次改正值为$(a_i)'$,正弦对数 $1''$ 的变化为 A_i,b_i 角的第二次改正值为

$(b_i)'$，正弦对数1″的变化为B_i，则a_i、b_i角第二次调整值为

$$(a_i)' = -\frac{w_d}{\sum A_i + \sum B_i} \quad (b_i)' = +\frac{w_d}{\sum A_i + \sum B_i} \tag{1-45}$$

经过两次调整后，各角的改正值总和为

$$\left.\begin{aligned}
(a_1) + (a_1)' &= -w/8 - f_2/4 - \frac{w_d}{\sum A_i + \sum B_i} \\
(a_2) + (a_2)' &= -w/8 - f_1/4 - \frac{w_d}{\sum A_i + \sum B_i} \\
(a_3) + (a_3)' &= -w/8 + f_2/4 - \frac{w_d}{\sum A_i + \sum B_i} \\
(a_4) + (a_4)' &= -w/8 + f_1/4 - \frac{w_d}{\sum A_i + \sum B_i} \\
(b_1) + (b_1)' &= -w/8 - f_2/4 + \frac{w_d}{\sum A_i + \sum B_i} \\
(b_2) + (b_2)' &= -w/8 - f_1/4 + \frac{w_d}{\sum A_i + \sum B_i} \\
(b_3) + (b_3)' &= -w/8 + f_2/4 + \frac{w_d}{\sum A_i + \sum B_i} \\
(b_4) + (b_4)' &= -w/8 + f_1/4 + \frac{w_d}{\sum A_i + \sum B_i}
\end{aligned}\right\} \tag{1-46}$$

水平角方向观测法的技术要求，如表1-9所示。

表1-9　水平角方向观测法的技术要求

等级	仪器型号	光学测微仪两次重合读数之差(″)	半测回归零差(″)	一测回中2倍照准差较差(″)	同一方向值各测回较差(″)
四等及以上	DJ_1	1	6	9	6
	DJ_2	3	8	13	9
一级及以下	DJ_2	—	12	18	12
	DJ_6	—	18	—	24

注：当观测方向的垂直角超过±3°的范围时，该方向一测回中2倍照准差较差可按同一观察时段内相邻测回同方向进行比较。

测距的主要技术要求，如表1-10所示。

表 1-10　测距的主要技术要求

平面控制网等级	测距仪精度等级	观察次数		总测回数	一测回读数较差(mm)	单程各测回较差(mm)	往返较差
		往	返				
二、三等		1	1	6	≤5	≤7	$\leqslant\sqrt{2}(a+bD)$
				8	≤10	≤15	
四等		1	1	4~6	≤5	≤7	$\leqslant\sqrt{2}(a+bD)$
				4~8	≤10	≤15	
一级		1	—	2	≤10	≤15	
				4	≤20	≤30	
二级		1	—	1~2	≤10	≤15	
				2	≤20	≤30	

注：1. 测回是指照准目标 1 次，读数 2~4 次的过程。

2. 根据具体情况，测边可采取不同时间段观测代替往返观测。

3. a 为标称精度中的固定误差（mm），b 为标称精度中的比例误差系数（mm/km），D 为测距长度（km）。

高程控制测量介绍如下：

（1）水准测量等级的确定应符合下列要求：2 000 m 以上的特大桥一般为三等，1 000～2 000 m的特大桥为四等，1 000 m 以下的桥梁为五等，水准测量的等级划分及主要技术要求见表 1-11。

表 1-11　水准测量的主要技术要求

等级	每千米高差中数误差(mm)		水准仪的型号	水准尺	观测次数		往返较差、附合或环线闭合差(mm)
	偶然中误差 m_Δ	全中误差 m_w			与已知点联测	附合或环线	
二等	±1	±2	DS_1	因瓦	往返各一次	往返各一次	$\pm4\sqrt{L}$
三等	±3	±6	DS_1	因瓦	往返各一次	往一次	$\pm12\sqrt{L}$
			DS_3	双面		往返各一次	
四等	±5	±10	DS_3	双面	往返各一次	往一次	$\pm20\sqrt{L}$
五等	±8	±16	DS_3	单面	往返各一次	往一次	$\pm30\sqrt{L}$

注：L 为往返测段、附合或环线的水准路线长度（km）。

（2）水准测量精度计算应符合表 1-11 的规定。

①高差偶然中误差 m_Δ 按下式计算

$$m_\Delta = \sqrt{(\frac{1}{4n})/(\frac{\Delta\Delta}{L})} \tag{1-47}$$

式中　m_Δ——高差偶然中误差，mm；

Δ——水准路线测段往返高差不符值，mm；

L——水准路线长度，km；

n——往返测的水准路线测段数。

②高差全中误差 m_w 按下式计算

$$m_w = \sqrt{\left(\frac{1}{N}\right)\left(\frac{ww}{L}\right)} \tag{1-48}$$

式中　m_w——高差全中误差，mm；

L——计算各闭合差时相应的路线长度，km；

w——闭合差，mm；

N——附合路线或闭合路线环的个数。

当二、三等水准测量与国家水准附合时，应进行正常水准面不平行修正。

③特大、大、中桥施工时，应设临时水准点，高程偏差 Δh（mm）不得超过按下式计算的值

$$\Delta h = \pm 20\sqrt{L} \tag{1-49}$$

式中　L——水准路线长度，km。

对单跨跨径≥40 m 的 T 型钢构、连续梁、斜拉桥等的偏差 Δh_1（mm）不得超过按下式计算的值

$$\Delta h_1 = \pm 10\sqrt{L} \tag{1-50}$$

式中符号含义同前。

在山区，当平均每千米单程测站多于 25 站时，高程偏差 Δh_2（mm）不得超过按下式计算的值

$$\Delta h_2 = \pm 4\sqrt{n} \tag{1-51}$$

式中　n——水准点间单程测站数。

高程偏差在允许值以内时，取平均值为测段间高差，超过允许偏差时应重测。

④当水准路线跨越江河（或湖泊、宽沟、洼地、山谷等）时，应采用跨河水准测量方法校测，跨河水准测量方法可按照《公路勘测规范》（JTG C10—2001）执行。

例：河南省水利第一工程局在河口村水库承建的金滩沁河大桥工程的测量布置情况，如图 1-9 所示。

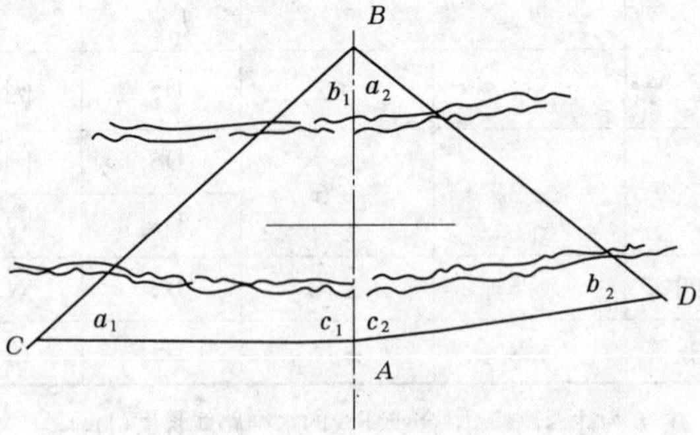

图 1-9　金滩沁河大桥工程的测量布置情况

为测定桥梁 AB 的长度，在轴线的两侧布置两个三角形 ABC 和 ABD，丈量 AC 和 AD 的边长（基线）为 $AC = S_1 = 232.34$ m 和 $AD = S_2 = 293.671$ m，角度观测成果及近似平差计算见表 1-12。

表 1-12　三角锁近似平差计算

号数	角度观测值		第一次改正	第一次改正后的角度	正弦对数	正弦1″的变化	第二次改正	对数改正	改正后的角度	改正后的正弦对数	边长对数
1	2		3	4	5	6	7	8	9	10	11
Ⅰ	a_1	57°20′00″	+7″	57°20′07″	9.925 231	+1.35	−1.4″	−2	57°20′05.6″	2.545 746	2.470 975
	b_1	41°23′40″	+7″	41°23′47″	9.820 375	+2.38	+1.4″	+3	41°23′48.4″	9.925 229	2.366 124
	c_1	81°16′00″	+6″	81°16′06″	9.994 937				81°16′06.0″	9.820 378	
	Σ	179°59′40″ $f_1=-20''$		180°00′00″					180°00′00″	9.994 937	
Ⅱ	a_2	45°35′40″	+14″	45°35′54″	9.853 974	+2.07	−1.4″	−3	45°35′52.6″	2.613 890	2.467 861
	b_2	46°01′00″	+13″	46°01′13″	9.850 782	+2.03	+1.4″	+3	46°01′14.4″	9.853 971	2.470 975
	c_2	88°22′40″	+13″	88°22′53″	9.999 827				88°22′53.0″	9.857 085	
	Σ	179°59′20″ $f_1=-40''$		180°00′00″		+7.83			180°00′00″	9.999 827	

$$\sum \lg\sin a_i = 9.779\,205 \qquad (a_i)' = -\frac{w_d}{\sum A_i + \sum B_i} = -\frac{11}{7.83} = -1.4''$$

$$-)\sum \lg\sin b_i = 9.677\,457 \qquad (b_i)' = +\frac{w_d}{\sum A_i + \sum B_i} = +\frac{11}{7.83} = +1.4''$$

$$0.101\,748$$

$$-)(\lg s_2 - \lg s_1) = 0.101\,737 \qquad \lg AB = 2.470\,75$$

$$w_d = +11$$

桥梁轴线长度 $AB=295.784$ m。

曲线桥施工放样计算如下：

(1)曲线桥桥墩中心距(L)的计算式为

$$L = l + 2F \tag{1-52}$$

$$F = b + 0.008\,726\,5w\alpha \tag{1-53}$$

式中 l——梁在直线上的预制长度,m;

F——预制梁端至桥墩中心的距离,m;

b——两跨简支梁间最小空隙之半,m;

w——桥面宽度(包括弯道加宽),m;

α——相邻两梁中线的交角,(°)。

(2)拱桥主拱圈施工放样计算。

施工放样方法：拱圈（肋）的放样方法有圆心推磨法、直角坐标法和多圆心法，以直角坐标法应用最广，如图1-10所示。放样时，先根据拱轴线方程，计入预拱度值，根据跨径的大小、精度和预拱度设置方法，在半跨内划分为12、24或48点，拱腹、拱背采用同一横坐标，计算公式为

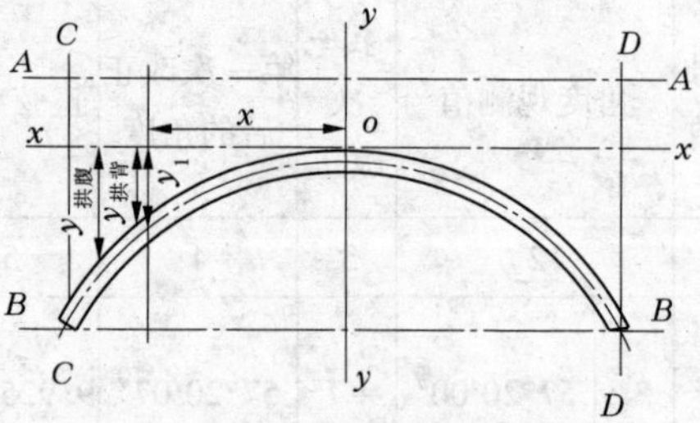

图1-10　直角坐标法施工放样

$$y_{拱背} = y_1 - h_{上}/\cos\phi \qquad (1\text{-}54)$$

$$y_{拱腹} = y_1 + h_{下}/\cos\phi \qquad (1\text{-}55)$$

式中　y_1——计入预拱度后的拱轴坐标；

ϕ——水平倾角；

$h_{上}$、$h_{下}$——拱圈上、下缘距截面形心的距离。

锥坡测量放样计算如下所述。

(1)椭圆曲线内测量距法。

计算方法：设锥形护坡的高度为H，锥坡与路堤接头处的坡度（椭圆形的长轴方向）为M，锥坡迎水面的坡度（短轴方向）为N，则长轴$a = MH$，短轴$b = NH$，沿长轴a方向n等分，计算出相应于n等分的短轴坐标y，如表1-13所示。从椭圆内侧量距，即可放样出椭圆形曲线，如图1-11所示。计算公式为

$$y = b\sqrt{1 - n^2} \qquad (1\text{-}56)$$

表1-13　椭圆形内侧纵坐标值

n等分值	横坐标x值	纵坐标y值
0.1	0.1a	0.995b
0.2	0.2a	0.980b
0.3	0.3a	0.954b
0.4	0.4a	0.917b
0.5	0.5a	0.866b
0.6	0.6a	0.800b
0.7	0.7a	0.714b
0.8	0.8a	0.600b
0.9	0.9a	0.436b
0.95	0.95a	0.312b
1.0	1.0a	0

(2)椭圆曲线外侧量距法。

计算方法:如图1-12所示,在椭圆形曲线的外侧过 E 作 Ox 轴的平行线 ED,按表1-14所列的坐标值,用钢尺在 ED 上量出 $0.1a$、$0.2a$、$0.3a$…点,再用直尺沿平形于椭圆短轴 b 的方向量出各点相应的 y 值,用连续曲线连接各点 p_1、p_2、p_3…即可得到椭圆曲线。计算公式为

$$y = b(1 - \sqrt{1 - n^2}) \tag{1-57}$$

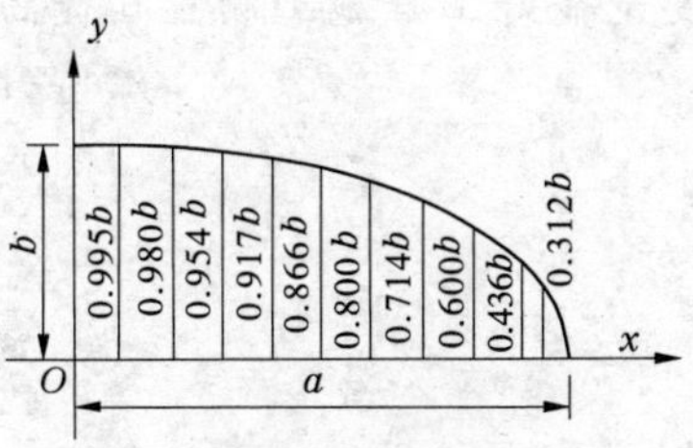

图1-11　椭圆形曲线放样

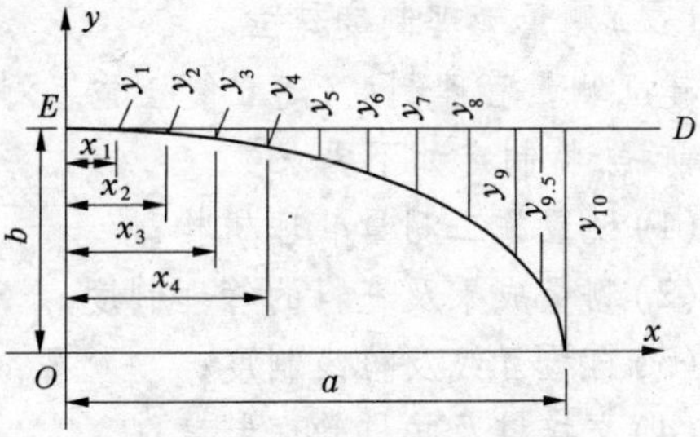

图1-12　椭圆曲线外侧量距法

表1-14　椭圆形曲线外侧纵坐标值

n 等分值	横坐标 x 值	纵坐标 y 值
0.1	$0.1a$	$0.005b$
0.2	$0.2a$	$0.020b$
0.3	$0.3a$	$0.046b$
0.4	$0.4a$	$0.083b$
0.5	$0.5a$	$0.134b$
0.6	$0.6a$	$0.200b$
0.7	$0.7a$	$0.286b$
0.8	$0.8a$	$0.400b$
0.9	$0.9a$	$0.564b$
0.95	$0.95a$	$0.688b$
1.0	$1.0a$	$1.0b$

(3)对角线上量椭圆曲线坐标法。

计算方法:当采用上述两种方法放样遇到障碍物不能量距时,可采用如图1-13所示的方法,即以 EF 连线为基线进行10等分,由 E 点量出 nc 的距离($n=0.1$、0.2、0.3…,c 为 EF 的长度),在平行于 x 轴方向上量出 y_1 值,得出 p_i,用连续曲线连接各点 p_1、p_2、p_3…即可得到椭圆曲线。计算公式为

$$y = b(\sqrt{1 - n^2} + n - 1) \tag{1-58}$$

例:河南省水利第一工程局河口村水库项目对金滩沁河大桥工程的施工测量工作

如下。

（一）测量小组建立

建立测量小组，工程管理科长负责选派专职测量人员2名，普工4人，建立施工测量小组，配备经检验校正合格的全站仪1台、水准仪2台，30 m、50 m钢卷尺各1把，负责施工全过程的测量控制网的布设、测量放线、定位等工作。

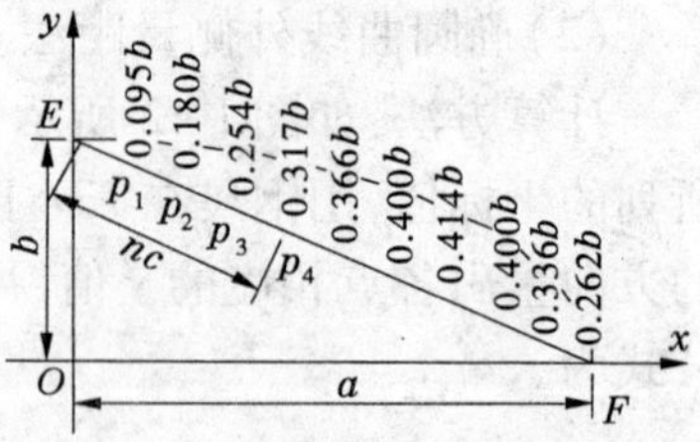

图1-13　椭圆曲线坐标法

（二）测量管理制度建立

建立测量管理制度，建立健全施工测量管理制度是搞好工程施工测量和提高施工质量的前提，特制定如下要求：

(1)设置施工测量管理机构；

(2)测量成果及资料的管理制度；

(3)自检复线及检线制度；

(4)交接桩及护桩管理制度；

(5)仪器操作及安全作业制度；

(6)仪器检校及安全维护管理制度；

(7)对施工测量各项工作的技术要求。

1. 对施工测量内业的要求

(1)施工测量的各项计算，依据控制网、总平面图进行推算、校核，结果准确可靠。

(2)计算中做到步步校核。

2. 施工测量记录要求

(1)记录填写规范完整、字体工整、清晰、整齐；

(2)妥善保存测量记录的原始数据。

（三）仪器检测、校核

在施测前，首先对测量所用仪器设备，如全站仪、水准仪、水准尺等测量器具送交国家指定的检校部门进行校正，保证仪器的精度在允许误差范围以内。

仪器在使用过程中，测量员应经常自校并进行检查仪器标识的有效性，并根据规定的检定周期，按时对所用的测量设备进行检定，使仪器的各项指标符合规范要求，以保证测量成果的准确性。

（四）现场交桩

工程开工后，施测人员要与监理单位、业主进行现场交桩工作，办理技术交底和交桩手续，再根据本标段的设计图纸，实地勘察施工现场地形、地貌，明确道路走向、路线中心线和路边线位置，以及设计控制点的位置，拟订测量方案。

（五）测量放线

(1)测量控制。针对标段内的工程规模及特点，现场建立平面及高程控制系统，以便在整个施工期间针对所有工程项目的施工进行测量控制。

(2)平面控制系统。拟采用导线测量的方法建立等级为四等的平面控制系统，测量仪器采用全站仪，以甲方提供的控制点为起始方向边（并联测另一已知方向作为复核），沿本标段里程方向在道路施工区范围外布设附合导线，导线点位置稳定可靠，便于施工期内保存及方便使用。导线点间通视条件良好，间距 100～150 m。

(3)高程控制。建立以导线点为基准的等级为三等的高程控制系统，测量仪器采用 Ni004 型精密水准仪，由甲方提供水准点，将高程引至各导线点。

(六)放线控制

放线控制的主要项目包括以下几个方面：

(1)道路、桥梁中线平面控制及高程控制；

(2)灌注桩的平面及高程控制；

(3)桥梁基础平面及高程控制；

(4)墩、台、梁的标高及桥梁跨度控制；

(5)钢筋及模板工程的放线控制；

(6)预应力筋及锚筋座的放线控制。

其放线具体操作方法如下：由附合导线构成的控制网，建立以设计桥梁中心线为基准的放线系统。以各中线桩为原点按设计图放出各项工程的平面控制点。

从导线点上引出标高到各分项工程附近，以便于各工作面施工中高程的控制。

(七)保证施工测量准确度及精度的措施

根据工程的施工特点，测量内容主要为水平角测量、竖直角测量、距离测量及高程测量，拟采取以下措施保证测量准确度及精度。

(1)要严格遵守中华人民共和国国家标准《工程测量规范》(GB 50026—2007)中的相关规定，作业前各种测量仪器应做好规范要求的检验项目。

(2)水平测量。水平角的观测采用方向观测法，仪器采用全站仪，以两个半测回测右角，取平均值作为水平角测量值。

(3)距离测量。仪器采用全站仪，小范围距离测量采用普通钢尺测量距离，主要技术精度必须满足《工程测量规范》(GB 50026—2007)中的相关规定。

(4)高程测量。高差不大时采用 DS_3 型水准仪，测量时往返各一次，取闭合差 $<12\sqrt{L}$ mm，L 为往返测量水准线路长度(km)；高差较大时，标高测量采用全站仪三角高程测量，主要技术要求必须满足《工程测量规范》(GB 50026—2007)中的相关规定，内业计算垂直度的取值应精确到 0.1″，高程取值应精确到 1 mm。

(5)内业计算。导线点平面控制网测量后，水平角及距离应进行平差，并以平差后 1″坐标反算的角度和边长作为成果，内业计算中数字取值精度应满足《工程测量规范》(GB 50026—2007)中的相关规定要求。

第二章 施工导流与围堰和基础处理

在河道上修建公路桥涵工程时，施工期间往往与防汛、航运、供水等要求发生矛盾。因此，必须在整个施工过程中，对河道的水流进行控制，也就是将河道上游的来水量按预定的施工技术措施进行控制，以解决工程施工和水流蓄泄间的矛盾，创造干地施工条件，避免水流对水工建筑物施工造成不利影响，把河道上游的来水量全部或部分地导向下游或拦蓄起来，并保证工程的安全施工。

第一节 施工导流的作用和方法

公路桥涵工程的施工均是在大小江河或滨湖、滨海地区进行的，其中相当一部分桥墩位于河床中，而修建这些建筑物又必须要创造干地施工的条件。为了解决好这个矛盾，就需要在河床中修筑围堰、围护基坑，并将河道中各时期的上游来水量按预定的方式导向下游，这就是施工导流。

施工导流首先要修建导流泄水建筑物，然后修筑围堰进行河道截流，使河道水流改由导流泄水建筑物下泄，此后还要进行施工过程中的基坑排水，并保证汛期在建的建筑物和基坑安全度汛，这是在整个修建公路桥涵当中最重要的环节，因此施工导流虽算临时工程，但在整个修建公路桥涵工程的施工中又是一项至关重要的单位工程，它不仅关系到整个工程施工进度及工程完成时间，而且对施工方法的选择、施工现场的场地布置以及工程的造价有很大的影响。例如：某项公路桥梁工程在施工时所采用的施工导流标准偏低，而上游来水量大于设计所采用的施工导流流量时，将导致围堰工程失事、基坑被淹，尤其是在工程度汛时，将直接影响到工程施工的成败和下游人民生命财产的安全。反之，施工导流标准选择过高，将会增加导流泄水建筑物及围堰工程的修筑工程量，使工程的造价增加而造成浪费。

为解决好施工导流问题，在工程的施工组织设计中必须做好施工导流设计。其设计任务是：通过分析研究当地的自然条件、工程特性和其他作业对水资源的需求来选择导流方案，划分导流时段，选定导流标准和导流设计流量，确定导流建筑物的型式、布置、构造和尺寸，拟定导流建筑物的修建、拆除、施工方法，拟定河道截流、拦洪度汛和基坑排水的技术措施，通过技术比较选择一个最经济合理的导流方案。

例如，河南省水利第一工程局河口村水库金滩沁河大桥工程的施工导流设计原则如下：

（1）不降低施工导流洪水标准的要求；

（2）不改变永久建筑物布置型式和主要设计尺寸；

(3)不降低围堰和导流建筑物的设计标准。

施工导流的基本方法分为全段围堰法导流和分段围堰法导流两类。

一、全段围堰法导流

全段围堰法导流一般适用于枯水期流量不大、河道狭窄的中小河流,按其导流泄水建筑物的类型可分为明渠导流、涵管导流等。

(一)明渠导流

明渠导流是在河岸或河滩上开挖渠道,在基坑的上下游修建横向围堰,使河道的水流经渠道下泄。这种施工导流方法一般适用于岸坡平缓或有一岸只有较宽的台地或滩地、垭口或古河道的地形采用。若桥梁工程修建在河道的弯道上,截弯取直开挖明渠往往更为经济。布置明渠导流,一定要保证明渠中的水流顺畅、泄水安全、施工方便、渠线短,为此明渠进出口处的水流与原河道主流的交角宜小于30°。为保证明渠中水流顺畅,明渠的弯道半径不宜小于3~5倍的渠底宽度,渠道进出口与上下围堰间的距离不宜小于50 m,以防止明渠进出口处的水流冲刷围堰的堰脚。为了满足渗径,减少明渠中的水流渗入基坑,明渠与基坑之间要有足够的距离,导流明渠最好是单岸布置,以利于工程施工。

导流明渠的断面形式一般采用梯形断面,在岩石完整、渠道不深时宜采用矩形断面,渠道的过水能力取决于过水断面的大小和渠道的粗糙程度。为了增大渠道的过水能力,导流明渠可进行混凝土衬砌,以减小糙率和提高抗冲刷能力。渠道的过水断面面积可按下式计算

$$A = \frac{Q}{[v]} \tag{2-1}$$

式中 A——明渠过水断面面积,m^2;

Q——导流设计流量,m^3/s;

$[v]$——渠道中的允许流速,m/s。

(二)涵管导流

由于涵管的泄水能力较小,因此一般用于导流流量较小的河流上或用来担负枯水期的导流。涵管导流的涵管通常布置在靠近河岸边的河床岩地或岩基上,进水口底板高程常设在枯水期最低的水位上,这样可以不修围堰或只需修建一个小的子堰便可修建涵管,待涵管建成后,再在河床处的上下游修筑围堰截断河水,使上游来水从涵管下泄。

二、分段围堰法导流

分段围堰法亦称为分期围堰法,是指用围堰将河床分期分段地围起来修建桥梁建筑物的施工方法,如河口村水库金滩沁河大桥工程,在非汛期施工时,施工围堰填筑主要在主河槽的两边分别对7、8两个桥墩进行半包围堰填筑,围堰顶端高程高出水面至少50 cm,每边围堰长度50 m,围堰宽度0.5 m、坡度1:0.5、高度2.0 m。采用草袋装黏土人工堆砌而成。

第二节 围堰工程

围堰是一种用于围护修建水工建筑物的基坑,保证施工能在干地上顺利进行的临时性挡水建筑物。在完成施工导流任务后,需拆除。因此,修建围堰除满足一般挡水建筑物的要求(如稳定相对不透水性、抗冲刷等)外,还应考虑充分利用地形条件,优先选用当地建筑材料,使得堰体结构简单、施工方便、有利于拆除等。

一、围堰高度的确定

围堰高度是根据不同的导流泄水建筑物在达到设计规定的过水能力时,上下游河床的水面高程另加顶面的安全超高来确定的,安全超高值对于不过水围堰一般为0.7~1.0 m,对于过水围堰一般为0.5 m。所以,一般规定围堰高度应高出施工期间可能出现的最高水位(包括浪高)0.5~0.7 m。

二、围堰的型式

围堰的断面尺寸及填筑材料的选用,要根据围堰的高度、当地建筑材料、施工工期和确保施工安全的要求来确定,既要使其稳定、防渗和抗水流冲刷,又要使其构造简单、造价低廉,修建、维护及拆除都方便。在平面布置时应力求使其水流顺畅,不发生严重的局部冲刷,故要求围堰外形应考虑河流断面被压缩后流速增大引起水流对围堰、河床的集中冲刷及影响通航、导流等因素,并应满足堰身强度和稳定的要求,而且围堰要求防水严密,减少渗漏,堰内平面尺寸应满足基础施工的需要。

桥梁工程施工中常用的围堰型式及要求如下。

(一)土围堰的要求

(1)水深1.5 m以内,水流流速0.5 m/s以内,河床土质渗水较小时,可筑土围堰。

(2)堰顶宽度为1~2 m,当采用机械挖基时,应视机械的种类确定但不宜小于3 m,堰短边坡迎水流冲刷的一侧,边坡坡度宜为1:2~1:3,背水冲刷的一侧的边坡坡度在1:2之内,堰内边坡宜为1:1~1:1.5,内坡脚与基坑的距离根据河床土质及基坑开挖深度而定,但不得小于1 m。

(3)筑堰材料宜用黏土或砂夹黏土,填出水面之后应进行夯实,填土应自上游开始至下游合龙。

(4)因筑堰引起流速增大使堰外坡面有被冲刷的危险时,可在外坡面用草皮、柴排、片石、草袋或土工织物等加以防护。

(5)在筑围堰之前,必须将堰底下河床上的树根、石块及杂物消除干净。

(二)土袋围堰的要求

(1)当水深在3 m以内,流速在1.5 m/s以内,河床土质渗水性较小时,可筑土袋围堰。

(2)围堰中心部分可填筑黏土及黏性土心墙,堰外边坡为1:0.5~1:1,堰内坡边坡为1:0.2~1:0.5,坡脚与基坑顶边缘的距离和堰顶的宽度可为1~2 m,坡脚与基坑的距离不得小于 1 m。

(3)堰底河床处理:必须将草根、树根、石块及杂物清除干净,因筑堰引起流速增大使堰外坡坡面有冲刷危险时,可在外坡面用草皮、柴排、片石、草袋等加以防护。

(4)堆码的土袋上下层和内外层应错缝,尽量堆码密实平整。

(三)钢板桩围堰的技术要求

(1)钢板桩围堰适用于各类土(包括强风化岩)的深水基坑。

(2)钢板桩的机械性能和尺寸应符合规定的要求,经过整修或焊接后的钢板桩应用同类型的钢板桩进行锁口试验、检查。

(3)钢板桩堆存、搬运、起吊时,应防止因自重引起的变形及锁口损坏。

(4)当吊起能力许可时,宜在打桩之前将 2 ~ 3 块钢板桩拼为一组并夹紧。

(5)施打钢板桩时应注意以下事项:

①在施打钢板桩前,应在围堰上下游一定距离及两岸陆地设置经纬仪观测,用以控制围堰长、短边方向的钢板桩的施打定位。

②施打前钢板桩的锁口应用止水材料接缝,以防漏水。

③施打钢板桩必须备有导向设备以保证钢板桩的正确位置。

④施打顺序按施工组织设计进行,一般由上游分两头向下游合龙,施打时宜先将钢板桩逐根或逐组施打到稳定深度,然后依次施打至设计深度,在垂直度有保证的条件下,也可以一次打到设计深度。

⑤钢板桩可用锤击、振动、射水等方法下沉,但在黏土中不宜使用射水下沉方法。

⑥接长的钢板桩,其相邻两钢板桩的接头位置应上下错开。

⑦同一围堰内使用不同类型的钢板桩时,宜将两种不同类型的钢板桩的各半块拼焊成一块异形钢板桩以便联结。

⑧施打时应随时检查其位置是否正确,桩身是否垂直,不符合要求时应立即纠正或拔起重新施打。

⑨拔桩前宜向堰内灌水使内外水位持平并从下游侧开始拔桩。拔桩时宜采取射水、锤击等松动措施,并应尽可能采用振动拔桩法。

⑩拔出来的钢板桩应进行涂油,堆码保存。

(四)草土围堰的要求

草土围堰是一种草土结构,如图 2-1 所示,我国自古以来常用它进行河堤堵口。草土围堰的型式较多,如草袋围堰、捆草围堰等,所用草料主要为麦秸、稻草、芦柴、柳枝等。其优点是施工简单,进度快,取材多,造价低,拆除方便,有一定抗冲、抗渗能力,但堰体容量小,适用于软土地基,且因柴草易腐烂,一般用于短期的或辅助性围堰。其具体要求:

(1)捆草围堰的做法是由一层草捆一层土料在水中进占而成。草捆是用草料包土做成直径 0.5 ~ 0.7 m、长 1.2 ~ 1.8 m 的长圆体形。

(2)进占前先清理岸边,将每两束草捆用草绳并扎绑紧,并使草绳留出足够的长度,然后将草捆垂直于岸边并排铺放。第一排草捆沉入水中 1/3 ~ 1/2 草捆长,并将草绳固定沉入在岸边,以便与后铺的草捆互相连接,然后再在第一层草捆上后退压放第二层草捆,层间搭接可按水深大小搭选 1/3 ~ 1/2 草捆长,如此逐层压放草捆,使其形成一个坡脚为

35°～45°的斜坡，直至高出水面1.0 m为止，随后在草捆层的斜坡上铺一层厚0.25～0.3 m的散草，填补草捆间的空隙，再在散草上铺一层厚0.25～0.3 m的土料，并用人工踏实，这样就完成了堰体压草。

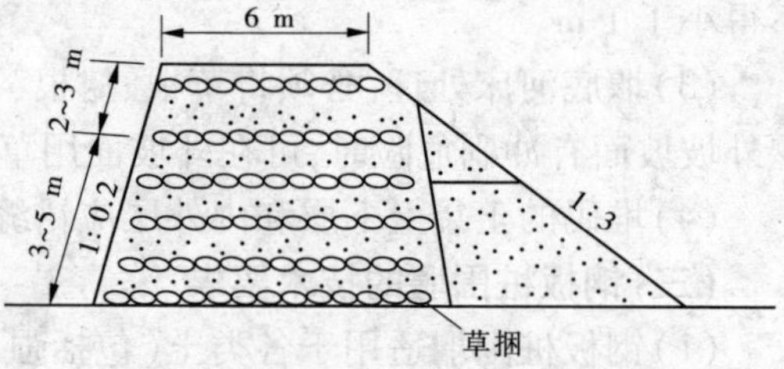

图 2-1 草土围堰断面

(3)铺散草和铺土作业为一个工作循环，依次循环继续进行，堰体即可向前进占，后部的堰体也可迅速沉入河底。

(4)当堰体高出水面后，立即铺土压实(或人工夯实)，堰体的宽高比在岩基河床上为2～3，在软基河床上为4～5，堰体超出水面高度通常采用1.5～2.0 m。

(5)草土围堰每立方米的堰体用草料80～100 kg、土料0.6 m^3。堰体容重小，一般为1.1～1.2 t/m^3，因此堰体不能承受较大工作水头，且草料容易腐烂，所以多用于水深小于6 m、流速小于3.5 m/s、使用期不超过两年的工程。

(五)钢筋混凝土板桩围堰的要求

(1)钢筋混凝土板桩适用于黏性土、砂类土及碎石类土的河床。

(2)钢筋混凝土板桩断面应符合设计要求，板桩桩尖角度视土质坚硬程度而定，沉入砂砾层的板桩桩头应增设加劲钢筋或钢板。

(3)钢筋混凝土板桩的制作，应用刚度较大的模板，榫口接缝应顺直密合，如用中心射水下沉，板桩预制时，应留射水通道，其余制作要点按钢筋混凝土桩的制作。

(4)钢筋混凝土板桩插打、就位的控制，以及拔除可按钢板桩的施工方法执行。

(六)竹、铅丝笼围堰的要求

(1)竹、铅丝笼围堰适用于流速较大而水深在1.5～4 m的情况。

(2)竹、铅丝笼围堰制作应坚固，可使用钢筋串联螺栓连接及铁丝捆扎等方法加固。

(3)按照水深、流速、基坑大小及防渗要求，可以用单层或双层竹、铅丝笼围堰。单层时在围堰内填土袋，在外侧堆土袋；双层时在两层之间填土，防止渗漏。竹、铅丝笼的宽度为水深的1.0～1.5倍。

(4)竹、铅丝笼可用于浮运、吊装或滑移就位，就位后填石(装土)下沉在堰底外围堆土袋以防止堰底渗漏。

(七)套箱围堰的要求

(1)套箱围堰适用于埋置不深的水中基础。

(2)无底套箱用木板、钢板或钢丝网水泥制作，内部设木、钢料支撑，根据现场起吊移运能力，套箱可制成整体式或装配式，制作中应采取措施，防止套箱接缝渗漏。

(3)在下沉套箱前，应清理河床。岩套箱设置于岩层上时，应整平岩面，如果基岩面倾斜，将套箱底做成与岩面相同的倾斜度，以增加套箱的稳定性并减少渗漏。

(八)双壁钢围堰的要求

(1)双壁钢围堰应进行专门设计，其强度、刚度及结构稳定性、锚碇系统、使用期等应满足施工要求。

(2)双壁钢围堰适用于深水基础施工，围堰的尺寸及高度应根据基础尺寸及放样误差、墩位处河床标高、围堰下沉深度和施工期间可能出现的最高水位高程及浪高等因素确定。

(3)双壁间距应根据下沉需克服的水的浮力、土壤摩阻力、基底抗力而定，双壁钢围堰本身分设许多个对角的横向互不通水的隔水仓，以便在下沉过程中分仓对称灌水、砂砾石或混凝土。

(4)双壁钢围堰的制作，应按设计要求在工厂施工，其分节分块的大小应按工地吊装、移运能力确定。

(5)双壁钢围堰拼焊以后，应进行焊接质量校验及水密试验。

(6)各节、块拼焊时应按预先安排的顺序对称进行。

(7)围堰清基应符合设计要求，清基完成后，由潜水员逐片检查，合格后方可浇筑水下混凝土封底，封底要求按《公路桥涵施工技术规范》(JTJ 041—2000)第7章的相关规定进行。

(8)围堰浮运就位应符合：①就位时对其稳定性进行验算；②尽可能安排在能保证浮运工作顺利进行的低水位或水流平稳时进行；③宜在白昼无风或小风时，以拖轮拖运或汽车牵引进行。

(9)双壁钢围堰着床后的允许偏差应符合设计要求，设计无要求而又作为承台模板用时，其误差应符合模板的施工要求。

(10)围堰拆除时，应采取措施防止撞击墩身。

第三节　基础开挖和排水

在河道上修建桥梁工程时，当围堰闭气后就要排除基坑内的积水和渗水，随后在开挖基坑和进行基坑内建筑物的施工过程中还要经常不断地排除渗入基坑的渗水，以保证基坑干地施工条件。因此，施工排水包括基坑开挖前的初期排水和桥梁建筑物施工过程中的经常性排水。

一、挖基和排水的一般规定

(1)挖基施工宜安排在枯水期或少雨季节进行，开工前应做好计划和施工准备，开挖后应连续施工。

(2)基础轴线、边线的位置及基底标高应精确测定，检查无误后方可施工。

(3)在附近有其他结构物时，应有可靠的防护措施。

(4)挖基废方应按指定的位置处理。

(5)排水应不影响基坑安全及农田和周边环境。

(6)基坑的回填应分层压实，施工要符合设计要求。

二、基坑初期排水

基坑初期排水是指排除围堰闭气后基坑内的积水、围堰及基坑渗水、雨水等，这些水可用固定式抽水站或浮动式抽水站(见图2-2)，将水抽到下游河道中去，这种抽水方法属明式排水法。

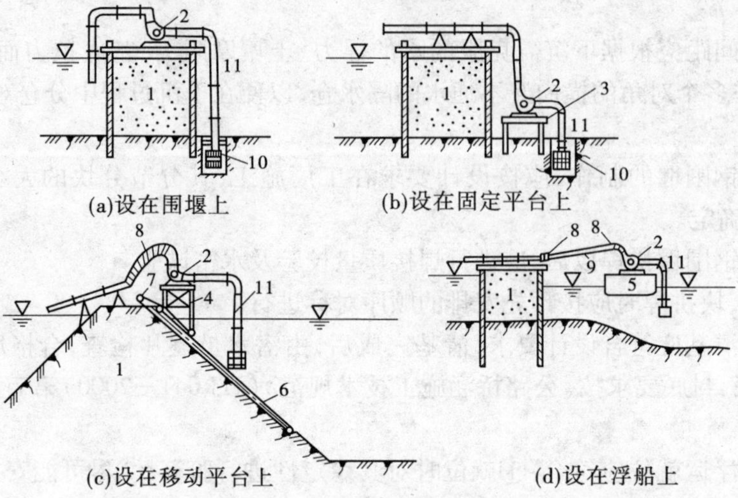

1—围堰;2—水泵;3—固定平台;4—移动平台;5—浮船;6—滑道;

7—绞车;8—橡皮接头;9—铰接桥;10—吸水井;11—吸水管

图 2-2　水泵站的布置

初期抽水阶段,基坑水位的允许下降速度需根据围堰型式、基坑地基特性及围堰填筑材料和坑内水深而定。水位下降速度过快,则围堰或基坑边坡中的动水压力变化过大,容易引起边坡坍塌;水位下降太慢,则影响基坑开挖时间,一般限制在 0.5 ~ 1.0 m/d 以内,对于土围堰应小于 0.5 m/d,对于板桩及其他围堰应小于 1.0 m/d,抽水设备的选择与初期排水量有关,应先估算抽水流量 $Q_{初}$,即

$$Q_{初} = Q_{积} + Q_{渗} \tag{2-2}$$

式中　$Q_{积}$——基坑内的积水量,为水位下降速度和基坑面积的乘积,m^3/s;

$Q_{渗}$——抽水过程中不断渗入基坑的流量,按渗流公式计算或估算后用试抽法修正,m^3/s。

根据实际工程施工经验统计分析,初期抽水量可按下式估算,即

$$Q_{初} = (2 \sim 3)\frac{W}{T} \tag{2-3}$$

式中　$Q_{初}$——初期排水量,m^3/s;

W——基坑中积水体积,m^3;

T——抽水时间,s。

式(2-3)系数认为初期抽水总量是围堰内积水量的 2 ~ 3 倍,当围堰和基础防渗不好时,可能超过 3 倍,防渗良好时可能不到 2 倍,根据抽水量即可估算泵站抽水设备的配备功率,并考虑 20% 以上的备用功率,备用功率不应小于泵站中最大的一台水泵功率。水泵站由多台水泵组成,以便在不同抽水量和扬程的情况下灵活应用。

三、基坑明沟排水

基坑明沟排水是指在基坑开挖和在桥墩建筑物施工过程中，经常性排除的渗水、雨水和施工弃水。

基坑开挖过程中，在坑内布置明式排水系统（包括排水沟、集水井和水泵站）应以不妨碍开挖和运输为原则，可结合出土方便，在中间或一侧布置排水沟，随着开挖工作的进行，逐层设置，而在建筑物修建过程中，排水沟应布置在建筑物轮廓线以外，如图 2-3 所示。

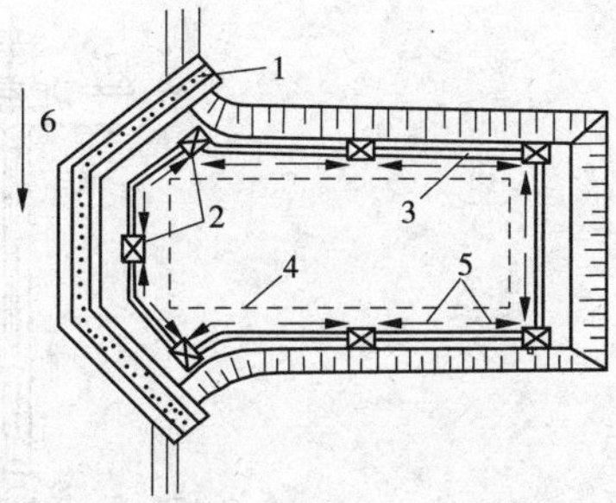

1—围堰；2—集水井；3—排水沟；
4—建筑物轮廓线；5—排水方向；6—水流方向

图 2-3　修建建筑物时基坑排水系统布置

排水沟一般以 2‰～5‰的底坡通向集水井，且距离基坑边坡坡脚不小于 0.3～0.5 m，集水井应布置在建筑物轮廓线以外较低的地方，它与建筑物外缘的距离必须大于井深，井深应低于排水沟底 1～2 m，井的容积至少能储存 10～15 min 的抽水量。

四、暗式排水系统

当基坑为细砂土、砂壤土等一类土地基时，随着基坑底面的下降，坑底与地下水位的高差越来越大，在地下水的动水压力作用下容易产生滑坡、坑底管涌等事故，给开挖工作带来不良影响。

采用暗式排水（人工降低地下水位）可避免上述缺点。暗式排水的基本做法是：在基坑周围的地下水降到基坑底面以下时采用人工降低地下水位的方法，分为管井法和井点法两种。

（一）管井法

管井法排水是在基坑四周布置一些单独工作的管井，地下水在重力作用下流入水井口，将水泵或水泵的吸水管放入井内抽水，抽水设备有离心泵、潜水泵和深井泵等，如图 2-4 所示。当要求大幅度降低地下水位时，最好采用离心泵、深井泵，一般适用深度大于 20 m，其排水效果较好，需要管井数较少。

管井由滤水管、沉淀管和不透水管组成。管井外部有时还需要设反滤层。地下水从滤水管进入管内，水中泥沙则沉淀在沉淀管中，滤水管是管井中的重要组成部分，其构造对井的出水量及可靠性影响很大，要求其过水能力大，进入泥沙少，并具有足够的强度和耐久性。

管井的埋设可用射水法、振动射水法和冲击钻井法等。先埋设套管，然后在套管中插入井管，井管下妥后，再一边下反滤料一边拔起套管。

采用离心泵抽水时，一次抽水高度不超过 5～6 m，当需降低地下水位的深度较大时，可分层布置管井分层进行排水，如图 2-5 所示。

（二）井点法

当土壤的渗透系数小于 1.0 m/d 时，宜采用井点法排水。井点分为浅井点、深井点和

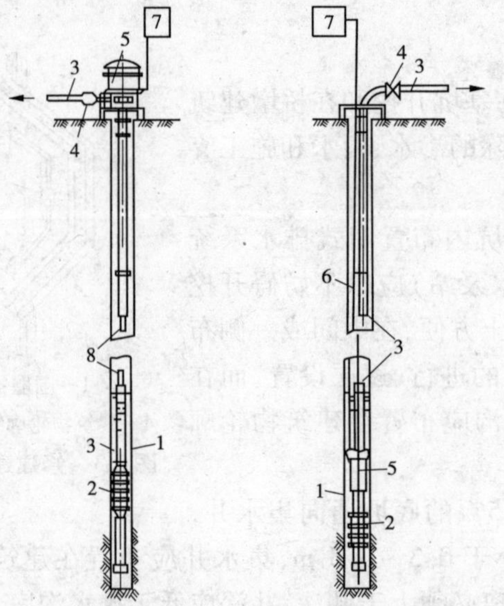

(a)电动机装在地面上　(b)电动机装在深井中

1—管井；2—水泵；3—压力管；4—阀门；5—电动机；6—电缆；7—配电盘；8—传动轴

图 2-4　装置深井水泵示意图

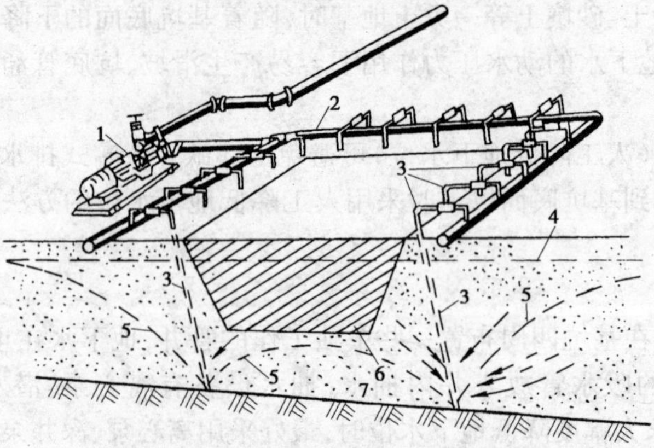

1—(带真空泵和集水箱的)离心式水泵；2—集水总管；3—井管；
4—原地下水位；5—抽水泵水面降落曲线；6—基坑；7—不透水层

图 2-5　井点法降低地下水位布置图

喷射井点等，最常用的为浅井点。

井点降水法适用于粉细砂、地下水位较高、有承压水、挖基较深且坑壁不易稳定的土质基坑。井点类别的选择宜按土壤的渗透系数要求、降低水位深度以及工程特点而定，如表 2-1 所示。在无砂的黏质土中不宜使用。

浅井点法又称轻型井点法，它是由井管连接弯管、集水总管、普通离心式水泵、真空泵和集水箱等组成的排水系统。

井点法的井管直径 38 ~ 55 mm、长 5 ~ 7 m、间距 0.8 ~ 1.6 m(最大可达 3.0 m)，集水总管直径 100 ~ 127 mm 的无缝钢管，管上装有与井点管深连接的短接头。

井管的埋设常采用射水法下沉在距孔口 1.0 m 范围内，须堵塞黏土密封，井管与总管的连接边应注意密封，以防漏气。

国产 ΠBY 型浅井点设备示意如图 2-6 所示。

表 2-1　各种井点法的适用范围

井点类别	土壤渗透系数(m/d)	降低水位深度(m)	备注
一级轻型井点法	0.1～80	3～6	1. 降低土层中地下水位时，应将滤水管埋设于透水性较大的土层中； 2. 井点管下端滤水管长度应考虑渗水层的厚度，但不得小于 1 m
二级轻型井点法	0.1～80	6～9	
喷射井点法	0.1～50	8～20	
射流泵井点法	0.1～50	<10	
电渗井点法	<0.1	5～6	
管井井点法	20～200	2～5	
深井泵法	10～80	>15	

工作时，先开动真空泵造成井点系统的顶压状态，从而把地下水及土中的空气一起从滤水总管吸入集水箱，空气从集水箱上部经分水器进行水气分离后被真空泵抽出。当集水箱积存很多水后，再开动水泵抽水，集水箱中装有浮筒，当水量达到某一水位时，浮筒上的斜阀顶住抽气管，避免水流进入真空泵，在水泵出口装有调节阀，可根据集水箱内水位来调节水泵流量。当水泵抽水量不足、箱内压力减小时，调节阀自动关闭，避免出水管中的水倒流，该机型可负担长约 150 m 的总管，可同时接通 60～90 根滤水管工作。

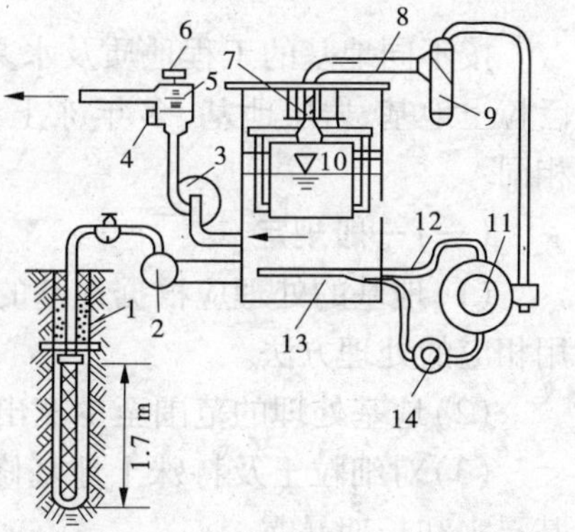

1—滤层；2—集水总管；3—水泵；4—放水阀；5—弹簧；6—调节阀；7—阀门；8—抽气管；9—分水器；10—浮筒；11—真空泵；12—冷却水管；13—水箱；14—冷却水泵

图 2-6　国产 ΠBY 型浅井点设备示意图

浅井点的降深能力 4～5 m，当要求地下水位降深较大时，也可分层布置，每层控制深度 3～4 m，一般不超过 3 层。

井管的成孔可根据土质分别用射水成孔、冲击钻孔机旋转钻孔及水压钻探成孔，井点降水曲线至少应深于基底设计标高 0.5 m。

井点的布置应随基坑形状、大小、土质、地下水位高低与流向降水深度等要求而定，并做好沉降及边坡位移观测，确保水位降低区域内建筑物的安全，必要时应采取防护措施。

(三)帷幕排水

帷幕排水是在某坑边线外设置一圈隔水幕用以隔断水层，减小渗流水量，防止流砂、突涌、管涌、潜蚀等地下水的作用，方法有深层搅拌桩隔水墙、压力注浆、高压喷射注浆、冻结帷幕法等，采用时均应进行具体设计并符合有关规定。

第四节　地基处理

一、基础开挖的一般规定

天然基础开挖，最好安排在枯水或少雨季节进行，开工前应做好计划和施工准备工作，开挖后应连续快速施工。

基础的轴线、边线位置及基底标高应精确测定，检查无误后方可施工。

挖基的废方应按指定位置堆放和处理。

当附近有其他结构物时，应有可靠的防护措施。

应避免超挖。如超挖，应将松动部分清除，其处理方案应报监理设计单位批准。

挖至标高的土质基坑不得长期暴露、扰动或浸泡，并应及时检查基坑尺寸、高程、基底承载力，符合要求后应立即进行基础施工。

二、地基的处理

按不同地基的工程地质及水文地质条件，地基可分为细粒土及特殊土地基、粗粒土和巨粒土地基、岩层地基、多年冻土地基、溶洞地基、泉眼地基，不同情况处理的方法各不相同。

(一)一般规定

(1)地基的处理应根据地基的种类、强度、密度、刚度按设计要求并结合现场情况，采用相应的处理方法。

(2)地基处理的范围至少宽出基础范围 0.5 m。

(3)对细粒土及特殊土地基修整后应尽快检查验收，合格后尽快修建基础，不得使地基浸水和长期暴露。

(二)对细粒土及特殊土地基的处理

细粒土及特殊土质的饱和软弱黏土层、粉砂土层及湿陷性黄土、膨胀土、黏土及季节性冻土等，其强度低、稳定性差，处理时应视该类土的处理深度、含水量等情况，按基底采取固结处理以满足设计要求。其具体的做法如下：

(1)抛石防渗。应使用不易风化的石料，石料的尺寸一般不小于 30 cm，抛填方向根据软土下卧地层横坡而定，横坡平坦时，自地基中部依次向两侧扩展，横坡坡度大于 1∶10 时，自高侧向低侧抛填，片石填出水面或软土面后，应用较小块石填平、压实，然后敷设反滤层。

(2)砂垫层。所用砂的规格和质量必须符合规范规定和设计要求，适当洒水，分层压实，砂垫层厚度及其上敷设的反滤层应符合设计要求。

(3)袋装砂井。砂的规格与质量、砂袋织物和塑料排水板的质量必须符合设计要求。砂袋和塑料板下沉时不得出现扭结、断裂等现象，井板底标高必须符合设计要求，其顶端必须按规范要求深入砂垫层。

(4)碎石桩。碎石材料应符合规范要求，应严格按试桩控制水压、电流和振冲器的留振时间，分批加入碎石，密切注意振密度与挤实效果，防止桩体发生“断桩”或“颈缩桩”。

(5)砂桩。砂料应符合设计要求，砂的含水量应根据成桩方法合理确定，确保连续密实。

(6)喷粉桩。所用的水泥强度等级应符合设计规定，根据成桩试验确定的技术参数进行施工，严格控制喷粉时间、停喷时间和水泥喷入量，确保粉喷桩长度，桩身上部(1/3桩身)范围内必须进行二次搅拌，确保桩身质量。若发现喷粉量不足，应整桩复打；若喷粉中断，复打重叠孔段应大于1 m。

(三)在岩溶地区的地基处理要求

(1)对基底的溶岩泉或冒水洞，不论采用什么方法将水排出均应保证基础不受浸润，且应保证不受温差作用而使水气上升聚集在基础面上。

(2)在岩溶地区施工中，对所遇到的影响桥基稳定的溶洞，不论采用何种方法处理，在施工中均不应堵塞溶洞水的出路。

(3)对基坑上方的岩溶泉或冒水洞，可采用排水沟将水引离基坑，对基底的岩溶泉或冒水洞，须设涵管或导水管将水排除，对流量较大的暗河、暗洞及淌水洞要经专家论证后才可施工。

(4)对于基坑内的干溶洞，可用片石干砌或浆砌片石堵塞，对于洞口不大、深度较浅的干溶洞，可采用回填夯实。当干溶洞顶板太薄或较碎时，可采用钢筋混凝土板封闭。

(四)黄土陷穴的处理方法

黄土陷穴的处理范围应视具体情况而定。其基本的处理方法有灌砂法，开挖回填、夯实法，灌浆法。

(1)灌砂法。适用于小而直的陷穴，以利于砂灌实整个洞穴。

(2)开挖回填、夯实法。适用于各种形状的洞穴，根据各种洞穴情况进行开挖，清除软土后，进行重新回填，填料一般用就地黄土分层夯实，为提高回填质量和工效，可采用土坯砖砌和用片石及毛石回填。对地下水所形成的陷穴还应做反滤层，面层用黏土夯实，当雨季有水流入陷穴时，应先进行排水，然后分层填实陷穴。

(3)灌浆法。适用于洞身不大，但洞壁起伏曲折较大，并离坑中心线较远的小陷穴，以水、黏土和砂拌均匀后使用，需重复多次灌注，有时为了封闭水道，也可灌水泥砂浆。

三、天然地基质量检验的内容、方法及标准

(一)检验内容和方法

检验桥的大小、地基土质复杂(如溶洞、断层、软弱夹层、易溶层等)情况及结构对基础有无特殊要求。可采用以下检验方法：小桥的地基检验可采用直观和触探的方法，必要时可进行土质试验，对大中型桥和地基土质复杂且结构对地基有特殊要求的地基检验，一般采用触探法和钻探法(钻深至少4 m)，进行取样做土工试验或按设计的特殊要求进行荷载试验，对特大桥应按设计要求及标准和规范要求进行检验。

(二)检验标准

基底平面位置和标高的允许偏差规定如下：

(1)平面位置不小于设计要求。

(2)基底标高：土质 ±50 mm，石质 ±50～200 mm。

第五节　各类桥基础的质量控制

各类型的桥基础包括沉入桩基础、灌注桩基础、地下连续桩基础等。

一、沉入桩基础的技术要求

(1)沉桩前应具备工程地质钻探资料、水文资料、打桩资料等相关资料。

(2)桩基轴线的定位点应设置在不受沉桩影响处，允许偏差应在设计允许的范围内。

(3)沉桩顺序一般由一端向另一端连续进行，当桩基平面尺寸较大或桩距较小时，宜由中间向两端或四周进行，如桩埋置有深有浅，宜先沉深后沉浅，在斜坡地势应先沉坡顶后沉坡脚。

(4)贯入度应通过试桩或做沉桩试验后与监理、设计单位研究确定。

(5)施工过程中如发现地质情况与勘测报告有出入，应根据具体情况进行补充钻探。

(6)有承台的施工要求应按规范规定进行。

(一)桩的制作要求

(1)钢筋混凝土的主筋宜采用整根钢筋，如需接长，宜采用对接焊或机械连接的方式。

(2)箍筋或螺旋筋必须箍紧纵筋，与纵筋交接处用点焊接或用铁丝结扎牢固。

(3)预应力混凝土桩的预应力筋可采用冷拉钢筋，如须焊接，应在冷拉前采用对接焊接的方式进行。

(4)使用法兰盘连接的混凝土桩，法兰盘应对准位置，并连接在钢筋或预应力筋上，先张拉预应力混凝土桩采用法兰盘时，应先将法兰盘连接在预应力筋上，然后进行。

(5)桩的钢筋骨架(包括预应力钢筋骨架)的允许偏差应符合表2-2的规定。

表2-2　桩的钢筋骨架的允许偏差

项目	允许偏差(mm)	项目	允许偏差(mm)
纵向钢筋的间距	±5	桩顶钢筋网片位置	±5
箍筋间距或螺旋筋螺距	0，-20	纵向钢筋底端的位置	±5
纵向钢筋保护层	±5		

(6)预制钢筋混凝土桩和预应力混凝土桩的制作质量除应符合表2-3、表2-4的规定外，还应符合下列规定：

表2-3　管节外形尺寸的允许偏差

偏差部位	允许偏差(mm)
周长	±0.5%周长且≤10
管端椭圆度	0.5%周长且≤5
管端平整度	2
管端平面倾斜度	小于0.5%周长且≤4

表 2-4　相邻管节对口的板边高差

板厚 δ(mm)	相邻管节对口的板边高差 Δ(mm)
$\delta \leq 10$	<1.0
$10<\delta \leq 20$	<2.0
$\delta>20$	$<\delta/10$ 且 ≤ 3

①钢筋混凝土桩的收缩裂缝宽度不得超过 0.2 mm，深度不得超过 20 mm，裂缝长度不得超过桩宽的 1/2。

②预应力混凝土桩桩身不得有裂缝。

③桩表面应无蜂窝、麻面。若因特殊原因出现表面蜂窝，其深度不得超过 5 mm，每个蜂窝面积不得超过该面积的 0.5%。

④有棱角的桩，棱角碰损深度应在 5 mm 以内，且每 10 m 长的边棱角上应只有一处，破损在一根桩上的边棱破损总长不得大于 500 mm。

⑤预制桩出厂前应进行检验，出厂时应具备出厂合格检验记录。

（二）钢管桩制作的技术要求

（1）制作钢管桩的材料应符合设计要求，并有出厂合格证和试验报告。

（2）钢管桩的分段长度应满足桩架的有效高度、场地条件及运输与装卸能力要求。

（3）制作钢管桩，可使用成品钢管或自制钢管，焊接钢管管节的制作必须符合相关规定。

（4）管节对口拼装时，相邻管节的焊接必须错开 1/8 周长以上，相邻管节的管径偏差应符合表 2-3 的规定。

（5）管节对口拼接时相邻管节对口的板边高差应符合表 2-4 的规定。

（6）钢管桩的焊接应符合设计要求，焊接处外观允许偏差应符合表 2-5 的规定，其成品外形尺寸的允许偏差应符合表 2-6 的规定。

表 2-5　焊缝处外观允许偏差

缺陷名称	允许偏差(mm)
咬边	深度不超过 0.5 mm，累计总长不超过焊缝长的 10%
超高	3
表面裂缝、未溶合、未焊缝	不允许
弧坑表面有气孔、夹渣	不允许

表 2-6　钢管桩成品外形尺寸的允许偏差

项目	允许偏差(mm)
桩长偏差	+300
桩纵轴线的弯曲矢高	桩长的 0.1% 且 ≤ 30

（7）钢管桩的防腐工作应按设计要求的有关规定执行。

(8)钢管桩应按不同规格分别堆存,堆存形式和层数应安全可靠,避免出现纵向变形和局部压曲变形的现象,长期堆存时应采取防腐蚀等保护措施。

(9)钢管桩在起吊、运输和堆存过程中,应尽量避免由于碰撞、摩擦等原因所造成的涂层破损、管身变形和损伤。

(10)钢管桩出厂应有出厂合格证与使用说明书。

(三)沉桩的技术要求

1. 沉桩施工时的基本要求

(1)钢筋混凝土桩或预应力混凝土桩必须待混凝土强度达到合格标准后且有成品出厂合格证或现场验收合格证时才可沉桩。

(2)打桩机必须设置稳定,桩锤应对准桩位中心,打桩时桩的倾斜度必须按设计要求严格掌握。

(3)采用射水法沉桩时,要严格控制桩的倾斜,当桩尖接近标高时应停止射水并进行锤击。

(4)桩的接头应按设计要求和有关规定实施,必须确保接头质量。

(5)确保打桩记录齐全。

在砂土地基中,若锤击沉桩有困难,可采用水冲锤击沉桩的方法,并应符合下列要求:

(1)水冲锤击沉桩应根据土质情况随时调节冲水压力,控制沉桩速度。

(2)为保证桩的承载力,当桩端沉到距设计标高之间的距离为下列距离时,应停止冲水,将水压减至0~0.1 MPa并改用锤击:

①当桩径或边长≤600 mm时,为1.5倍桩径或边长。

②当桩径或边长>600 mm时,为1.0倍桩径或边长。

用水冲锤击沉桩后,应及时与邻桩或固定结构夹紧,防止倾斜位移。

2. 水上沉桩的注意事项

在浅水中沉桩时一般可采用设置便桥、便道等方法进行施工,在深水或有潮汐影响的河流中沉桩时可采用设置的固定平台、浮式平台等方法进行施工,并应设置导向装置,防止桩发生偏移和倾斜,若桩自由度较大,应增设支点。

沉桩的质量标准:预制混凝土桩(钢桩)沉桩的允许偏差应符合表2-7的规定。

表2-7　沉桩的允许偏差

项目		允许偏差(mm)
桩中轴线偏斜率	直桩	1%
	斜桩	±0.15$\tan\theta$
单排桩桩位	垂直帽梁轴线	40
	沿帽梁轴线	50
群桩桩位	边桩	$d/4$
	中桩	$d/2$ 且≤250

注:1. d 为桩的直径或短边边长。

2. 深水中采用打桩、船沉桩的允许偏差按设计要求。

3. 倾斜角 θ 为桩纵轴线与垂直线的夹角。

二、灌注桩基础的质量控制

(一)钻孔、挖孔灌注桩施工的一般要求

(1)灌注桩施工应具有工程地质资料及水文地质资料,以及水、水泥、砂、石、钢筋等原材料及制成品的质量检验报告。

(2)灌注桩施工应按有关规定采取安全生产、保护环境等措施。

(3)灌注桩施工应有完善的施工记录。

(二)钢管桩施工平台施工质量要求

(1)钢管桩倾斜率在1%以内。

(2)位置偏差在300 mm以内。

(3)平台必须平整,各连接处要牢固,钢管桩周围需要抛砂包,并定期测量钢管桩周围河床面标高、冲刷是否超过允许程度。

(4)严禁船只碰撞,夜间开启首尾警示灯、设置救生圈以确保人身安全。

(三)泥浆的调制和使用要求

(1)钻孔泥浆一般由水、黏土(或膨胀土)和添加剂按适当配合比配制而成,其性能指标应符合有关规定。

(2)直径大于2~5 m的大直径钻孔灌注桩对泥浆的要求较高,泥浆的选择应根据钻孔的工程地质情况、孔位、钻孔桩性能、泥浆材料条件等确定。在地质复杂、覆盖层较厚、护筒下沉不到岩层的情况下,宜使用丙烯酰胺即PHP泥浆,此泥浆的特点是不分散、低固相、高黏度。

(四)清孔的要求

钻孔深度达到设计标高后,应对孔深、孔径进行检查,符合表2-8的要求后方可清孔。

表2-8　钻孔、挖孔、成孔的质量标准

项目	允许偏差
孔的中心位置(mm)	群桩100,单排桩50
孔径(mm)	不小于设计桩径
倾斜度	钻孔:小于1%;挖孔:小于0.5%
孔深	摩擦桩:不小于设计规定 支承桩比设计深度超深不小于500 mm
沉淀厚度(mm)	摩擦桩:符合设计要求,当设计无要求时,对直径≤1.5 m的桩≤300,对桩径>1.5 m或桩长>40 m或土层较差的桩≤500;支承桩:不大于设计标准
清孔后的泥浆指标	相对密度:1.03~1.10,黏度17~20 Pa·s,含砂率2%,胶体率>98%

注:清孔后的泥浆指标是从桩孔的顶部、中部、底部分别取样检验的平均值,本项指标的测定限制大直径桩或有特定要求的钻孔桩。

（五）钢筋骨架制作、运输及吊装就位的技术要求

（1）钢筋骨架制作应符合设计要求和规范规定。

（2）长桩管架应分段制作，分段长度应根据吊装条件确定，应确保骨架不变形、接头应错开。

（3）应在骨架外侧设置控制保护层的垫块，其间距竖向为 2 m、横向周围不得少于 4 处，骨架顶端应设置吊环。

（4）骨架入孔一般用吊机，无吊机时可采用钻机钻架、灌注塔架的方法，起吊应按骨架长度的编号入孔。

（5）变截面的桩钢筋骨架吊放应按设计要求施工。

（6）钢筋骨架的制作和吊放的允许偏差为：主筋间距 ±10 mm，箍筋间距 ±20 mm，骨架外径 ±10 mm，骨架倾斜度 ±0.5%，骨架保护层厚度 ±20 mm，骨架中心平面位置 20 mm，骨架顶端高程 ±20 mm，骨架底面高程 ±50 mm。

（六）灌注水下混凝土的技术要求

（1）首批灌注混凝土的数量应能满足导管首次埋深（≥1.0 m）和填充导管底部的需要（见图 2-7），所需混凝土数量可参考下式计算

$$V \geqslant \frac{\pi D^2}{4}(H_1 + H_2) + \frac{\pi d^2}{4}h_1 \tag{2-4}$$

式中 V——首批灌注混凝土所需数量，m^3；

D——桩孔直径，m；

H_1——桩孔底至导管底端间距，m，一般为 0.4 m；

H_2——导管初次埋置深度，m；

d——导管内径，m；

h_1——桩孔内混凝土达到埋置深度 H_2 时导管内混凝土桩平衡导管外（或泥浆）压力所需的高度，m，$h_1 = H_w\gamma_w/\gamma_c$；

H_w——井孔内水或泥浆的深度，m；

γ_w——井孔内水或泥浆的重度，kN/m^3；

γ_c——混凝土拌和物的重度，kN/m^3，取 24 kN/m^3。

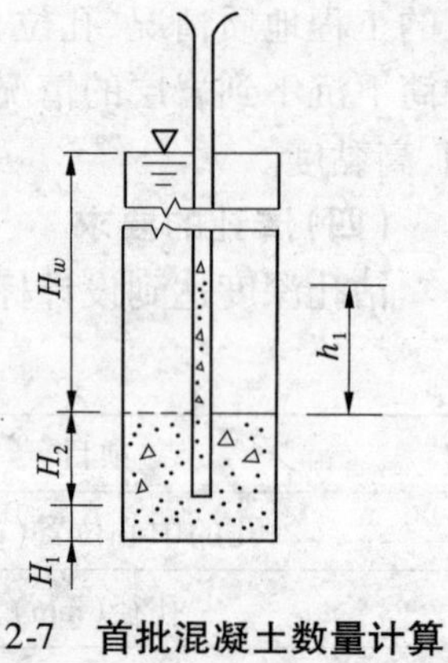

图 2-7　首批混凝土数量计算

（2）当混凝土拌和物运到拌和地点后，应检查其均匀性和坍落度等，若不符合要求，则应进行第二次拌和，二次拌和后仍不符合要求时不得使用。

（3）首批混凝土拌和物下落后，混凝土应连续灌注。

（4）灌注中，特别是潮汐地区和有承压地下水地区，应注意保持孔内水位。

（5）在灌注过程中导管的埋置深度宜控制在 2～6 m。

（6）应经常测探井孔内壁混凝土面的位置，及时调整导管的埋置深度。

（7）为防止钢筋骨架上浮，当灌注的混凝土顶面距离钢筋骨架底部 1 m 左右时，应降低混凝土的灌注速度。当混凝土拌和物上升到骨架底口 4 m 以上时应提升导管，使其底口高于骨架底部 2 m 以上，这时可恢复正常灌注速度。

（8）灌注桩顶标高应比设计标高高出一定高度，一般为 0.5～1.0 m，以保证混凝土强

度，多出部分接桩前应凿除残余桩头且无松散层。在灌注桩即将结束时，应核对混凝土的灌入数量，以确定所测混凝土的高度是否正确。

(9)变截面桩灌注混凝土的技术要求：变截面桩应从小截面的桩底部开始灌注，其技术要求与等截面桩相同，灌注至扩大截面时，导管应提升至扩大面下约 2 m，并应略加大混凝土灌注速度和混凝土坍落度。当混凝土面高于扩大截面处 3 m 后，应将导管提升至扩大截面处以上 1 m 并继续灌注至桩顶。

(10)在使用全护筒灌注水下混凝土时，当混凝土进入护筒后，护筒底部应始终位于混凝土面以下，并随导管的提升应逐步上拔护筒，护筒内的混凝土灌注高度不仅要考虑导管护筒引导提升的高度，还要考虑因上拔护筒引起的混凝土面的降低，以保证导管的埋置深度和护筒底面低于混凝土面，要边灌注边排水，以保持护筒内水位稳定而不至于水位过高而造成反穿孔。

(11)在灌注过程中，应将孔内溢出的水或泥浆引流至适当地点处理，不得任意排放，污染环境及河流。

(七)挖孔灌注桩的质量控制

1. 基本要求

(1)挖孔灌注桩适用于无地下水或少量地下水且较密实的土层或风化岩层，若孔内产生的空气污染物超过现行《环境空气质量标准》(GB 3095—1996)规定的三级标准浓度的限值，必须采取通风措施，然后才可采用人工挖孔的方法进行施工。

(2)挖孔桩井口的围护应高出地面 20 ~ 30 mm，以防土石杂物流入孔内伤人，孔深超过 10 m 时应增设通风设备。

(3)挖孔直径。在按照设计规定挖孔过程中，应经常检查桩孔尺寸、平面位置和竖轴线倾斜情况，如有偏差应立即纠正。

(4)孔壁支护材料应根据地质情况采用安全可靠的支护，桩孔的护壁工作应及时进行，防止坍孔。

(5)各种施工记录应备全。

2. 挖孔时的技术要求

(1)孔内遇到岩层须爆破时应专门设计，宜采用浅眼松动爆破法，严格控制炸药用量，并在炮眼附近加设支护。孔深大于 5 m 时，必须采用电雷管引爆。内孔爆破后应先通风排烟 15 min，经检查无有毒气体后，施工人员方可下井继续作业。

(2)挖孔达到设计深度后应进行孔底处理，必须做到孔底表面无松渣、沉淀土，如地质情况复杂应钎探，了解孔底以下地质情况是否能满足设计要求，否则监理单位、设计单位应进行研究后再作处理。

(3)孔内无积水时，可不采用水下灌注混凝土施工，而采用一般混凝土灌注。

(八)质量检验及质量标准

(1)钻孔、挖孔，在终孔和清孔后应进行孔位、孔深检验。

(2)孔径、孔形和倾斜度宜采用专用仪器测定，当缺乏专用仪器时，可采用外径为钻孔桩钢筋笼直径加 100 mm(不得大于钻头直径)且长度为 4 ~ 6 倍外径的钢筋检孔器吊入钻孔内检测。

(3)钻孔、挖孔和成孔的质量标准:曲线部分的半径允许偏差为 ±0.5%,半径大于 12 m 时为 ±60 mm。

(4)钻孔、挖孔灌注桩的混凝土检测要求:

①桩身混凝土的抗压强度应符合设计规定,每桩试件为 2 ~4 组,检验要按规范进行。

②检测方法和数量应符合规范和设计要求,一般选有代表性的桩,用无破损法进行检测,重要工程或重要部位的桩宜逐根进行检测,设计有规定或对桩的质量有疑问时,应采用钻心取样法对桩进行检测,柱桩应钻到桩底 0.5 m 以下。

③当检测到桩身质量不符合要求时,应研究处理方案并报监理单位处理。

(5)钻孔、挖孔灌注桩的承载力试验应按规范进行,试验依据为《建筑桩基技术规范》(JGJ 94—2008)、设计图纸及有关规定。

a. 单桩竖向静荷载试验

①试验设备。试验仪器采用静载荷试验仪,加荷设备采用电动油泵、千斤顶和锚桩、反力梁装置,采用位移百分表测量桩顶位移,固定百分表的基准梁埋设在地基中,在整个试验过程中试验仪器设备均被遮蔽,可保证测量精度。

②加荷。可采用慢速维持荷载,第一根桩分级小,每级加荷 200 kN,预计最大荷载值为 5 000 kN,首次加荷以 2 倍分级加荷,第二根桩的分级较大,每级加荷 400 kN,预计最大加荷值为 5 000 kN,首次加荷以 2 倍分级加荷。

每级加荷后,间隔 5 min、10 min、15 min、20 min、25 min 各读一次,累计 1 h 后每 30 min 测读一次,达到稳定标准后即施加下一级荷载。稳定标准为沉降增量 $\Delta S \leqslant$ 0.1 min/h,并且连续出现 2 次。

由于两根试桩加荷到一定程度后,桩头出现破坏迹象,无法继续加荷,试验终止。

b. 桩身应力测试

①基本原理:桩身应力测试采用 G×R 型钢筋应力传感器,其工作原理为在微振荡条件下,钢弦自振频率与钢弦应力之间存在 $f=\frac{1}{4}(\sigma/\rho)^{1/2}$ 的关系。

②工作过程:当传感器受力时,使钢弦产生应变,并使钢弦自振频率相应改变,利用激励装置使钢弦起振并接受振荡频率,根据标定的“应变—频率曲线”即可得到作用在传感器上的应变值,标定截面的轴力差即为桩侧摩阻力,桩端截面上的轴力即为桩端阻力。测试用的传感器必须由厂家提供出厂合格证。

③传感器布设:每根试桩的钢筋笼上安装 9 个传感器,沿轴线共布置 3 个应变测量截面,每个截面上安装 3 个传感器,均匀分布,应变测量截面 1 位于桩顶以下 1 ~3 m 处,截面 2 位于桩顶以下 10.4 m 处,截面 3 位于桩顶以下 19.0 m 处。

例:河南省水利第一工程局河口村水库金滩沁河大桥工程钻孔灌注桩的技术要求。

1. 工作内容

工作内容包括钻孔、安设和拆除护筒、安设钢筋笼、灌注混凝土以及按图纸规定和监理工程师指示的有关钻孔灌注桩的其他作业。

2. 材料的要求及水下混凝土

(1)水泥、细骨料和粗骨料、水和外加剂,以及混凝土的拌和、输送、灌注和养护等,都应符合规范要求。混凝土级别应符合图纸的规定。

(2)水下灌注混凝土(导管灌注混凝土)应符合下列要求:

①水泥的强度等级不应低于42.5级,其初凝时间不宜早于2.5 h;

②粗骨料宜优先选用卵石或采用级配良好的碎石;

③粗骨料的最大粒径不应大于导管内径的1/6~1/8和钢筋最小净距的1/4,同时不得大于40 mm;

④细骨料宜采用级配良好的中砂;

⑤混凝土的含砂率宜为40%~50%;

⑥缓凝外掺剂,只有得到监理工程师的批准才能采用;

⑦抗硫酸盐水泥应按图纸说明或监理工程师的要求采用;

⑧坍落度宜为180~220 mm;

⑨水下混凝土的水泥用量不宜小于350 kg/m^3,当监理工程师同意掺入适宜数量的减水缓凝剂或粉煤灰时,水泥用量可不小于300 kg/m^3;

⑩水灰比宜为0.5~0.6。

(3)钢筋应符合图纸及规范要求。

3. 钻孔

承包人可选择任何一种钻孔方法,但完成的钻孔应符合图纸规定的允许偏差。钻孔时应采用长度适合钻孔地基条件的护筒,保证孔口不坍塌及不使地表水进入钻孔,并保持钻孔内泥浆表面高程。护筒应符合以下要求:

(1)护筒可用钢板或钢筋混凝土制作。

(2)护筒内径一般应比桩径稍大,一般大200~400 mm,可根据钻孔情况选。

(3)护筒高度宜高出地面0.3 m或水面1.0~2.0 m。

(4)当钻孔内有承压水时,应高于稳定后的承压水位2.0 m以上。若承压水位不稳定或稳定后承压水位高出地下水位很多,应先做试桩,鉴定在此类地区采用钻孔灌注桩基的可行性。试桩结果报监理工程师批准后,方可采用钻孔灌注桩基。

(5)当处于潮水影响地区时,护筒高度应高于最高施工水位1.5~2.0 m,并采取稳定护筒内水头的措施。

(6)护筒中心竖直线应与桩中心线重合,除设计另有规定外,一般平面允许误差为50 mm,竖直线倾斜不大于1%;干处可实测定位,水域可依靠导向架定位。

(7)护筒埋置深度应根据图纸要求或桩位的水文地质情况确定。一般情况埋置深度宜为2~4 m,特殊情况应加深,以保证钻孔和灌注混凝土的顺利进行。有冲刷影响的河床,应沉入局部冲刷线以下不小于1.0~1.5 m。

(8)当钻孔排渣、提钻头除土或因故停钻时,应保持孔内具有规定的水位和要求的泥浆相对密度和黏度。

(9)当设计为斜桩时,为保证开孔斜度准确,埋设的护筒应准确,长度不宜小于3 m,护筒直径只宜比钻锥直径大20~30 mm。护筒埋设的倾斜度宜稍大于设计斜度,应埋设紧密。

(10)斜孔孔壁较易坍塌,故孔内水头、护壁泥浆相对密度和黏度等指标应比钻竖孔时稍大,可掺用适量添加剂以改善泥浆性能。

地质情况较为复杂的大、中桥,在钻孔灌注桩施工前,应按设计要求或监理工程师指示在桥位现场试桩,以验证桩的设计参数及承载力,并根据地层情况、施工条件选择合理的施工方法。在试桩中发现地质情况(如有地下水、地层对混凝土有腐蚀作用、有较大承压水等)与原设计不符时,承包人应提出相应的技术措施或变更设计,报监理工程师批准。

承包人应采用钻孔泥浆护壁,以保持孔壁在钻进过程不坍塌,但采用全长护筒者除外。

承包人可用膨润土悬浮泥浆或合格的黏土悬浮泥浆作为钻孔泥浆。钻孔泥浆不得污染地下水。根据钻孔方法适用性论证,不加掺合物的清水钻仅在监理工程师书面同意的情况下才可采用。

钻孔泥浆应始终高出孔外水位或地下水位1.0~1.5 m。

胶泥应用清水彻底拌和成悬浮体,使得在灌注混凝土时及施工完成后保持钻孔孔壁的稳定,泥浆的性能指标要求如表2-9所示,施工时除相对密度和黏度应进行试验外,如果监理工程师要求,其他指标也应予以抽检。

除图纸另有规定外,地面或最低冲刷线以下部分,护筒应在灌注混凝土后拔出。

表2-9　泥浆性能指标要求

钻孔方法	地层情况	泥浆性能指标							
		相对密度	黏度(Pa·s)	含砂率(%)	胶体率(%)	失水率(mL/30 min)	泥皮厚(mm/30 min)	静切力(Pa)	酸碱度(pH)
正循环	一般地层	1.05~1.20	16~22	4~8	≥96	≤25	≤2	1~2.5	8~10
正循环	易坍地层	1.20~1.45	19~28	4~8	≥96	≤15	≤2	3~5	8~10
反循环	一般地层	1.02~1.06	16~20	≤4	≥95	≤20	≤3	1~2.5	8~10
反循环	易坍地层	1.06~1.10	18~28	≤4	≥95	≤20	≤3	1~2.5	8~10
反循环	卵石土	1.10~1.15	20~35	≤4	≥95	≤20	≤3	1~2.5	8~10
推钻冲抓	一般地层	1.10~1.20	18~24	≤4	≥95	≤20	≤3	1~2.5	8~11
冲击	易坍地层	1.20~1.40	22~30	≤4	≥95	≤20	≤3	3~5	8~11

注:1.地下水位高或其流速大时,指标取上限,反之取下限。

2.地质状态较好、孔径或孔深较小的取下限,反之取上限。

3.在不易坍塌的黏质土层中,使用推钻、冲抓、反循环回转钻进时,可用清水提高水头(≥2 m)维护孔壁。

4.若当地缺乏优良黏质土,远运膨润土也很困难,调制不出合格泥浆,可掺用添加剂改善泥浆性能,各种添加剂掺量见《公路桥涵施工技术规范》(JTJ 041—2000)附录C-1。

5.泥浆的各种性能指标测定方法见《公路桥涵施工技术规范》(JTJ 041—2000)附录C-2。

4. 钻孔工序

(1)当采用冲击法钻孔时,为防止冲击震动使邻孔孔壁坍塌或影响邻孔已灌混凝土的凝固,或影响邻桩混凝土质量,应待邻孔混凝土灌注完毕,并达到2.5 MPa抗压强度后,才能开钻。在满足此条件下,为加快完成钻孔工作,可以多机同时作业。

(2)钻孔应连续进行,不得中断。如用抓斗开挖,应注意提升抓斗时下面不产生真空。

(3)软土地段的钻孔,首先应进行地基加固,以保证钻孔设备稳定和钻孔孔位准确,再行钻孔。

(4)钻孔时须及时填写钻孔记录,在土层变化处捞取渣样,判明土层,以便与地质剖面相核对。当与地质剖面图严重不符时,应及时向监理工程师汇报,并按监理工程师的指示处理。

5. 清孔

(1)钻孔达到图纸规定深度后,且成孔质量符合图纸要求并经监理工程师批准,应立即进行清孔。清孔时,孔内水位应保持在地下水位或河流水位以上1.5~2 m,以防止塌陷。

(2)清孔时,应将附着于护筒壁的泥浆清洗干净,并将孔底钻渣及泥沙等沉淀物清除。清孔次数按图纸要求和清孔后孔底钻渣沉淀厚度符合图纸规定值为前提进行,大桥基础钻孔后一般需要进行两次清孔。

(3)清孔后孔底沉淀厚度应按图纸规定值进行检查,如图纸无规定,对于直径等于或小于1.5 m的摩擦桩,沉淀厚度应等于或小于300 mm;对于桩径大于1.5 m、桩长大于40 m或土质较差的摩擦桩,沉淀厚度应等于或小于500 mm。支承桩的沉淀厚度应符合图纸规定。

嵌岩桩的沉淀厚度应满足图纸要求,并不得大于50 mm,不得以加深孔底深度代替清孔。

6. 钢筋骨架

(1)桩的钢筋骨架应紧接在混凝土灌注前整体放入孔内。如果混凝土不能紧接在钢筋骨架放入之后灌注,则钢筋骨架应从孔内移去。在钢筋骨架重放前,应对钻孔的完整性(包括孔底松散物的出现)重新进行检查。

(2)钢筋骨架应有强劲的内支撑,防止钢筋骨架在运输和就位时变形。在顶面应采用有效方法进行固定,防止混凝土灌注过程中的钢筋骨架上升。支承系统应对准中线防止钢筋骨架倾斜和移动。

(3)钢筋骨架上应事先安设控制钢筋骨架与孔壁净距的混凝土垫块,这些垫块应可靠地以等距离绑在钢筋骨架周径上,其沿桩长的间距不超过2 m,横向圆周不得少于4处,但图示者除外,或者采用其他有效办法以保证图纸要求的保护层得到满足。钢筋骨架底面高程允许偏差为±50 mm。

(4)钢筋骨架制作和吊放的允许偏差:主筋间距±10 mm,箍筋间距±20 mm,骨架外径±10 mm,骨架倾斜度±0.5%,骨架保护层厚度±20 mm,骨架中心平面位置20 mm,骨

架顶端高程 ±20 mm。

7. 灌注水下混凝土

(1)灌注水下混凝土前,应检测孔底泥浆沉淀厚度,如大于规范规定清孔要求,应再次清孔。

(2)混凝土拌和物运至灌注地点时,应检查其均匀性和坍落度,如不符合施工及规范要求,应进行第二次拌和,二次拌和仍达不到要求,不得使用。

(3)灌注水下混凝土的搅拌机能力应能满足桩孔在规定时间内灌注完毕。灌注时间不得超过首批混凝土初凝时间。若估计灌注时间超过首批混凝土初凝时间,则应掺入缓凝剂。

(4)孔身及孔底检查值得到监理工程师认可和钢筋骨架安放后,应立即开始灌注混凝土,并应连续进行,不得中断。当气温低于 0 ℃时,灌注混凝土应采取保温措施。强度未达到设计等级 50% 的桩顶混凝土不得受冻。

(5)混凝土一般采用钢导管灌注。导管管径视桩径大小而定,由内径 200 ~ 350 mm 的管子组成,用装有垫圈的法兰盘连接管节。导管应进行水密、承压和接头抗拉试验。在灌注混凝土开始时,导管底部至孔底应有 250 ~ 400 mm 的空间。首批灌注混凝土的数量应能满足导管初次埋置深度不小于 1.0 m 和填充导管底部间隙的需要。在整个灌注时间内,出料口应伸入先前灌注的混凝土内至少 2 m,以防止泥浆及水冲入管内,且不得大于 6 m。应经常量测孔内混凝土面层的高程,及时调整导管出料口与混凝土表面的相对位置,并始终予以严密监视,导管应在无水的状态下填充。如为泵送混凝土,泵管应设底阀或其他的装置,以防水和管中混凝土混合。泵管应在桩内混凝土升高时慢慢提起。管底在任何时候,应在混凝土顶面下 2 m。输送到桩中的混凝土,应一次连续操作。初凝前,任何受污染的混凝土应从桩顶清除。

(6)灌注混凝土时,溢出的泥浆应引流至适当地点处理,以防止污染环境或堵塞河道和交通。

(7)处于底面或桩顶以下的井口整体式刚性护筒,应在灌注混凝土后立即拔出;处于地面以上能拆除的护筒部分,须待混凝土抗压强度达到 5 MPa 后拆除。当使用全护筒灌注混凝土时,应逐步提升护筒,护筒底面应保持在混凝土顶面以下 1 ~ 2 m。

(8)混凝土应连续灌注,直至灌注的混凝土顶面高出图纸规定或监理工程师确定的截面高度后才可停止浇筑,以保证截面以下的全部混凝土均达到强度标准。

(9)灌注的桩顶标高应比设计值高出一定高度,一般为 0.5 ~ 1.0 m,以保证混凝土强度,多余部分应在接桩前凿除,桩头应无松散层。

(10)在混凝土灌注过程中,如发生故障应及时查明原因,并提出补救措施,报请监理工程师进行处理。补救费用由承包人承担。

8. 质量检验

(1)混凝土质量的检查和验收,应符合规范规定。每桩试件组数一般为 2 组。

(2)承包人应在监理工程师在场的情况下,对下列规定的钻孔桩,采用经监理工程师同意的无破损检测法进行桩的质量检验和评价。

①小桥选有代表性的桩或重要部位的桩进行检测。

②中桥、大桥及特大桥的钻孔桩，应逐根进行检测。

③承包人应在工地配备能对全桩长钻取 70 mm 直径或较大心样的设备及经过训练的工作人员，也可以分包给经监理工程师认可的钻探队来承担钻取心样的工作。

④若设计有规定或监理工程师对桩的质量有疑问，或在施工中遇到任何异常情况，说明桩的质量可能低于要求的标准，应采用钻取心样法对桩进行检测，以检验桩的混凝土灌注质量。对支承桩应钻到桩底 0.5 m 以下，钻心检验应在监理工程师指导下进行，检验结果若不合格，则应视为废桩。

⑤当监理工程师对每一根成桩平面位置的复查、试验结果及施工记录都认可后，监理工程师应以书面形式进行批准，在未得到监理工程师的批准前，不得进行该桩基础的其他工作。

在钻孔灌注桩的施工过程中，常见的质量问题主要有塌孔、桩孔倾斜、梅花桩孔、桩钢筋上浮、桩底沉渣过厚或桩底呈现泥浆、断桩等现象。其原因分析如下：

(1)塌孔。在有较厚的砂层、淤泥层、卵石层等夹层部位的成孔过程中，由于砂层、淤泥层和卵石层的整体性较差，当施工到这些地段时，桩孔的位置被淘空，遇到钻孔桩的外力作用，夹层部位的孔壁不稳定，而且又是采用泥浆护壁不能保持完整性而使井壁坍落。若在石灰岩地区施工，当桩孔碰到地下溶洞、溶槽、暗河时，桩孔内泥浆会漏走而骤然下降，使桩孔壁突然失去泥浆静压力的作用而向桩孔内塌。遇到塌孔，常用的处理方法是选用胶体率较大的黏土块来造浆，同时增大泥浆比重。塌孔越大泥浆比重越大，塌孔较严重的可向桩孔内加黏土块，夹小石片，反复冲击造壁。若以上方法仍没有效果，那么在征得设计单位、监理单位同意后可采用其他有效的方法。

(2)桩孔倾斜。主要原因：桩孔位置有较大的探头石或桩施工现场地质岩层走向的坡度很大，桩孔内出现一边软一边硬的地质情况，使钻头或冲锤挤向软的一边而引起斜孔，另一方面在粉细砂或泥石软土层中成孔，若钻进或冲进过快，都会引起轻微的塌孔，使孔径增大。此时，孔壁对钻头或冲锤的约束减少，如不及时控制好进尺速度，很容易使钻孔或冲锤因摆动偏向一方，导致偏孔。发生偏孔后，若是钻孔成孔的，多改用冲锤成孔来矫正，并在施工中经常测量孔斜度。斜孔不严重的可用低锤密冲矫正，若斜孔严重，可向桩孔内回填角石和黏土块，然后用低锤密冲，反复矫正，可收到好的结果。

(3)梅花桩孔的成因。主要是由于地层岩石坚硬，目前使用的冲击锤主要是十字锤、工字锤和人字锤三种，桩进入较硬的岩层后，若冲进的桩锤高过大，而桩锤的转向环又不灵活，就很容易使桩锤在冲进过程中沿着锤齿部位形成的轨道冲进，这样桩孔壁将残留少许凸向桩孔的不规则石笋，这样的桩孔就叫梅花桩孔。如果这种桩孔不处理就灌注桩心混凝土，那么该段桩心混凝土就存在局部缩颈的隐患。因此，在钻(冲)桩施工过程中，若发现有梅花桩孔，应及时处理。常用的处理方法主要有两种：①用修孔锤修孔；②向桩孔内回填角石，至梅花桩孔顶面以上，检修好桩锤的转向环，然后低锤密冲，反复修孔。

(4)桩底沉渣过厚或桩底混浆。主要原因：①清洗阶段岩渣粒径过大，清孔的泥浆无法使呈现悬浮状态浮出桩面而成为永久性沉渣；②清孔后的泥浆比重过大以致在灌注混凝土时混凝土的冲击力不能完全将桩孔底部的泥浆翻起，造成混浆；③清孔之后到灌注混凝土期间的间歇时间过长，使原来已处于悬浮状态的岩渣沉回桩孔底部，这些沉淀的岩渣过厚不能即时翻起而成为永久性泥渣，造成施工质量问题；④灌注桩心混凝土时导管下端距离桩孔底部过高，影响了混凝土的冲击力对桩孔底部泥浆的翻起效果，并使初始灌注的混凝土无法包裹住导管的下端，造成混凝土夹层；⑤初始灌注混凝土的坍落度过小、流动性差，影响了混凝土的冲击作用而造成底部混浆；⑥导管内壁过粗糙，"光洁度"不足，减小了初始混凝土灌注时活塞在导管中的下落速度，影响了混凝土的冲击力作用，造成桩底部混浆。

桩底沉渣过厚或桩底部混浆的处理方法：

①认真检查清孔阶段的岩渣粒径，以及清孔后的泥浆比重。为了提高泥浆的清孔效果，可在泥浆中加入外加剂碳酸钠，一般掺入量为0.1%～0.3%，外加剂碳酸钠可以提高泥浆的胶体率和稳定性。

②严格控制好导管下端至孔底的距离，通常为30～50 cm，且使导管的初始埋深不小于1 m。

③严格控制好清孔后的停置时间，若时间过长，应利用灌注混凝土的导管重新清孔，再进行水下混凝土的灌注工作。

④严格控制好混凝土的坍落度，确保混凝土的流动性，并经常清理导管内壁，保持其光洁度，从而保证混凝土的灌注质量。

⑤对于桩长大于35 m的钻（冲）桩，采用正循环施工清孔没有把握时，应利用真空泵采用反循环施工对桩孔底部沉渣进行清孔，以确保成桩后的桩底沉渣厚度不超过施工规范的允许值。

（5）桩钢笼上浮，其主要原因：①在混凝土灌注桩与钢筋笼处，导管底端距钢筋笼底端过近，灌注的混凝土从导管底流出后冲击力过大，推动了钢筋笼向上浮动；②混凝土灌注时间较长，表层混凝土已开始终凝，形成硬壳，混凝土与钢筋之间产生一定的握裹力，若此时导管底端未及时提升到钢筋笼以上，混凝土从导管流出后向上移动时会带动钢筋笼上浮。

处理措施：一是钢筋笼的上端，若在护筒的范围内可将其焊到护筒上，若在钢筋护筒以下，则可用钢管套在钢筋上顶压；二是当混凝土将要接触钢筋笼时，适当放慢灌注速度，并控制好导管的埋深，以减小混凝土的向上冲浮力；三是控制好混凝土的整体灌注时间；四是若发现钢筋笼有上浮现象，除立即采用钢管套在钢筋上顶压外，在提升导管时还应放慢速度，并用铁锤镐击导管，以减小导管提升阻力。

（6）断桩的主要原因：在水下混凝土的灌注过程中，导管的提升控制不当，致使导管下端提离了混凝土面，然后不作任何处理，又插回混凝土中继续施工，或出现导管堵塞无法疏通，需要将导管提出桩孔，致使混凝土灌注工作中断，这种前后衔接问题处理不当，造成前阶段混凝土面的泥浆等杂质不能完全翻起排出而留在衔接面上造成断桩。

断桩的处理方法同桩底沉渣处理。

灌注桩的承载力测试依据《建筑桩基技术规范》（JGJ 94—2008）与设计图纸及有关规定进行。具体详见前文"质量检验及质量标准"内容。

例：河南省水利第一工程局河口村水库金滩沁河大桥工程灌注桩的垂直静荷载试验要求。

（一）范围

本节工作包括对钻（挖）孔灌注桩的足尺比例荷载试验，其中包括压载、拉桩、高吨位千斤顶及所有其他进行试验需要的材料、设备和工作。

（二）试验要求及试桩

1. 试验要求

（1）要做荷载试验的工程用桩，按图示或由监理工程师指定，监理工程师至少在该工程用试桩施工开始前 7 d 选定试桩。

（2）试验应在桩的混凝土强度达到设计等级后才能进行。

（3）试验应按《公路桥涵施工技术规范》（JTJ 041—2000）附录 B 进行。承包人应向监理工程师提交拟采用的荷载装置的详图请求批准。荷载装置应分级逐渐施加，使荷载传递均匀，无冲击，而不致使试桩震动。如批准的方法需要拉桩（锚桩），当可行的话，这些拉桩应与永久性桩同一型式和同一直径，且设在永久性的桩位上。

（4）对钻孔灌注桩是否做检验荷载试验和破坏荷载试验，由监理工程师根据具体情况考虑确定。

2. 试桩

（1）对于采用就地灌注桩和挖孔桩的结构物，监理工程师可选择工程用桩做检验荷载试验以检验桩的承载力，承包人应在工地先施工这些供试验的工程桩。为检验荷载试验目的而选用的桩，其施工设备及施工方法应与要施工的工程用桩所使用的相同，桩要做到规定深度，工地的其他桩，在先前的试桩完成且监理工程师认为合格以后，才能施工。

（2）监理工程师也可要求在工地附近的其他指定地点进行试桩的破坏荷载试验。破坏荷载试验的目的是确定桩的设计合理性，这些试验应在任何工程用桩施工开始 30 d 以前完成，且应使监理工程师认可。破坏荷载试验用桩，不得在以后作为工程用桩。

（3）试桩桩顶高在混凝土达到初凝后应立即确定，且在荷载试验以前再加复核，以检验有无隆起现象。所有隆起的桩在试验前应用千斤顶压至原来的标高上。

3. 桩的破坏荷载和检验荷载的试验标准

桩的检验荷载为 2 倍设计荷载，如果加荷达到 2 倍设计荷载后总沉降量不超过 40 mm，最后一级加荷引起的沉降量不超过前一加荷引起的沉降量的 5 倍，沉降在 24 h 内稳定，该桩可以验收，如果最后一级加荷后，桩的总沉降量等于或超过 40 mm 且本级荷载加荷引起的沉降量等于或大于前一级加荷引起的沉降量 5 倍，或桩的总沉降量等于或大于 40 mm 且本级荷载加荷后，沉降至 24 h 仍不稳定，则最后一级加荷时总荷载为破坏荷载。

4. 桩的荷载试验步骤

（1）每级荷载增量为预定的最大试验荷载的 1/10 ~ 1/15。当桩的下端埋入巨粒土、粗粒土以及坚硬的黏质土中时，第一级可按 2 倍的分级荷载加荷。

（2）每级加荷阶段，荷载应持续到沉降稳定。沉降观测在开始的第一小时内应每 15 min 记录一次，第二小时内每 30 min 记录一次，以后每小时观测一次。

（3）每级加荷的沉降量，在下列时间内如不大于 0.1 mm，即可视为稳定：桩尖下为大块碎石类土、砂类土、坚硬黏性土，最后 30 min；桩尖下为半坚硬和软塑黏性土，最后一小时。

(4)应分阶段卸荷,其值相当于分阶段加荷的2倍,如加荷级为奇数,则第一级卸荷量为分阶段加荷级的3倍。每级卸荷应观测回弹量,观测方法与沉降观测同。卸荷到零后,至少在2 h内,每30 min观测一次,如果桩尖下为砂类土,则开始30 min内,每15 min观测一次;如果桩尖下为黏性土,则开始1 h内,每15 min观测一次。

三、沉井基础质量要求

(一)一般规定和基本要求

(1)制造沉井场地必须有足够的承载能力,支垫布置应满足设计要求,且抽垫方便,第一节沉井下沉工作,应在井壁混凝土强度达到该阶段下沉各阶段要求的强度后再进行下沉。

(2)沉井施工前,应根据设计单位提供的地质资料决定是否补充施工措施,或钻探,为编制施工技术方案提供准确依据。

(3)沉井下沉前应对附近建筑物和施工设备采取有效的防护措施,并在下沉过程中经常进行沉降观测,了解基线和基点的情况。

(4)沉井施工前应对洪汛、凌汛、河床冲刷、通航及漂浮物等作好调查研究,至于需要在施工中度汛、度凌的沉井,应制定必要措施以确保安全。

(5)浮式沉井在下水浮运前,应进行水密性试验,对水下基床进行检查,认为合格后才可就位落水。

(6)沉井下沉过程中,应随时注意正位和观察垂直下沉的情况,至少每下沉1 m检查一次,并作好观测记录,发现偏位或倾斜应及时纠正。

(7)沉井接高时,各节的竖向中轴线应与第一节竖向中轴线相重合,接高前应尽量纠正好沉井的倾斜。

(8)当沉井下沉至设计高程后,应检查基底情况是否符合设计要求,必要时应由潜水工进行检查,填写记录后方可封底,水下封底混凝土应密实不漏水。

(二)沉井的制作

沉井位于浅水或可能被水淹没的岸滩上时,宜就地筑岛制作,沉井在制作至下沉过程中位于无被水淹没可能的岸滩上时,如地基承载力满足设计要求,可就地平整夯实制作,如地基承载力不够,应采取加固措施,在地下水位较低的岸滩,若土质较好,可挖坑制作沉井。

筑岛沉井的制作与下水:制作沉井的岛面、平台面和开挖基坑施工的坑底标高应比施工时最高水位高出0.5~0.7 m,有流水时应再适当加高。

水中筑岛除应按围堰有关规定办理外,还应符合以下要求:

(1)筑岛尺寸应满足沉井制作及抽垫等施工要求,无围堰筑岛,宜在沉井周围设置不小于2 m宽的护道;有围堰筑岛,其护道宽度可按下式计算

$$b \geqslant H\tan(45° - \frac{\varphi}{2}) \tag{2-5}$$

式中 b——护道宽度,m;

H——筑岛高度,m;

φ——筑岛土饱和土水时的内摩擦角,(°)。

护道宽度在任何情况下不应小于1.5 m,如实际采用的护道宽度 b 小于式(2-5)计算的值时,则考虑沉井重力等对围堰所产生的侧压力的影响。

(2)筑岛材料应用透水性好、易于压实的砂土或碎石土,且不应含有影响岛体受力及抽垫下沉的块体,岛面及地基承载力应满足设计要求,无围堰筑岛的临水面坡度一般可用1∶1.25～1∶3。

(3)在施工期内,水流受到压缩后,应保证岛体稳定,坡面、坡脚不被冲刷,必要时应采取防护措施。

(4)在斜坡上筑岛应进行设计计算,应有防滑措施,在淤泥等软土上筑岛时,应将软土挖除换填或采取其他加固措施。

筑岛沉井一般采用钢筋混凝土厚壁沉井,制作前应检查沉井纵横向中轴线位置是否符合设计要求。

在支垫上立模制作沉井时,应符合下列要求:

(1)支垫布置应满足设计要求及抽垫方便。

(2)支垫顶面应与钢刃脚底面紧贴,使沉井重力均匀分布于各支垫上。

(3)模板及支撑应有足够的强度和较好的刚性。内隔墙与井壁连接处支垫应联成整体,底模应支承于支垫上,以防不均匀沉降,外模与混凝土面贴接一侧应平直并光滑。

刃脚部分采用土模制作时,应符合下列要求:

(1)刃脚部分的外模应能承受井壁混凝土的重力在刃脚斜面上产生的水平分力,土模顶面的承载力应满足设计要求,土模顶面一般填筑至沉井隔墙底面。

(2)土模表面及刃脚底面的地面上,均应铺设一层20～30 mm的水泥砂浆,砂浆层表面应涂隔离剂。

(3)应有良好的防水排水措施。

沉井分节制作高度应能保证其稳定又有适当重力便于顺利下沉,底节沉井的最小高度应能抵抗拆除支垫或挖除土模时的竖向挠曲强度,除土条件许可时,宜高些。

筑岛沉井节支垫的抽除应符合以下要求:

(1)沉井混凝土强度满足沉井抽垫受力的要求时方可抽垫。

(2)支垫应分区,依次对称同步地向沉井外抽出,随同砂土回填捣实,抽垫时应防止沉井偏斜。

(3)定位支点处的支垫,应按设计要求的顺序尽快地抽出。

拆除土模应符合下列要求:

(1)底节混凝土达到设计要求强度后方可拆除土模。

(2)自中心向四周分区、分层,同步对称挖土,防止沉井等发生倾斜。

(3)拆除土模时不得失控沉井外围的土,刃脚斜面及隔墙底面黏附于土模的残留物应清除干净,防止影响封底混凝土质量。

制造浮式沉井的方法及浮运前的准备工作:

(1)位于深水中的沉井,可采用浮式沉井。根据河岸地形设备条件,进行技术经济比较,确定沉井结构、制作场地及下水方案,在浮船上或支架平台上制作沉井时,浮船支架平台的承载力应满足设计要求。

(2)浮式沉井可采用空腔式钢丝网水泥薄壁沉井、钢筋混凝土薄壁沉井、钢壳沉井、装配式钢筋混凝土薄壁沉井,以及带临时井底的沉井和带气筒沉井等,其制造工艺可按《公路桥涵施工技术规范》(JTJ 041—2000)有关规定和有关资料执行。

(三)沉井的浮运到位要求

1. 浮运前应进行的工作

(1)各类浮式沉井均须灌水下沉,各节沉井均应进行水密性检查,底节还应根据其工作压力进行水压试验,合格后方可下水。

(2)应对所经水域和沉井位置处河床进行探查,所经水域应无妨碍浮运的水下障碍物,沉井位置处河床应基本平整。

(3)检查施运定位导向,锚碇、潜水、起吊及排灌水设施。

(4)掌握水文、气象和航运情况,并与有关部门取得联系、配合,必要时,宜在海运沉井过程中中断航运。

(5)浮运沉井的实际重力与设计重力不符时,应重新验算沉入水中的深度是否安全可靠。

2. 浮式沉井的要求

浮式沉井的底节可用滑道、起重机具、涨水自漂、浮船等方法下水。

浮式沉井底节下水后,悬浮接高时的初步定位装置,应根据下水的方法,底节沉井的高度大小、形状与水深,流速,河床土质及沉井接高和下沉过程中墩位处与河床受冲刷的影响,综合分析确定。

浮式沉井在悬浮状态接高时应符合下列要求:

(1)沉井底节下水后接高时,应向沉井内灌水或从气筒内排气使沉井入水深度增加到沉井接高所要求的高度,在灌注接高时的混凝土过程中,同时向井外排水或向气筒内补气以维持沉井入水深度不变。

(2)在灌水、排气或排水补气及灌注接高混凝土的过程中应均匀对称进行。

(3)在灌水或排气的过程中,应检查并调整固定沉井位置的锚碇系统。

(4)带气筒的浮式沉井,对气筒应进行保护。

(5)带临时性井底的浮式沉井和空腔井壁沉井,应严格控制各灌水隔舱间的水头差,不得超过设计规定。

3. 沉井浮运就位的注意事项

(1)浮运和灌水着床应在沉井混凝土达到设计要求的强度后,并尽可能安排在能保证浮运工作顺利进行的低水位或水流平稳时进行。

(2)浮式沉井必须对浮运就位和灌水着床时的稳定性进行验算。

(3)沉井沉运宜在白天无风浪或小风时,以拖轮拖运或绞车牵引进行,对于水深和流速大的河流,为增加沉井稳定,可在沉井两侧设置导向船,沉井下沉前初步锚碇墩位的上游,在沉井浮运下沉的任何时间内,露出水面的高度均不应小于1 m。

(4)准确定位后,应向井孔内或在井壁腔格内迅速对称均衡地灌水,使沉井落至河床。在水中拆除底板时,应注意防止沉井偏斜,薄壁空腔沉井着床后,可对称均衡地灌水、灌注混凝土和加压下沉。

(5)沉井着床后,应采取措施使其尽快下沉,并加强对沉井上游侧冲刷情况的观测和沉井平面位置及偏斜的检查,发现问题时立即采取措施并予以调整。

(6)沉井着床后,应随时观测由于沉井下沉的阻力和压缩流水断面引起流速增大而造成的河床局部冲刷,必要时可在沉井位置处用卵、碎石垫填整平,改变河床上的粒径,减小冲刷深度,增加沉井着床后的稳定。

4.沉井除土下沉的技术要求

(1)沉井宜采用不排水除土下沉,在稳定的土层中,也可采用排水除土下沉。采用排水除土下沉时,应有安全措施,以防止发生人身安全事故。

(2)下沉沉井时,不宜使用爆破方法,在特殊情况下,经批准必须采用爆破时,应严格控制药量。

(3)正常下沉时,应自中间向刃脚处均匀对称除土,对于排水除土下沉的底节沉井,设计支承位置处的土应在分层除土中最后同时挖除,由数个井室组成的沉井,为使下沉不发生倾斜,应控制各井室之间除土面的高差,并避免内隔墙底部在下沉时受到下面土层的顶托。

(4)下沉过程中,应随时掌握土层情况,作好下层观测记录,分析和检查土的阻力与沉井重力的关系,选用最有利的下沉方法。

(5)下沉通过黏土胶结层或沉井自重力偏轻下沉困难时,可采用井外高压射水、降低井内水位等方法下沉,在结构受力容许的条件下,亦可采用压重或接高沉井下沉。

(6)下沉时应随时注意正位,保持竖直下沉,至少每下沉 1 m 检查一次沉井入土深度,尚未超过其平面最小尺寸的 1.5~2 倍时,最易出现倾斜,应及时注意校正,但偏斜时的竖直校正一般均会引起平面位置的移动。

(7)采用吸泥沙等方法在不稳定的土或砂土中下沉时,必须备有向井内外下水的设施,保持井内外的水位相平,或井内水位略高于井外水位,防止翻砂。吸泥器应均匀吸泥,防止局部吸泥过深造成沉井下沉偏斜。

(8)合理安排沉井外弃土地点,避免对沉井引起偏压,在水中下沉时应注意河床因冲刷淤积引起的土面高差,必要时可用沉井外弃土来调整。

(9)下沉至设计标高以上 2 m 时,应适当放慢下沉速度并控制井内除土量和除土位置,以使沉井平稳下沉正确就位。

(10)可采取以下辅助措施下沉:

①高压射水。当局部地点难以由潜水员定点定向射水掌握操作时,在一个沉井内只可开动一套射水设备,并不得进行除土或其他吊起作业。射水水压应根据地层情况、沉井入土深度等因素确定,可取 1~2.5 MPa。

②抽水助沉。不排水下沉的沉井,对于易引起翻砂、涌水的地层,不宜采用抽水助沉的方法。

③炮震助沉。一般不宜采用炮震助沉的方法,在特殊情况下必须采用时,应严格控制用药量,在井孔中央底面放置,炸药起爆助沉时,可采用 0.1~0.2 kg,具体使用应视沉井大小、井壁厚度及炸药性能而定,同一沉井每次只能起爆一次,并根据具体情况适当控制

炮震次数。

④压重助沉。沉井污工尚未接筑完毕时,可利用接筑污工压重助沉,也可在井壁顶部用钢铁块件或其他重物压重助沉。除为纠正沉井偏斜外,压重应均匀对称旋转。用压重来助沉时,应结合具体情况及实际效果选用。

5. 利用空气幕下沉的技术要求

(1)空气幕的制作应符合下列要求:气斗的选型应以布设简单、不易堵塞、便于喷气扩散为原则,可采用 150 mm × 50 mm 的棱锥形,喷气孔直径为 1 mm,气斗喷气孔数量应以每个气斗所用的有效面积决定,气斗可按下部为 1.32 m^2/个、上部为 2.6 m^2/个考虑,喷气孔平均可按 1.0 ~ 1.6 m^2/个考虑,气斗喷气布置按等距离分布,上下支错排列,距刃脚底面以上 3 m 左右可不设,防止压气时引起翻砂。

井壁内预埋管可为环形管与竖管,喷气孔设在环形管上,也可以只设竖管。喷气孔设在竖管上可根据施工设备条件和实际情况决定,但管尾端均应有防止砂粒堵塞喷气孔的储砂筒设施。

(2)风压设备的规定。风压机具有设计要求的风压和风量,风压应大于最深喷气孔处的水压力加送气管路损耗,一般可按最深喷气孔处理,按水压的 1.4 ~ 1.6 倍考虑,风量可按喷气孔总数及每个喷气孔单位时间内所耗风量计算,地面风管应尽量减少弯头、接头,以降低气压损耗,为稳定风压,在风压机与井外送气管间应设置必要数量的储气设备。

每节沉井下沉前,管道、气斗应经压风检验,如有堵塞,应采取补救措施。

(3)沉井下沉时应注意的事项。在整个下沉的过程中,应先在井内除土,消除刃脚下土的抗力后再压气,但也不得过分除土而不压气,一般除土面低于刃脚 0.5 ~ 1.0 m 时,即应压气。压气的时间不宜过长,一般不超过 5 min/2 次。放气顺序应先上部气斗后下部气斗,以形成沿沉井外壁上喷的气流。气压不应小于喷气孔最深处理论水压的 1.4 ~ 1.6 倍,应尽可能使用风压机的最大值。

停气时应先停下部气斗,依次向上,最后停上部气斗,并应缓慢减压,不得将高压空气突然停止,防止造成瞬间负压,使喷气孔内吸入泥沙而被堵塞。

空气幕下沉沉井适宜于砂类土、粉质土及黏质土地层,对于卵石土、砾类土、硬黏土及风化岩等地层不宜使用。

6. 沉井接高应符合的规定

(1)沉井接高前应尽量纠正倾斜,接高各节的竖向中轴线应互相重合。

(2)水上沉井接高时,井顶露出水面不应小于 1.5 m,地面上沉井接高时,井顶露出地面不应小于 0.5 m。

(3)接高前不得将刃脚淘空,避免沉井倾斜,接高加重应均匀对称地进行。

(4)混凝土接缝应按规定处理。

7. 沉井下沉的规定

沉井下沉时,如需在沉井顶部设置防水或防土围堰,围堰底部与井顶应连接牢固,防止沉井下沉时围堰与井顶脱离。

沉井下沉遇到倾斜岩层时,应将表面松软岩层或风化岩层凿去,并尽量整平,使沉井刃脚的 2/3 以上嵌搁在岩层上,嵌入深度最小处不宜小于 0.25 m,其余未到岩层的刃脚部分，可用袋装混凝土等填塞缺口，刃脚以内井底岩层的倾斜面应凿成台阶或榫槽后清渣封底。

8. 纠正沉井倾斜和位移的规定

(1)纠偏前应分析原因，然后采取相应措施，如有障碍物应首先排除。

(2)纠偏倾斜时一般可采用除土、压重顶部施加水平力或刃脚下支垫等方法进行。对空气幕沉井可采取侧压气纠偏。

(3)纠偏位移时，可先除土，使沉井底面中心向墩位设计中心倾斜，然后再对侧除土，使沉井恢复竖直，如此反复进行，使沉井逐步移近设计中心。

(4)纠正扭转时，可在一对角线两角除土，在另外两角填土，借助于刃脚下不相等的土压力所形成的扭矩，使沉井在下沉过程中逐步纠正其扭转角度。

9. 基底检验

(1)沉井沉至设计标高后，应检验基底的地质情况是否与设计相符。排水下沉时，可直接检验处理；不排水下沉时，应进行水下检查处理，必要时取样鉴定。

(2)基底应符合下列要求：

①不排水下沉的沉井基底面应整平且无浮泥，基底为岩层时，岩面残留物应清除干净，清理后有效面积不得小于设计要求，井壁隔墙及刃脚与封底混凝土接触面处的泥污应予以清除。

②排水下沉井，应满足基底平面平整的要求。

③沉井下沉至设计标高时，应进行沉降观测，满足设计要求后方可封底。

10. 沉井封底的要求

(1)基底检验合格后，应及时封底，对于排水下沉的沉井，在清基时，如渗水量上升速度小于或等于 6 mm/min，可按普通混凝土浇筑方法进行封底；若渗水量大于上述规定，宜采用水下混凝土进行封底。

(2)用刚性导管法进行水下混凝土封底时应满足如下要求：

①混凝土材料按钻孔灌注桩水下混凝土的有关规定，混凝土的坍落度宜为 150 ~ 200 mm。

②灌注封底水下混凝土时，需要的导管间隔及根数，应根据导管作用半径及封底面积确定。

③用多根导管灌注的顺序，应进行设计，防止发生混凝土夹层，若同时灌注，当基底不平时，应逐步使混凝土保持大致相同的标高。

④每根导管开始灌注时所用的混凝土坍落度宜采用下限，首批混凝土需要的数量应通过计算确定。

⑤在灌注过程中，导管应随混凝土面升高而徐徐提升，导管埋深应与导管内混凝土下落深度相适应，一般不宜小于表 2-10 的规定。

表 2-10　不同灌注深度导管的最小埋深

灌注深度(m)	≤10	10 ~ 15	15 ~ 20	>20
导管最小埋深(m)	0.6 ~ 0.8	1.1	1.3	1.5

用多根导管灌注时,导管埋深不应小于表 2-11 的规定。

表 2-11　导管不同间距的最小埋深

导管间距(m)	≤5	6	7	8
导管最小埋深(m)	0.6~0.9	0.9~1.2	1.2~1.4	1.3~1.4

⑥灌注过程中,应注意混凝土的堆高和扩展情况,正确地调整坍落度和导管埋深,使每盘混凝土灌注后形成适宜的堆高和不陡于 1∶5的流动坡度,抽拔导管应严格使导管不进水。混凝土面的最终灌注高度应比设计值高出不小于 150 mm,待灌注混凝土强度达到设计要求后,再抽水凿除表面软弱层。

⑦沉井封底,若为水压浆混凝土,应按设计要求施工。

11. 井孔填充和顶板浇筑的技术措施

(1)井孔填充应按设计规定处理。

(2)不排水封底的沉井,应在封底混凝土强度满足设计要求时方可抽水。

(3)当沉井顶部需要浇筑钢筋混凝土顶板时,应保持无水施工。

12. 质量检验与质量标准

(1)沉井施工基础应分阶段进行质量检查并填写检查记录。

(2)沉井基础应按规范进行检查验收。沉井的制作以及封底、填充、封顶等检验内容及质量标准,除按上述规定外,还应符合设计文件的规定。

(3)沉井制作的允许偏差应符合表 2-12 的规定。

表 2-12　沉井制作的允许偏差

项目		允许偏差
沉井平面尺寸	长度、宽度	±0.5%;当长、宽大于 24 m 时, ±120 mm
	曲线部分的半径	±0.5%;当半径大于 12 m 时, ±60 mm
	两对角线的差异	对角线长度的 ±1%;最大 ±180 mm
沉井井壁厚	混凝土、片石混凝土	+40 mm、-30 mm
	钢筋混凝土	±15 mm

注:1. 对于钢沉井及结构构造、拼装等方面有特殊要求的沉井,其平面尺寸允许偏差值应按照设计要求确定。
2. 井壁的表面要平滑而不外凸,且不得向外倾斜。

(4)沉井基础的质量应符合下列规定:

①混凝土强度应符合设计要求。

②沉井刃脚底面标高应符合设计要求。

③底面、顶面中心与设计中心的偏差应符合设计要求,当设计无要求时,其允许偏差纵横方向为沉井高度的 1/50(包括因横倾斜而产生的移位)。对于浮式沉井,允许偏差值增加 250 mm。

④沉井的最大倾斜度为1/50。

⑤矩形、圆端形沉井的平面扭转角偏差，就地制作的沉井不得大于1°，浮式沉井不得大于2°。

（四）地下连续墙的施工技术要求

1. 一般规定

（1）适用范围：地下连续墙适用于作为地下挡土墙、挡水围堰，承受竖向和侧向荷载的桥梁基础和平面尺寸大、形状复杂的地下构造物及适用于除岩溶和地下承压水很高外的其他各类土层中施工。

地下连续墙可采用直线单元节段式施工方式，亦可采用桩排式施工方式。

（2）地下连续墙施工前，必须具备工程地质资料、区域内障碍物资料及必要的试验资料等。

（3）在原有构造物附近施工前必须了解原有构造物结构及基础的情况，如影响构造物安全，应研究采取有效处理措施。

2. 导墙施工的技术要求

导墙的材料、平面位置形式、埋置深度、墙体厚度、顶面高程应符合设计要求，当设计未作规定时应符合以下要求：

（1）导墙的材料宜采用钢筋混凝土构筑，混凝土的强度等级不低于C20。

（2）导墙的平面轴线应与地下连续墙轴线平行，两导墙的内侧距离宜比地下连续墙体厚度大40～60 mm。

（3）导墙形式根据土质情况，可采用板墙形、工字形或倒L形，墙体厚度应满足施工要求。

（4）导墙底部埋入土内的深度宜大于1 m，基底土层应夯实，遇有特殊情况须作妥善处理，导墙顶端应高出地面。遇地下水较高时，导墙顶端应高于地下水位，墙后应填土与墙顶齐平，全部导墙顶面应保持水平，内墙面应保持竖直。

（5）导墙支撑应每隔1～1.5 m距离设置。

导墙施工应符合下列要求：

（1）导墙要求分段施工，段落划分应与地下连续墙划分的节段错开。

（2）安装预制导墙块时，必须按照设计施工，保证缝接质量，防止渗漏。

（3）混凝土导墙在浇筑及养护时，重型机械车辆不得在附近作业行驶。

（4）导墙的质量标准，导墙平面轴线应与地下连续墙的平面轴线平行，允许偏差为10 mm。导墙内墙面应竖直，顶面应水平，两导墙面的间距的允许误差为5 mm，导墙顶面高程的允许偏差为±10 mm。

槽壁式地下连续墙沟槽开挖质量控制如下：

（1）开挖前，应按已划分的单元节段决定各段开挖的先后次序，挖槽施工开始后应连续进行施工，直到节段施工完成。

(2)成槽机械开挖一定深度后，应立即输入调制好的泥浆，并确保槽内泥浆面不低于导墙顶面300 mm，配制优质的泥浆，可以起到良好的护壁作用，是成槽的关键，重复使用的泥浆，若性质发生变化，应进行再生处理或舍弃。

(3)挖槽的槽壁及接头处应保持竖直，竖直度允许偏差应随时注意正位并保持竖直下沉，至少每下沉1 m检查一次，接槽处相邻两槽段挖槽中心线在任意深度的偏差值不得大于墙厚的1/3，槽底高度不得高于墙底设计高度。

(4)挖槽时应加强观测，如槽壁发生坍塌，应查明原因，并采取相应的措施妥善处理，对于重大面积的坍塌，应在提出挖槽机械后填入较好的黏质土，必要时可以掺拌10%～20%的水泥，回填坍塌处以上1～2 m，待沉积密实后再进行挖掘，对局部的坍塌可加大泥浆相对密度和黏度，已坍入的土块宜先清理再继续挖槽。

(5)槽段开挖达到槽底设计标高后，应对成槽质量进行检查，合格后方可进入下一工序。

(6)挖槽遇到槽沟偏斜等故障，应查明其原因并采取措施予以排除。

(7)挖槽施工应做好施工记录，妥善处理废弃泥浆及钻渣，防止污染环境。

槽段清底工作技术要求：

(1)在清底之前，应检测节段平面位置、横截面和竖面，当槽壁竖向倾斜、弯曲、宽度不足等实际情况超过允许偏差时应进行修槽，使其符合要求，节段接头处应用刷子和高压射水清扫。

(2)清底工作宜在槽底和置换泥浆工作结束后进行检查，槽底以上200 mm处的泥浆相对密度不应大于1.15，槽底沉淀物的厚度应符合设计要求。

(3)施工接头。有设计要求时应符合要求，无设计要求时，可按下列规定处理：

①当地下连续墙与梁承台或墩柱连接时，应在连接处设置连接结构的接头。结构接头形式应按设计规定。施工时，应在连接处按设计文件埋设连接钢筋，待墙体混凝土灌注并凝固后开挖墙体内侧土体，凿去混凝土保护层露出预埋钢筋，将其弯成所需形状并与后浇的梁承台或墩柱的主钢筋连接。

②对受力和防渗要求较低的施工接头宜采用管式接头，初期单元节段开挖完成清底工作后，用吊机将钢制接头管竖直放入槽内并紧靠单元节两端，接头管底端应插入槽底以下100～150 mm，管长应略大于地下连续墙的设计值，接头管可分节于管内用销子连接固定。管外应平顺且无凸出物，管外径宜比墙厚小50 mm，此后可进行吊放钢筋骨架、灌注混凝土工序。灌注水下混凝土时，应经常转动及小量提升接头管，待混凝土初凝后将接头管拔出，拔时不得弄破接头处的混凝土。

③对受力防渗和整体性要求较高的接头装置，宜采用箱式接头或隔板式接头，其吊放的接头箱式钢筋骨架一端应带有堵头钢板，堵头钢板向外伸出的水平钢筋可插入接头箱管中。灌注混凝土时，先由堵头钢板堵住，使混凝土不流入接头箱管内，待混凝土初凝后，

逐步吊出接头管,先灌节段骨架的外伸钢筋,后将其灌入邻段混凝土内。

(4)地下连续槽钢筋骨架的制作和吊装的技术要求:

①钢筋骨架应根据设计图和单元节段的划分长度制作,并宜在工地的工作台上试装配成型,骨架中间应留出上下贯通的导管位置。

②吊放钢筋骨架时,必须使骨架中心对准单元节段中心,竖直不变形,并准确地下放插入槽内,不得使骨架发生摆动。

③全部钢筋骨架不能顺利插入槽内时应重新吊起,查明原因,解决后,重新放入,不得强行压入槽内。

(5)灌注水下混凝土时应符合下列要求:

①混凝土拌和物应采用导管法灌注,单元节段长度小于 4 m 时,可采用一根导管灌注,单元节段超过 4 m 时宜采用 2 根或 3 根导管同时灌注,采用多根导管灌注时导管净距不宜大于 3 m,导管距节段端部不宜大于 1.5 m,各导管灌注的混凝土拌和物表面高差不宜大于 0.3 m,导管内径不宜小于 200 mm。

②灌注水下混凝土的其他技术要求,应符合《公路桥涵施工技术规范》(JTJ 041—2001)的相关规定。

(五)地下连续墙的质量标准

地下连续墙裸露墙面应平整,外轮廓线应平顺,无突变转折现象,允许偏差应符合表 2-13 的规定。

表 2-13　地下连续墙的允许偏差

项目	规定值或允许偏差
混凝土强度	在合格范围内
轴线位置(mm)	30
外形尺寸(mm)	0、+30
倾斜度(%)	0.5
顶面高程(mm)	±10
沉淀厚度	符合设计要求

四、夯扩桩的施工技术要求

夯扩桩是近几年来在我国推广应用的一种高承载力、扩底价廉的新型沉管灌注桩,它由桩底扩大头和桩身现浇混凝土组成。

(一)夯扩桩的施工要点

(1)夯扩桩适用于卵石、硬砾、砂性土、粉土,硬塑黏性土次之。

(2)桩端持力层的厚度一般情况不宜小于 4 m。

(3)桩的扩大头一般应全部进入持力层土中(即进入深度为 1.5 ~ 2 m),对难以锤击打入的密实砂卵石层，由于沉管下沉困难，扩大头进入密实土层中的深度可以适当减小。

(4)当夯扩桩用做抗拔时，桩扩大头进入良好持力层深度应为2 m，并应沿桩身通长配置足够的抗拉钢筋，由于扩桩具有很好的承载力，它一般可用于二、三级建筑物中。

(5)如果桩端持力层相对较差，可采用二次或三次夯扩，增加桩身及桩端土体的密度来达到设计目的。

(6)当场地下部全是软弱黏性土层，而无理想的桩端持力层时，一般不宜采用夯扩桩。

(二)适用、有效的夯扩参数和夯扩次数的选择

夯扩桩与其他桩型不同的另一个显著的特点是在施工中要注意：

(1)在桩端进入持力层一定深度条件下，桩的承载力可以通过改变桩径、夯扩参数及夯扩次数，以适应单桩承载力设计值的要求。

(2)根据对夯扩桩的静荷载对比试验，在桩端进入持力层一定深度条件下，桩承载力随着夯扩头投料量设计值的增大而提高。

(3)二次夯扩桩比一次夯扩桩承载力要提高得多，当桩的承载力与设计单桩荷载相差较大时，可采用全复打夯扩桩来满足设计单桩荷载的设计值。

(三)夯扩桩提高承载力的主要措施

提高夯扩桩承载力的途径，在相同的地质条件、桩径、桩长下，夯扩桩具有比沉管灌注桩、预制桩更高的承载力。在桩进入良好的桩端持力层一定深度的条件下，桩的承载力具有较大的变化幅度，可经过夯扩次数、夯扩参数的调整来提高夯扩桩的承载力，目前提高夯扩桩承载力的主要措施有以下几个方面：

(1)选择理想的桩端持力层。夯扩桩的主要受力特点是以桩端扩大头支撑为主、桩侧摩阻力为辅，基本上归属于摩擦型端承桩系列。桩的承载力取决于桩端土的承载力和桩扩大头的面积，因此要想使夯扩桩的承载力有较大幅度的提高，则必须选择好比较密实的桩端持力土层，在设计中，可根据工程地质勘察报告中的地质剖面图，土的物理力学性指标，静力触探直观曲线、线型以及各土层的埋深、厚度、性质，下卧层情况，施工可行性等，选择适用有效的桩端持力层，桩端持力层应选择在孔隙水压力消失、块土的渗透系数大的密实土层，效果较为理想的土层，如卵石、砂土、粉土、黏土等土层，宜优先考虑采用作夯扩桩的桩端持力层，对于稍密或松散的粉土则可加大夯扩桩投量值，发挥桩端部夯扩挤密效应，也可达到大大改善原粉土的密度，起到深层改良加固地基土的作用。

(2)采用膨胀混凝土新技术。在夯扩桩夯扩头投料混凝土中掺入膨胀剂，可增大夯扩头直径和桩端面积，是提高夯扩桩承载力的一种途径。在夯扩桩扩大头混凝土中掺入一定比例的膨胀剂可形成材料的膨胀次扩底效应，使桩扩大头的体积逐渐增大，从而提高夯扩桩的承载能力。目前，在夯扩桩混凝土的施工中所用的膨胀剂一般为PEA灌注膨胀剂，根据试验资料和实际应用的情况，将该材料加入普通水泥混凝土中，由于水反应能产生大量膨胀性结晶水化物——水化硫铝酸钙，能使混凝土发生适度的体积膨胀。根据试验，凡掺入PEA灌注膨胀剂一般为20%～25%，其膨胀效果好，而且基本上不影响桩身及桩底扩大头混凝土的强度质量，又可达到提高夯扩桩承载力的要求。

(3)采取加粗桩径的措施。目前，由于施工机械化的程度有所提高，对夯扩桩施工机械设备的发展与改进，桩的施工长度从10 m增加到20 m、25 m，桩的直径增加到325 mm、377 mm、426 mm、500 mm、600 mm，可使用在各种工程地质的情况下，大大地扩大了夯扩桩的应用范围。全国许多施工工地的夯扩桩施工试验资料证明，一般桩径为325 mm时单桩竖向承载力的设计值为240～445 kN，桩径为426 mm时承载力为550～860 kN，桩径为450 mm时承载力为730～980 kN，桩径为600 mm时承载力为980～1 500 kN。由此可知，它比同桩径的沉管灌注桩的承载力提高50%～100%，比钢筋混凝土预制桩承载力显著提高。其主要原因是：①随着桩径的增加，桩端阻力与桩承载力的比值呈逐渐增大的趋势；②随着桩径的增加，桩端阻力呈大幅度平方关系增大，桩承载力会大幅度提高。这说明桩径的变粗更有利于夯扩桩扩头部阻力的发挥。

第三章　模板、钢筋、混凝土及钢筋混凝土工程

公路桥涵就地浇筑和工地工厂预制构件的混凝土、钢筋混凝土、预应力混凝土工程与所用的模板支架和拱架的施工以及其工程质量控制应严格按设计要求和《公路桥涵施工技术规范》(JTJ 041—2000)的标准执行。

第一节　模板、支架和拱架的制作及安装

一、基本要求

模板、支架及拱架的制作和安装应按结构型式、设计跨度、荷载大小、基础土类等要求及有关的设计要求和施工规范进行。

模板、支架及拱架的强度和刚度应满足下列要求：

(1)结构表面外露的模板挠度为模板结构跨度的1/400。

(2)结构表面隐蔽的模板挠度为模板结构跨度的1/250。

(3)支架、拱架受载后挠曲的构件(盖板、纵梁)的弹性挠度为相应结构跨度的1/400。

(4)钢模板的面板变形为1.5 mm。

(5)钢模板的钢棱和柱箍变形为$L/500$(其中,L为计算跨径,R为柱宽)。

拱架各截面的应力验算应根据拱架的结构型式及所能承受的荷载验算拱顶、拱脚及1/4跨截面的应力,铁件及节点的应力,同时检验分段浇筑的强度及稳定性。

模板板面之间应平整,接缝严密,不漏浆,保证结构物外露面美观,线条流畅,可设倒角。

结构简单,制作、装卸方便。

模板、支架和拱架可采用钢材、胶合板、塑料和其他符合设计要求的材料制作。钢材可采用现行国家标准《碳素结构钢规范》(GB/T 700—2006)中规定的钢板。

浇筑混凝土之前,模板应涂刷脱模剂。外露面混凝土模板的脱模剂应采用同一种品种,不得使用废机油等油料,且不得污染钢筋及混凝土的施工缝。

重复使用的模板、支架和拱架应经常检查和维修。

二、模板的制作和安装的施工技术要求

(一)钢模板的制作

(1)钢模板宜采用标准化的组合模板,组合钢模板的拼装应符合现行国家标准《组合钢模板技术规范》(GB 50214—2001)。各类螺栓连接件应符合国家现行有关标准。

(2)钢模板及其配件应按批准的加工图加工,成品经检验合格后方可使用。

(二)木模板的制作

(1)木模板可在工厂或施工现场制作。木模与混凝土接触的表面应平整、光滑,多次重复使用的木模板应在内侧加钉薄铁皮。木模的接缝可做成平缝、搭接缝或企口缝,当采用平缝时应采取措施防止漏浆。木模的转角处应加嵌条或做成斜角。

(2)重复使用的模板应始终保持其表面平整,形状准确不漏浆,有足够的强度和刚度。

(三)用其他材料制作模板的要求

(1)钢模覆面胶合板模板的板面组配宜采用错缝布置,支撑系统的强度和刚度应满足要求。吊环应采用Ⅰ级钢筋制作,严禁使用冷加工钢筋,吊环设计应力不应大于50 MPa。

(2)高分子合成材料的面板、硬塑料或玻璃钢模板,制作缝必须严密,肋边及加强肋安装牢固与模板成一整体。施工时安放在支架的横梁上,以保证承载能力及稳定。

(3)圬工外模:

①土胎模的制作场地必须坚实、平整,底模必须拍实找平。土胎模表面应光滑,尺寸准确,表面应涂隔离剂。

②砖胎模与木模配合时,砖胎模作底模,木模作侧模,砖与混凝土接触面应抹面,表面抹隔离剂。

③混凝土胎模制作时应保证尺寸准确,表面抹隔离剂。

(四)模板安装的技术要求

(1)模板与钢筋安装工作应配合进行,妨碍绑扎钢筋的模板应待钢筋安装完毕后安设。模板不应与脚手架连接(模板与脚手架整体设计的除外),避免引起模板变形。

(2)安装模板时,应防止模板移位和凸出。基础侧模可在模板外设立支架固定,墩、台、梁的侧模可设拉杆固定,浇筑在混凝土中的拉杆应按拉杆拔出或不拔出的要求,采取相应的措施。对小型结构物,可使用金属线代替拉杆。

(3) 模板安装完毕后,应对其平面位置、顶部高程、节点联系及纵横向稳定性进行检查,签认后方可浇筑混凝土。浇筑时发现模板有超过允许偏差变形值的可能时,应及时纠正。

(4)模板在安装过程中,必须设置防倾覆设施。

(5)当结构自重和汽车荷载(不计冲击力)产生的向下挠度超过跨径的$L/1\ 600$时,钢筋混凝土梁、板的底模应设预拱度。预拱度值应等于结构自重和1/2汽车荷载(不计冲击力)所产生的挠度。纵向预拱度可做成抛物线或圆曲线。

(6)后张法预应力梁板应注意预应力、自重和汽车荷载等综合作用下所产生的上拱或下挠,应设置适当的预挠或预拱。

(五)中小跨径的空心板制作时所使用的心模的要求

(1)充气胶囊在使用前应经过检查,不得漏气,安装时应有专人检查钢丝头。钢丝头应弯向内侧,胶囊涂刷隔离剂。每次使用后应妥善存放,防止污染、破坏及老化。

(2)从开始浇筑混凝土到胶囊放气时止,其充气压力应保持稳定。

(3)浇筑混凝土时为防止胶囊上浮和偏位,应采取有效措施加以固定,并应对称平衡地进行浇筑。

(4)胶囊的放气时间应经试验确定,以混凝土强度达到能保持构件不变形为宜。

(5)木心模使用时应防止漏浆和采取措施便于脱模。要控制好拆心模时间,过早会造成混凝土坍落,过晚则拆模困难。应根据施工条件通过试验确定拆除时间。

(6)钢心模应由表面匀直、光滑的无缝钢管制作。混凝土终凝后,即可将心模轻轻转动,然后边转动边拔出。

(7)充气胶囊心模在工厂制作时,应规定充气变形值,保证制作误差不大于设计规定的误差要求。在设计无规定时应满足《公路桥涵施工技术规范》(JTJ 041—2000)的相关规定及对板梁构造尺寸的要求。

(六)滑升、提升、爬升及翻转模板的技术要求

(1)滑升模板适用于较高的墩台和吊桥、斜拉桥的索塔施工。采用滑升模板时,除遵守现行《液压滑动模板施工技术规范》(GBJ 113—87)外,还应遵守下列规定:

①滑升模板的结构应有足够的强度和刚度及稳定性,模板高度宜根据结构物的实际情况确定,滑升模板的支撑以及提升设备应能保证模板竖直均衡上升。滑升时应检测并控制模板位置,滑升速度宜为100~300 mm/h。

②滑升模板组装时,应使各部尺寸的精度符合设计要求。组装完毕须经全面检查试验后,才能进行浇筑。

③滑升模板施工应连续进行。如因故中断,在中断前应将混凝土浇筑齐平。中断期间模板仍继续缓缓提升,直到混凝土与模板不至黏住为止。

(2)提升模板时的注意事项:提升模板其结构应满足使用要求。大块模板应用整体钢模板,加劲肋在满足刚度需要的基础上应进行加强,以满足使用的需要。

(3)爬升模板及翻转模板,模架爬升或翻转时结构的混凝土强度必须满足拆模时的强度要求。

三、支架、拱架的制作及安装的施工要求

(一)支架、拱架的制作强度和稳定

(1)支架:支架整体、杆配件、节点、地基、基础和其他支撑物应进行强度和稳定验算。就地浇筑梁式桥的支架应按照《公路桥涵施工技术规范》(JTJ 041—2000)中的相关规定执行。

(2)木拱架:拱架所用的材料规格及质量应符合要求。桁架、拱架在制作时,各杆件应当采用材质较强、无损伤及湿度不大的木材。夹木拱架制作时,木板长短应搭配好,纵向接头要求错开,其间距及每个断面接头应满足使用要求。面板夹木按间隔用螺栓固定,其余用铁钉与拱肋固定。

木拱架的强度和刚度应满足变形的要求,杆件在竖直与水平面内,要用交叉杆件连接牢固,以保证稳定。木拱架制作安装时应基础牢固,立柱正直,节点连接应采取可靠措施以保证支架的稳定。高拱架横向稳定应有保证措施。

(3)钢拱架的施工要求:①常备式钢拱架纵横向距离应根据实际情况进行合理组合,以保证结构的整体性;②钢骨拱架、排架的纵横距离应按承受拱圈自重计算,各排架顶部

的标高要符合拱圈底的轴线。为保证排架的稳定,应设置足够的斜撑、剪力撑、扣件和缆风绳。

(二)施工预拱度和沉降

支架和拱架应预留施工拱度,在确定施工拱度值时应考虑以下因素:

(1)支架和拱架承受施工荷载引起的弹性变形。

(2)超静定结构由于混凝土收缩、徐变及湿度变化而引起的挠度。

(3)承受推力的墩台,由于墩台水平位移所引起的拱圈挠度。

(4)由结构重力引起的梁式拱圈的弹性挠度,以及1/2汽车荷载(不计冲击力)引起的梁或拱圈的弹性挠度。

(5)受载后由于杆件接头的挤压和卸落设备压缩而产生的非弹性变形。

(6)支架基础在受载后的沉降。

为便于支架和拱架的拆卸,应根据结构型式、承受荷载的大小及需要的卸落量,在支架和拱架适当部位设置相应的木楔、木夹、砂筒或千斤顶等灌模设备。

(三)支架和拱架的制作安装要求

(1)支架和拱架宜采用标准化、系列化、通用化的构件拼装。无论使用何种材料的支架和拱架,均应进行施工图设计,并验算其强度和稳定性。

(2)制作木支架、木拱架时,长杆件接头应尽量减少,两相邻立柱的连接接头应尽量分设在不同的水平面上。主要压力杆的纵向连接,应使用对接法,并用木夹板或铁夹板夹紧。次要构件的连接可用搭接法。

(3)安装拱架前,对拱架立柱和拱架支撑面详细检查,准确调整拱梁支撑面和顶部标高,并复测跨度,确认无误后进行安装。各片拱架在同一节点处的标高应尽量一致,以便于拼装并联杆件。在应力较大的地区应设置风缆。

(4)支架和拱架应稳定、坚固,应能抵抗在施工过程中有可能发生的突然冲撞和震动。安装时应注意以下两点:

①支架立柱必须安装在有足够承载力的地基上,立柱底端应设垫木来分布和传递压力,并保证浇筑混凝土后不发生超过允许的沉降量。

②船只或汽车通行孔的两边支墩架应加设护桩,夜间应用灯光标明行驶方向。施工中易受漂流物冲撞的河中支架应设坚固的防护设备。

(5)支架或拱架安装完毕后,应对其平面位置,顶部标高,节点连接及纵、横向稳定性进行全面检查,符合要求后方可进行下一工序。

四、模板、支架和拱架的拆除

模板、支架和拱架的拆除期限应根据结构物的特点、模板部位和混凝土所达到的强度来决定:

(1)非承重侧模板应在混凝土强度能够保证其表面及棱角不致因拆模而受损坏时,方可拆除。一般应在混凝土抗压强度达到2.5 MPa时,方可拆除侧模板。

(2)心模和预留道内模应在混凝土强度能保证其表面不发生坍落和裂缝现象时,方可拔除。拔除时间可按《公路桥涵施工技术规范》(JTJ 041—2000)中的有关规定确定。

采用胶囊作心模时,其拔除时间可按《公路桥涵施工技术规范》(JTJ 041—2000)中的相关规定办理。

(3)钢筋混凝土结构的承重模板、支架和拱架应在混凝土强度能承受其自重力及其他可能的叠加荷载时,方可拆除。当构件跨度不大于4 m时,在混凝土强度符合设计强度标准50%的要求后,方可拆除;当构件跨度大于4 m时,在混凝土强度符合设计强度标准75%的要求后,方可拆除。

如设计上对拆除承重模板、支架、拱架另有规定,应按照设计规定执行。

横板、支架和拱架拆除时间的技术要求如下:

(1)模板拆除应按照设计时的顺序进行,设计无规定时,应遵守先支后拆、后支先拆的顺序,拆除时严禁抛扔。

(2)卸落支架和拱架应按拟定的卸落程序进行,分几个循环卸完。卸落量开始宜小,以后逐渐增大。在纵向应对称均衡卸落,在横向应同时一起卸落。在拟定卸落程序时应注意以下几点:

①在卸落前应在卸架设备上面标好每次卸落量的标记。

②满布式拱架卸落时,可从拱顶向拱脚依次循环卸落,拱式拱架可在两支座处同时卸落。

③简支梁、连续梁宜从跨中间支座依次循环卸落,悬臂梁应先卸挂梁及悬臂的支架,后拆无铰跨内的支架。

④多孔拱桥卸架时,若桥墩允许承受单孔施工荷载,可单孔卸落,否则应多孔同时卸落,或各连续孔分阶段卸落。

⑤卸落拱架时,应设专人用仪器观测拱圈挠度和墩台变化情况并详细记录。另设专人观察是否有裂缝现象。

墩、台模板宜在其上部结构施工前拆除。拆除模板、卸落支架和拱架时,不允许用猛烈敲打和强扭等方法进行。

模板、支架和拱架拆除后应维修整理,分类妥善存放。

五、质量检验的技术指标

模板、支架和拱架的制作应根据设计要求,确定模板的型式及精度要求,在强度无规定时可按表3-1执行。

表3-1 模板、支架和拱架制作时的允许偏差

项目			允许偏差(mm)
木模板制作	模板的长度和宽度		±5
	不刨光模板相邻两板表面高低差		3
	刨光模板相邻两板表面高低差		1
	平板模板表面最大的局部不平	刨光模板	3
		不刨光模板	5
	拼合板中木板间的缝隙宽度		2
	支架、拱架尺寸		±5
	榫槽嵌接紧密度		2

续表 3-1

<table>
<tr><th colspan="3">项目</th><th>允许偏差(mm)</th></tr>
<tr><td rowspan="7">钢模板制作</td><td rowspan="2">外形尺寸</td><td>长和高</td><td>0,-1</td></tr>
<tr><td>肋高</td><td>±5</td></tr>
<tr><td colspan="2">面板端偏斜</td><td>≤0.5</td></tr>
<tr><td rowspan="3">连接配件(螺栓、卡子等)的孔眼位置</td><td>孔中心与板面的间距</td><td>±0.3</td></tr>
<tr><td>板端中心与板端的间距</td><td>0,-0.5</td></tr>
<tr><td>沿板长、宽方向的孔</td><td>±0.6</td></tr>
<tr><td colspan="2">板面局部不平</td><td>1.0</td></tr>
<tr><td></td><td colspan="2">板面和板侧挠度</td><td>±1.0</td></tr>
</table>

注:1. 在木模板中第 5 项已考虑木板干燥后在拼合板中产生缝隙的可能。2 mm 以下的缝隙,可在浇筑前浇湿模板,使其密合。

2. 板面局部不平用 2 m 靠尺、塞尺检测。

模板、支架和拱架安装的允许偏差,在设计无要求时应符合表 3-2 的规定。

表 3-2　模板、支架和拱架安装的允许偏差

<table>
<tr><th colspan="2">项目</th><th>允许偏差(mm)</th></tr>
<tr><td rowspan="3">模板标高</td><td>基础</td><td>±15</td></tr>
<tr><td>柱、墙和梁</td><td>±10</td></tr>
<tr><td>墩台</td><td>±10</td></tr>
<tr><td rowspan="3">模板内部尺寸</td><td>上部构造的所有构件</td><td>+5,0</td></tr>
<tr><td>基础</td><td>±30</td></tr>
<tr><td>墩台</td><td>±20</td></tr>
<tr><td rowspan="4">轴线偏移</td><td>基础</td><td>15</td></tr>
<tr><td>柱和墙</td><td>8</td></tr>
<tr><td>梁</td><td>10</td></tr>
<tr><td>墩台</td><td>10</td></tr>
<tr><td colspan="2">装配式构件支撑面标高</td><td>+2,-5</td></tr>
<tr><td colspan="2">模板相邻两板表面高低差</td><td>2</td></tr>
<tr><td colspan="2">模板表面平整</td><td>5</td></tr>
<tr><td colspan="2">预埋件中心线位置</td><td>3</td></tr>
<tr><td colspan="2">预留孔洞中心线位置</td><td>10</td></tr>
<tr><td colspan="2">预留孔洞截面内部尺寸</td><td>+10,0</td></tr>
<tr><td rowspan="2">支架和拱架</td><td>纵轴的平面位置</td><td>跨度的 1/1 000 或 30</td></tr>
<tr><td>曲线形拱架的标高(包括建筑拱度在内)</td><td>+20,-10</td></tr>
</table>

例:河南省水利第一工程局河口村水库金滩沁河大桥工程模板、拱架和支架的制作与安装要求。

(一)模板、拱架和支架的制作与安装

(1)混凝土的模板板面宜采用下列材料之一:金属板、木制板及高分子合成材料面板、硬塑料或玻璃钢板等。外露面的模板板面宜采用钢模板、胶合板,为减少模板的接缝,对于大面积的混凝土,其每块模板的面积宜大于1.0 m^2。

(2)承包人开始制作模板、支架和拱架之前,应按照图纸要求和《公路桥涵施工技术规范》(JTJ 041—2000)第9.3节及第9.4节规定编制本工程拟采用模板、支架和拱架的制作以及安装的技术要求,并报请监理工程师批准。

(3)梁和墩台帽的凸出部分,应做成倒角或削边,以便脱模,并按图纸所示或监理工程师指示,在结构物的某些部位设置凸条或凹槽的装饰线。

(4)在模板内的金属连接件或锚固件,应按图纸规定及监理工程师的要求将其拆卸或截断,且不损伤混凝土。

(5)当所有和模板有关的工作做完,待浇混凝土构件中所有预埋件亦安装完毕,应经监理工程师检查认可后,才能浇筑混凝土。这些工作应包括清除模板中所有污物、碎木屑、木屑、水及其他杂物。

(6)除非监理工程师批准,拱架和支架不得支撑于除基础外的结构物的任何部分。

(7)拱架和支架应稳定、坚固,应能抵抗在施工过程中可能发生的偶然冲撞和震动。支架立柱必须安装在有足够承载力的地基上,保证浇筑混凝土后不发生超过图纸规定的允许沉降量。

(8)在浇筑混凝土及砌筑拱圈过程中,承包人应随时测量和记录拱架、支架的变形及沉降量。

(9)现浇混凝土的梁、板的底模板,当结构自重和汽车荷载(不计冲击力)产生的向下挠度超过跨径的1/1 600时,应设预拱度,预拱度值应等于结构自重和1/2汽车荷载(不计冲击力)所产生的挠度。纵向预拱度可做成抛物线或圆曲线。

(10)支架和拱架应具有必要的强度和刚度,并使结构线符合图纸要求。支架和拱架预留施工拱度时,应考虑下列因素:①支架和拱架承受施工荷载引起的弹性变形;②超静定结构由于混凝土收缩、徐变及温度变化而引起的挠度;③由于墩台受推力产生的水平位移,对拱圈引起的挠度;④由结构重力引起梁或拱圈的弹性挠度,以及1/2汽车荷载(不计冲击力)引起的梁或拱圈的弹性挠度;⑤由于杆件接头的挤压和卸落设备受载后,所产生的非弹性变形;⑥支架基础在受载后的沉降。

(11)现浇混凝土的梁(板)结构,在支架架设后,应按图纸要求或监理工程师指示,对支架进行预压,加在支架上的预压荷载应不小于梁(板)自重。

(二)模板、拱架和支架的拆除

(1)承包人应在拟定拆模时间的24 h以前,向监理工程师报告拆模建议,并应取得监理工程师的同意。

(2)由于拆模不当而引起混凝土损坏,其修补费用应由承包人承担。

(3)不承重的侧模、拱架和支架,在混凝土强度能保证混凝土表面及棱角不损坏的情况下方可拆除,一般在混凝土抗压强度达到2.5 MPa时方可拆除侧模。

(4)承重模板、拱架和支架,在混凝土强度能承受自重时方可拆除,一般跨径不超过4

m 的梁和板当达到混凝土设计等级的50%时方可拆除，跨径超过4 m的梁、板当达到混凝土设计等级的75%时方可拆除。

(5)当心模采用钢管、硬胶管、硬塑料管时，管的表面应光滑、涂刷隔离剂，并应严格按图纸要求定位。结构混凝土浇筑完成后，应定时转动心管模，防止与混凝土黏结。抽拔心模的时间，以混凝土抗压强度达到0.4～0.8 MPa为宜。

(6)石或混凝土预制块拱桥，须待砂浆强度达到图纸要求才能卸架，如图纸无规定，一般须达到砂浆设计等级的70%。跨径小于10 m的拱桥，在拱桥上建筑完成后卸架；中等跨径实腹式拱，在护拱完成后卸架；空腹式拱，在拱上建筑立墙完成后卸架；裸拱卸架需事先进行验算。

(7)卸落拱架时应用仪器观测拱圈挠度和墩台变位情况，并作好记录，供监理工程师查阅和随时控制。

(8)模板、支架和拱桥拆除时的技术要求，应符合图纸要求及《公路桥涵施工技术规范》(JTJ 041—2000)第9.5节的有关规定。

(三)质量检验

(1)承包人应按照图纸要求制作模板、支架和拱架，若图纸未规定，应按表3-1要求确定模板的型式及控制精度。

(2)模板、支架和拱架安装的允许偏差，应符合表3-2的规定，用钢尺及测量仪器检查。尽量使承包人制作和安装模板、支架及拱架的允许偏差符合上述规定。

第二节　钢筋加工的技术要求

一、一般规定

(1)钢筋混凝土中的钢筋和预应力混凝土中非预应力钢筋必须符合现行的《钢筋混凝土用热轧光圆钢筋》(GB 13013—91)、《钢筋混凝土用热轧带肋钢筋》(GB 1499—98)、《冷轧带肋钢筋》(GB 13788—92)、《低碳钢热轧圆盘条》(GB 701—1997)的规定。其力学、工艺性能可参考表3-3。环氧树脂涂层钢筋的标准可按照现行《环氧树脂涂层钢筋》(JG 3042—1997)执行。

(2)钢筋必须按不同钢种等级、牌号及生产厂家分批验收，分别堆存，不得混杂，且应设立识别标志，钢筋在运输过程中应避免锈蚀和污染。钢筋宜堆置在仓库(棚)内，露天堆置时应垫高并遮盖。

(3)钢筋应具有出厂质量证明和试验报告单。对桥涵所用的钢筋应抽取试样做力学性能试验。

(4)以另一种强度、牌号或直径的钢筋代替设计中所规定的钢筋时，应了解设计意图和代用材料性能，并须符合现行《公路钢筋混凝土及预应力混凝土桥涵设计规范》(JTG D62—2004)的有关规定。重要结构中的主钢筋在代用时应由设计单位作变更设计。

(5)预制构件的吊环应采用未经冷拉的Ⅰ级热轧钢筋制作。

表 3-3 钢筋的力学、工艺性能

品种		强度等级代号	公称直径（mm）	屈服点 σ_s（MPa）	抗拉强度 σ_b（MPa）	伸长率（%）		冷弯	反向弯曲 正弯 45° 反弯 23°	应力松弛 $\sigma_{con}=0.7\sigma_b$		备注
外形	钢筋级别			不小于				d = 弯心直径 a = 钢筋公称直径		1 000 h 不大于（%）	10 h 不大于（%）	
光圆钢筋	Ⅰ	R235	8 ~ 20	235	370	δ_5 25		180° $d=a$				摘自《钢筋混凝土用热轧光圆钢筋》（GB 13013—91）
热轧带肋钢筋		HRB335	6 ~ 25 28 ~ 50	335	490	δ_5 16		180° $d=3a$ $d=4a$	$d=4a$ $d=5a$			摘自《钢筋混凝土用热轧带肋钢筋》（GB 1499—98）
		HRB400	6 ~ 25 28 ~ 50	400	570	δ_5 14		180° $d=4a$ $d=5a$	$d=5a$ $d=6a$			
		HRB500	6 ~ 25 28 ~ 50	500	630	δ_5 12		180° $d=6a$ $d=7a$	$d=7a$ $d=8a$			
冷轧带肋钢筋		LL550	5 ~ 10	$\sigma_{0.2}$ 550	550	σ_{10} 8		180° $d=3a$				摘自《冷轧带肋钢筋》（GB 13788—92）
		LL650		$\sigma_{0.2}$ 520	650		σ_{100} 4	180° $d=4a$		8	5	
		LL800		$\sigma_{0.2}$ 640	800		σ_{100} 4	180° $d=5a$		8	5	
低碳钢热轧圆盘条		Q215 Q235	5.5 ~ 30	215 235	375 410	σ_{10} 27 23		180° $d=0$ $d=0.5a$				摘自《低碳钢热轧圆盘条》（GB 701—1997）

二、钢筋的加工技术要求

（1）钢筋调直和清污除锈应符合下列要求：

①钢筋的表面应清洁，使用前应将表面油渍、漆皮、鱼鳞锈等清除干净。

②钢筋应平直，无局部弯折，成盘的钢筋和弯曲的钢筋均应调直。

③采用冷拉方法调直钢筋时，Ⅰ级钢筋的冷拉率不宜大于 2%；HRB335、HRB400 钢筋的冷拉率不宜大于 1%。

（2）钢筋的弯制和末端的弯钩应符合设计要求，如设计无规定，应符合表 3-4 的规定。

（3）用Ⅰ级钢筋制作的箍筋，其末端应做成弯钩，弯钩的弯曲直径应大于受力主钢筋的直径，且不小于箍筋直径的 2.5 倍。弯钩平直部分的长度，一般结构不宜小于箍筋直径的 5 倍，有抗震要求的结构不应小于箍筋直径的 10 倍。弯钩的形式，如设计无要求，可按图 3-1（a）、（b）加工，有抗震要求的结构应按图 3-1（c）加工。

表 3-4　受力主钢筋制作和末端弯钩形状

弯曲部位	弯曲角度	形状图	钢筋种类	弯曲直径 D	平直部分长度	备注
末端弯钩	180°	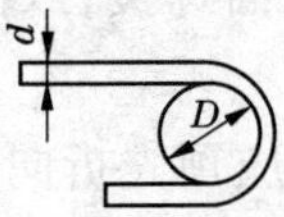	Ⅰ	$\geqslant 2.5d$	$\geqslant 3d$	
	135°	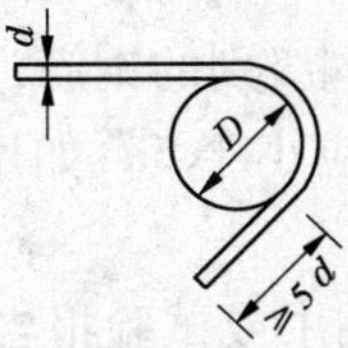	HRB335	$\phi 8 \sim \phi 25$ $\geqslant 4d$	$\geqslant 5d$	
			HRB400	$\phi 28 \sim \phi 40$ $\geqslant 5d$		
	90°	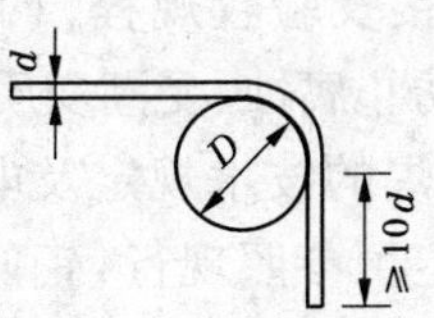	HRB335	$\phi 8 \sim \phi 25$ $\geqslant 4d$	$\geqslant 10d$	d 为钢筋直径
			HRB400	$\phi 28 \sim \phi 40$ $\geqslant 5d$		
中间弯钩	90°以下	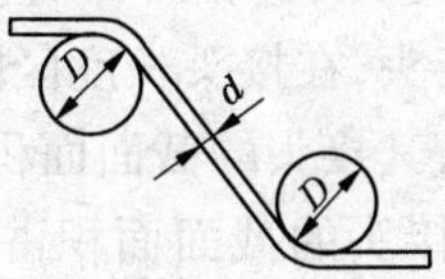	各类	$\geqslant 20d$		

注：环氧树脂涂层钢筋当进行弯曲加工时，对直径 d 不大于 20 mm 的钢筋，其弯曲直径不应小于 4 d，对直径 d 大于 20 mm 的钢筋，其弯曲直径不应小于 $6d$。

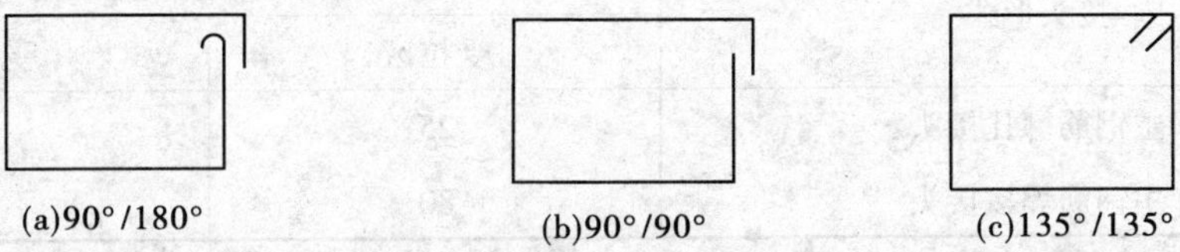

(a)90°/180°　　(b)90°/90°　　(c)135°/135°

图 3-1　箍筋弯钩的形式

三、钢筋的焊接与绑扎接头的技术要求

（1）轴心受拉和小偏心受拉杆件中的钢筋接头，不宜绑接，普通混凝土中直径大于 25 mm 的钢筋宜采用焊接。

（2）钢筋的纵向焊接采用闪光焊接（HRB500 钢筋必须采用闪光焊接）。当缺乏闪光对焊焊条时，可采用电弧焊、电渣压力焊、气压焊。钢筋的交叉连接，无电阻点焊时，可采用平压电弧焊，各种预埋件 T 形接头钢筋与钢板的焊接，也可采用预埋钢筋埋弧压力焊。电渣压力焊适用于竖向钢筋的连接，不能用做水平钢筋和斜筋的连接。钢筋焊接的接头形式、焊接方法、适用范围应符合现行《钢筋焊接及验收规程》（JGJ 18—2003）的规定。

(3)钢筋焊接前,必须根据施工条件进行试焊,合格后方可正式施焊,焊工必须持考试合格证上岗。

(4)钢筋接头采用搭接或帮条电弧焊时,宜采用双面焊接,双面焊接困难时,可采用单面焊接。

(5)钢筋接头采用搭接电弧焊时,两钢筋搭接端部应预先折向一侧,使两接合钢筋轴线一致。接头双面焊缝的长度不应小于 $5d$,单面焊缝不应小于 $10d$。

钢筋接头采用帮条电弧焊时,帮条应采用与主筋同级别的钢筋,其总截面面积不应小于被焊钢筋的截面面积。帮条长度如用双面焊缝不应小于 $5d$,如用单面焊缝不应小于 $10d$。

(6)凡施焊的各种钢筋、钢板均应有材料质量证明书或试验报告单。焊条、焊剂应有合格证,各种焊接材料的性能应符合现行《钢筋焊接及验收规程》(JGJ 18—2003)的规定。各种焊接材料应分类存放和妥善管理,并采取防止腐蚀、受潮变质的措施。

(7)电渣压力焊、气压焊、预埋件钢筋埋弧压力焊的技术规定及电弧焊中的坡口焊、窄间隙焊、熔槽帮条焊和钢筋与钢板焊接的技术规定可参照现行《钢筋焊接及验收规程》(JGJ 18—2003)的规定执行。

(8)受力钢筋焊接或绑扎接头应设置在内力较小处,并错开布置。对于绑扎接头,两接头间距离不小于 1.3 倍的搭接长度。对于焊接接头,在接头长度区段内,同一根钢筋不得有两个接头,配置在接头长度区段内的受力钢筋,其接头的截面面积占总截面面积的百分率应符合表 3-5 的有关规定。对于绑扎接头,其接头的截面面积占总截面面积的百分率亦应符合表 3-5 的规定。

表 3-5 接头长度区段内受力钢筋接头面积的最大百分率

接头形式	接头面积最大百分率(%)	
	受拉区	受压区
主钢筋绑扎接头	25	50
主钢筋焊接接头	80	不限制

注:1. 焊接接头长度区段内是指 $35d$ 的长度范围内,但不得小于 50 mm。绑扎接头长度区段是指 1.3 倍搭接长度。

2. 在同一根钢筋上应尽量少设接头。

3. 装配式构件连接处的受力钢筋焊接接头可不受此限制。

4. 绑扎接头中钢筋的横向净距不应小于钢筋直径,且不应小于 25 mm。

5. 环氧树脂涂层,钢筋绑扎搭接长度,对于受拉钢筋应至少为涂层钢筋锚固长度的 1.5 倍,且不小于 375 mm;对于受压钢筋为无涂层钢筋锚固长度的 1.0 倍,且不小于 250 mm。

(9)电弧焊接和绑扎接头与钢筋弯曲处的距离不应小于 10 倍钢筋直径,也不宜位于构件的最大弯矩处。

(10)焊接时,对施焊场地应有适当的防风、雨、雪、严寒的措施。冬季施焊时应按规范中冬季施工的要求进行,低于 -20 ℃时不得施焊。

(11)受拉钢筋绑扎接头的搭接长度应符合表 3-6 的规定,受压钢筋绑扎接头的搭接长度,应取受拉钢筋绑扎接头搭接长度的 0.7 倍。

表 3-6　受拉钢筋绑扎接头的搭接长度

<table>
<tr><td colspan="2" rowspan="2">钢筋级别</td><td colspan="3">混凝土强度等级</td></tr>
<tr><td>C20</td><td>C25</td><td>高于 C25</td></tr>
<tr><td colspan="2">Ⅰ级钢筋</td><td>35d</td><td>30d</td><td>25d</td></tr>
<tr><td rowspan="2">月牙纹</td><td>HRB335 钢筋</td><td>45d</td><td>40d</td><td>35d</td></tr>
<tr><td>HRB400 钢筋</td><td>55d</td><td>50d</td><td>45d</td></tr>
</table>

注：1. 当带肋钢筋直径 d 不大于 25 mm 时，其受拉钢筋的搭接长度应按表中值减少 5d 采用；当带肋钢筋直径 d 大于 25 mm 时，其受拉钢筋的搭接长度应按表中值增加 5d 使用。

2. 当混凝土在凝固过程中受力钢筋易受扰动时，其搭接长度宜适当增加。

3. 在任何情况下，纵向受拉钢筋易受扰动时，其搭接长度不应小于 300 mm。受压钢筋搭接长度不应小于 200 mm。

4. 当混凝土强度等级低于 C20 时，Ⅱ级 HRB335 钢筋的搭接长度应按表中 C20 的数值相应增加 10d，HRB500 牌号钢筋不宜采用。

5. 对有抗震要求的受力钢筋的搭接长度，当抗震烈度为Ⅶ度（及以上时）应增加 5d。

6. 两根不同直径的钢筋搭接长度，以较细的钢筋直径计算。

（12）受拉钢筋内Ⅰ级钢筋绑扎接头的末端应做弯钩，HRB335、HRB400 钢筋绑扎接头末端可不做弯钩。直径等于或小于 12 mm 的受压Ⅰ级钢筋的末端可不做弯钩，但搭接长度不应小于钢筋直径的 30 倍。钢筋搭接处应在中心和两端用铁丝扎牢。

四、钢筋的机械连接

钢筋的机械连接，其接头性能指标应符合下列要求：

（1）钢筋机械连接接头的设计应满足接头强度及变形性能的要求。

（2）钢筋机械连接件的屈服强度、承载力和抗拉承载力的标准值不应小于被连接钢筋的屈服承载力和抗拉承载力标准值的 1.1 倍。

（3）钢筋接头应根据接头的性能等级和应用场合，对静力单向拉伸性能高应力反复拉压、大变形反复拉压、抗疲劳、耐低温等各项性能确定相应的检验项目。

（4）接头抗拉强度达到或超过母材抗拉强度标准值并具有高延性及反复拉压性能。

（5）接头性能应符合表 3-7 的规定。

表 3-7　接头性能检验指标

<table>
<tr><td rowspan="4">单向拉伸</td><td rowspan="2">强度</td><td rowspan="2">$f^0_{mst} \geqslant f^0_{st}$或$\geqslant 1.15 f_{tk}$</td><td rowspan="2">高应力反复拉压</td><td>强度</td><td>$f^0_{mst} \geqslant f^0_{st} \geqslant 1.15 f_{tk}$</td></tr>
<tr><td>残余变形</td><td>$u_{20} \leqslant 0.3$ mm</td></tr>
<tr><td>极限变形</td><td>$\varepsilon_u \geqslant 0.04$ mm</td><td rowspan="2">大变形反复拉压</td><td>强度</td><td>$f^0_{mst} \geqslant f^0_{st} \geqslant 1.5 f_{tk}$</td></tr>
<tr><td>残余变形</td><td>$u \leqslant 0.01$ mm</td><td>残余变形</td><td>$u_4 \leqslant 0.3$ mm 且 $u_8 \leqslant 0.6$ mm</td></tr>
</table>

接头性能检验指标的主要符号见表 3-8。

表 3-8　接头性能检验指标的主要符号

符号	单位	含义
ε_u		受拉接头试件、极限应变试件在规定标距内测得的最大拉应力下的应变值
u	mm	接头半日间拉伸的残余变形
u_4、u_8、u_{20}	mm	接头反复拉压 4、8、20 次后的残余变形
f^0_{mst}、$f^{0\prime}_{mst}$	MPa	机械连接接头的抗拉、抗压强度实测值
f^0_{st}	MPa	钢筋抗拉强度实测值
f_{tk}、f^{γ}_{tk}	MPa	钢筋抗拉、抗压强度标准值

(6)对直接承受动力荷载的结构，其接头应满足设计要求的抗疲劳性能。当无专门要求时，对连接 HRB335 钢筋的接头，其疲劳性能应能经受应力幅为 100 MPa、上限应力为 180 MPa 的 200 万次循环加载。对连接 HRB400 钢筋的接头，其疲劳性能应能经受应力幅为 100 MPa、上限应力为 190 MPa 的 200 万次循环加载。

(7)当混凝土结构中钢筋接头部位的温度低于 -10 ℃时应进行专门试验。

钢筋连接件处的混凝土保护层宜满足设计要求，且不得小于 15 mm。连接件之间的横向净距不宜小于 25 mm。

对受力钢筋机械连接接头的位置要求，可以根据接头焊接的要求办理。

带肋钢筋套筒挤压接头适用于直径为 16 ~ 40 mm 的 HRB335、HRB400 带肋钢筋的径向挤压连接，用于挤压连接的钢筋应符合现行国家标准的要求：

(1)不同直径的带肋钢筋可采用挤压接头连接，当套筒的两端外径和壁厚相同时，被连接钢筋的直径不应大于 5 mm。

(2)当混凝土结构中挤压接头部位的温度低于 -20 ℃时，宜进行专门的试验。

(3)对 HRB335、HRB400 带肋钢筋挤压接头所用套筒材料应选用适于压延加工的钢材，其实测力学性能、承载力及尺寸偏差应符合有关规定。

(4)套筒应有出厂合格证，套筒在运输和储存中，应按不同规格分别堆放，不得露天堆放，应防止锈蚀和沾污。

(5)挤压接头施工时有关挤压设备、人员、挤压操作、质量检验、施工安全应符合现行《带肋钢筋套筒挤压连接技术规程》(JGJ 108—96)的规定。

钢筋锥螺纹接头适用于直径为 16 ~ 40 mm 的 HRB335、HRB400 钢筋的连接，用于连接的钢筋应符合现行国家标准的要求。锥螺纹连接套的材料宜用 45 号优质碳素结构钢材或其他经试验确认符合要求的钢材。钢筋锥螺纹接头的技术要求应符合现行《钢筋锥螺纹接头技术规程》(JGJ 109—96)的规定。

钢筋锥螺纹接头的应用应符合下列规定：

(1)接头端头距离钢筋弯曲点不得小于钢筋直径的 10 倍。

(2)不同直径的钢筋连接时，一次连接钢筋直径规格不宜超过 2 级。

锥螺纹接头施工时，有关材料加工、操作、质量检验应符合现行《钢筋锥螺纹接头技术规程》(JGJ 109—96)的规定。

五、钢筋骨架或钢筋网的组成及安装

对预制钢筋骨架或钢筋网必须具有足够的刚度和稳定性。

骨架的焊接、拼装应在坚固的工作台上进行,操作时应符合下列要求:

(1)拼装时应按设计图纸放大样,放样时应考虑焊接变形和预留拱度。

(2)钢筋拼装前,对有焊接接头的钢筋应检查每根接头是否符合焊接要求。

(3)拼装时,在需要焊接的位置,用楔形卡卡住,防止电焊时局部变形。待所有焊接点卡好后,先在焊缝两端点焊定位,然后进行施焊。

(4)骨架焊接时,不同直径的钢筋中心线应在同一平面上,为此较小直径的钢筋在焊接时,下面宜垫以厚度适当的钢板。

(5)施焊顺序宜由中到边对称地向两端进行,先焊骨架下部,后焊骨架上部。相邻的焊缝采用分区对称跳焊,不得顺方向一次焊成。

钢筋网焊点应符合设计规定,当设计无规定时,应按下列要求焊接:

(1)当焊接网的受力钢筋为Ⅰ级钢筋或冷拉Ⅰ级钢筋时,如焊接网只有一个方向为受力钢筋,网两端边缘的两根锚固横向钢筋与受力钢筋的全部相交点必须焊接,如焊接网的两个方向均为受力钢筋,则沿网四周边缘的两根钢筋的全部相交点均应焊接。其余的交叉点,可根据运输和安装条件决定,一般可焊接或绑扎一半交叉点。

(2)当焊接网的受力钢筋为冷拔低碳钢丝,而另一方向的钢筋间距小于100 mm时,除网两端边缘的两根钢筋的全部相交点必须焊接外,中间部分的焊点距离可增大至250 mm。

在现场绑扎钢筋网时,应遵守下列规定:

(1)钢筋接头的布置应符合相关规定。

(2)钢筋的交叉点应用铁丝绑扎结实,必要时亦可用点焊焊牢。

(3)除设计有特殊规定外,柱和梁中的箍筋应与主筋垂直。

(4)墩、台身、柱中的竖向钢筋搭接时,转角处的钢筋弯钩应与模板成45°角,中间钢筋的弯钩应与模板成90°角。如采用插入式振捣器浇筑小型截面柱,弯钩与模板的角度最小不得小于15°,在浇筑过程中不得松动。

(5)箍筋弯钩的叠合处,在梁中应沿梁长方向置于上面并交错布置,在柱中应沿柱高方向交错布置。若是方柱,其接头必须位于箍筋与桩角竖向钢筋交接点上,但有交叉式箍筋的大截面柱,其接头可位于箍筋与任何一根中间纵向钢筋的交接点上。圆柱或圆管涵螺旋形箍筋的起点和终点应分别绑扎在纵向钢筋上。

(6)应在钢筋与模板间设置垫块,垫块与钢筋扎紧,并互相错开。非焊接钢筋骨架的多层钢筋之间,应用短钢筋支垫,保证位置准确。钢筋混凝土保护层厚度应符合设计要求。

(7)在浇筑混凝土前,应对已安装好的钢筋及预埋件(钢板、锚固钢筋等)进行检查。

六、质量检查和质量标准

(一)钢筋闪光对焊接头的验收内容

(1)批量规定:在同一台班内,由同一焊工按同一焊接号数完成的300个同类型接头作为一批。一周内连续焊接时可以连续计算,一周内累计不足300个接头时,应按一批记算。

(2)外观检查:每批抽查10%的接头,并不得少于10个。

(3)焊接等长度的预应力钢筋时,可按生产时同等条件制作模拟试件。

(4)螺丝端杆接头可另做拉伸试验。

①接头处不得有横向裂纹。

②与电极接触处的钢筋表面,对Ⅰ级钢筋HRB335、HRB400钢筋同等条件,不得有明显烧伤,对HRB500钢筋,不得有烧伤。低温对焊时,对HRB335、HRB400、HRB500钢筋不得有烧伤。

③接头处的弯折不得大于4°。

④接头处的钢筋轴线偏移不得大于0.1倍的钢筋直径,同时不得大于2 mm。

当有一个接头不符合要求时,应对全部接头进行检查,剔除不合格品。不合格接头切除重焊后,可再次提交验收。

(5)力学性能试验:包括拉伸试验和弯曲试验。应从每批成品中切取6个试件,3个进行拉伸试验,3个进行弯曲试验。试验结果应符合下列要求:

①3个热轧钢筋接头试件的抗拉强度均不得小于该级别钢筋规定的抗拉强度,余热处理Ⅲ级钢筋接头试件的抗拉强度均不得小于HRB400钢筋的抗拉强度。

②应至少有2个试件断于焊缝之外,并呈延性断裂。

当试验结果有一个试件的抗拉强度小于上述规定值,或有2个试件在焊缝或热影响区发生脆性断裂时,应再取6个试件进行复验,复验结果当仍有一个试件的抗拉强度小于规定值时,或有3个试件断于焊缝或热影响区,呈脆性断裂,应确认该批接头为不合格产品。

③预应力钢筋与螺丝端杆闪光对焊接头拉伸试验结果,3个试件应全部断于焊缝之外,呈延性断裂。

当试件试验结果有一个试件在焊缝处或热影响区发生脆性断裂时,应从成品中再切取3个试件进行复验,复验结果当仍有一个试件在焊缝或热影响区发生脆性断裂时,应确认该批接头为不合格产品。

④模拟试件的试验结果不符合要求时,应从成品中再切取试件进行复验,其数量和要求应与初始试验相同。

⑤闪光对焊接头弯曲试验时,应将受压面的金属毛刺和镦粗变形部分消除,且与母材的外表齐平。

弯曲试验可在万能试验机手动或电动液压弯曲试验器上进行。焊缝应处于弯曲中心点,弯心直径和弯曲角度应符合表3-9的规定,当弯至90°时至少有2个试件不得发生破断。

表 3-9　闪光对接焊接头弯曲试验指标

钢筋级别	弯心直径	弯曲角(°)	钢筋级别	弯心直径	弯曲角(°)
Ⅰ级	$2d$	90	HRB400	$5d$	90
HRB335	$4d$	90	HRB500	$7d$	90

注：1. d 为钢筋直径，mm。

2. 直径大于 28 mm 的钢筋对焊接头弯曲试验时，弯心直径应增加一倍钢筋直径。

当试验结果有 2 个试验试件发生破断时，应再取 6 个试件进行复验。若复验结果仍有 3 个试件发生破断，应确认该批接头为不合格产品。

(二)钢筋电弧焊接头的要求

(1)批量规定以 300 个同类型接头为一批，不足 300 个时仍可作为一批。

(2)外观检查。应在接头清渣后逐个进行回测或量测，检查结果应符合下列要求：

①焊缝表面平整，不得有较大凹陷、焊瘤。

②接头处不得有裂纹。

③咬边深度、气孔、夹渣的数量和大小以及接头偏差，不得超过表 3-10 规定的数值。

表 3-10　钢筋电弧焊接头尺寸偏差及缺陷允许值

名称		单位	接头型式		
			帮条焊	搭接焊	坡口焊及熔槽帮条焊
帮条沿接头中心线的纵向偏移		mm	$0.5d$		
接头处弯折		(°)	4	4	4
接头处钢筋轴线的偏移		mm	$0.1d$ 3	$0.1d$ 3	$0.1d$ 3
焊缝厚度		mm	$+0.05d$ 0	$+0.05d$ 0	
焊缝宽度		mm	$+0.1d$ 0	$+0.1d$ 0	
焊缝长度		mm	$-0.5d$	$-0.5d$	
横向咬边深度		mm	0.5	0.5	0.5
在长 $2d$ 的焊缝表面上	数量	个	2	2	
	面积	mm^2	6	6	
在全部焊缝上	数量	个			2
	面积	mm^2			6

注：1. d 为钢筋直径，mm。

2. 低温焊接接头的咬边深度不得大于 0.2 mm。

④坡口焊及熔槽帮条焊接头，其焊缝加强高度不大于 3 mm，外观检查不合格的接头，经修整或补强后，可再次提交二次试验验收。

(三)强度检验试验

从成员中每批切取 3 个接头做拉伸试验,试验结果应符合下列要求:

(1) 3 个热轧钢筋接头试件的抗拉强度均不得低于该级别钢筋的规定抗拉强度值。余热处理Ⅲ级钢筋接头试件抗拉强度均不得小于 HRB400 钢筋规定的抗拉强度。

(2)至少有 2 个试件呈塑性断裂,3 个试件均断于焊缝之外。当检验结果有一个试件的抗拉强度低于规定指标或有 2 个试件发生脆性断裂时,应取双倍数量的试件进行复验。复验结果若仍有一个试件的抗拉强度低于规定指标,或有一个试件断于焊缝,或有 3 个试件脆性断裂,则该批接头即为不合格产品。

模拟试验试件数量和要求,应与成品中切取时相同。当模拟试件试验结果不符合要求时,复检应从成品中切取,其数量和要求应与开始试验时相同。

(四)焊接骨架和焊接网片的要求

焊接骨架和焊接网片应按下列规定进行质量检验:

(1)外观检查应按同一制品分批抽检。一般制品每批抽查 5%,梁柱骨架等主要制品每批抽查 10%,均不得少于 3 件。

(2)强度检验时,试件应从每批成品中切取。切取过试件的制品应补焊同级别、同直径的钢筋,其每边搭接长度应符合规定。

当所切取试件的尺寸不能满足试验要求或受力钢筋直径大于 8 mm 时,可在生产过程中焊接试验用网片,从中切取试件,试件尺寸如图 3-2 所示。

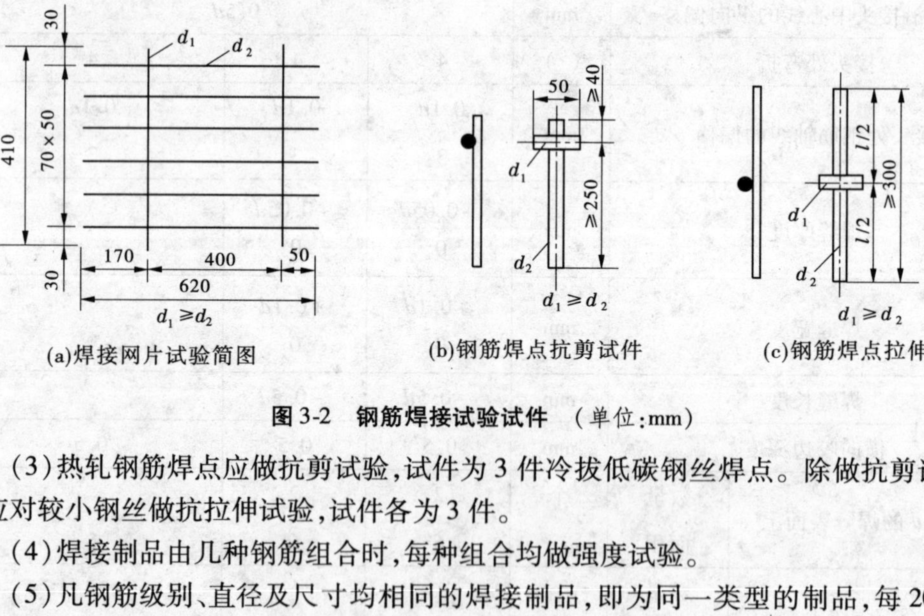

(a)焊接网片试验简图　(b)钢筋焊点抗剪试件　(c)钢筋焊点拉伸试件

图 3-2　钢筋焊接试验试件　(单位:mm)

(3)热轧钢筋焊点应做抗剪试验,试件为 3 件冷拔低碳钢丝焊点。除做抗剪试验外,还应对较小钢丝做抗拉伸试验,试件各为 3 件。

(4)焊接制品由几种钢筋组合时,每种组合均做强度试验。

(5)凡钢筋级别、直径及尺寸均相同的焊接制品,即为同一类型的制品,每 200 件为一批。

焊接骨架和焊接网片的外观质量检查,应符合下列要求:

(1)焊点处熔化金属均匀。

(2)热轧钢筋点焊时,压入深度为较小钢筋直径的 30% ~45%。冷拔低碳钢丝点焊时,压入深度为较小钢丝直径的 30% ~35%。

(3)焊点无脱落、漏焊、裂纹、多孔性缺陷及明显的烧伤现象。

焊接骨架的长度、宽度的允许偏差见现行《公路工程质量检验评定标准》(JTG F80/1—2004)的要求。当外观检查结果不符合上述要求时,则逐件检查,并剔出不合格品,对不合格品经整修后,可再次提交验收。

焊点的抗剪试验结果应符合表3-11规定的数值,拉伸试验结果不得小于冷拔低碳钢丝乙级规定的抗压强度。

表3-11　钢筋焊点的抗剪指标　(单位:N)

钢筋级别	较小一根钢筋直径(mm)								
	3	4	5	6	6.5	8	10	12	14
Ⅰ级				6 640	7 800	11 810	18 460	26 580	36 170
HRB335						16 840	26 310	37 890	51 560
冷拔低碳钢丝	2 530	4 490	7 020						

注:试验结果,如1个试件达不到上述要求,则取双倍数量的试件进行复验,复验结果若仍有1个试件不能达到上述要求,则该批制品为不合格品。对于不合格品,经采取加固处理后,可再次提交验收。

当模拟试件试验结果达不到规定要求时,复验试件应从成品中切取。试件数量和要求应与初始试验时相同。

焊接网片的质量验收内容和标准应符合现行《钢筋焊接及验收规程》(JGJ 18—2003)的规定。

七、预埋件钢筋T形接头的施工要求

预埋件钢筋T形接头的外观检查,应从同一台班内完成的同一类型预埋件中抽查10%,且不得少于10件。

当进行力学性能试验时,应以300件同类型预埋件作为一批。一周内连续焊接时可累计计算。当不足300件时应按一批计算。应从每批预埋件中随机切取3个试件进行拉伸试验,试件的钢筋长度应大于或等于200 mm。钢板的长度和宽度均应大于或等于60 mm,如图3-3所示。

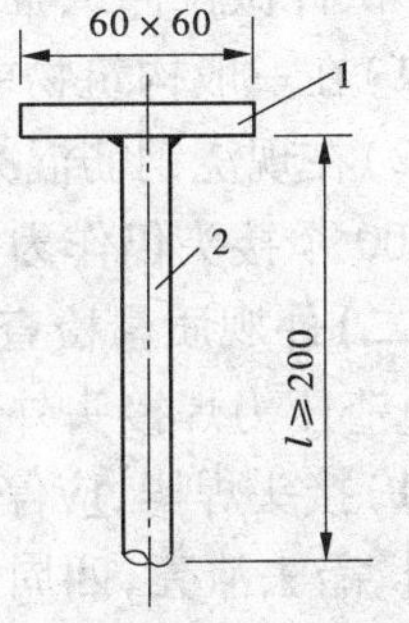

1—钢板;2—钢筋

图3-3　预埋件T形接头拉伸试件　(单位:mm)

预埋件钢筋手工电弧焊接头外观检查结果应符合下列要求:

(1)当采用Ⅰ级钢筋时,角焊缝焊脚不得小于钢筋直径的0.5倍。采用HRB335钢筋时,焊脚不得小于钢筋直径的0.6倍。

(2)穿孔塞焊焊缝表面平顺,局部下凹不得大于1 mm。

(3)焊缝不得有裂纹。

(4)焊缝表面不得有3个直径大于1.5 mm的气孔。

(5)钢筋咬边深度不得超过0.5 mm。

(6)钢筋相对钢板的直角偏差不得大于4°。

(7)钢筋间距偏差不应大于 10 mm。

预埋件钢筋埋弧压力焊接头外观检查结果应符合下列要求:

(1)四周焊包凸出钢筋表面的高度应符合如下要求:敲去渣壳,四周焊包应较均匀,凸出钢筋表面的高度应大于或等于 4 mm,如图 3-4 所示。

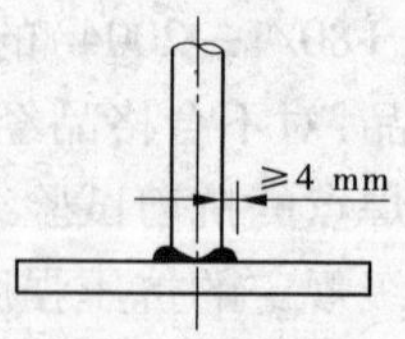

图 3-4　预埋件钢筋埋弧压力焊接头

(2)钢筋咬边深度不得超过 0.5 mm。

(3)与钳口接触处钢筋表面无明显烧伤。

(4)钢板应无焊穿,根部应无凹陷现象。

(5)钢筋相对钢板的直角偏差不得大于 4°。

(6)钢筋间距偏差不应大于 10 mm。

预埋件外观检查结果,当有一个接头不符合上述要求时,应逐个进行检查,并剔出不合格产品,不合格接头经补焊后可提交二批验收。

预埋件钢筋 T 形接头 3 个试件拉伸试验结果,其抗拉强度应符合下列要求:

(1)Ⅰ级钢筋接头均不得小于 350 MPa。

(2)HRB335 钢筋接头均不得小于 490 MPa。

当试验结果有 1 个试件的抗拉强度小于规定值时,应再取 6 个试验试件进行复验,复验结果当仍有 1 个试件的抗拉强度小于规定值时,应确认该批接头为不合格产品,对于不合格产品采取补强焊接后,可提交二次验收。

八、电渣压力焊

(一)接头质量检查

电渣压力焊接头应逐个进行外观检查。当做力学性能试验时,从每批接头中随机切取 3 个试件做拉伸试验。

(1)在一般构筑物中,以 300 个同类、同级别钢筋接头作为一批。

(2)在现浇钢筋混凝土结构中,每一施工区段中以 300 个同级别钢筋接头作为一批,不足 300 个接头仍作为一批。

(二)外观质量检查的要求

电渣压力焊接头外观检查结果应符合下列要求:

(1)接头焊毕,应停歇适当时间,才可收回焊剂和卸下焊接夹具,敲去渣壳,四周焊包应较均匀,凸出钢筋表面的高度至少 4 mm,确保焊接质量,如图 3-5 所示。

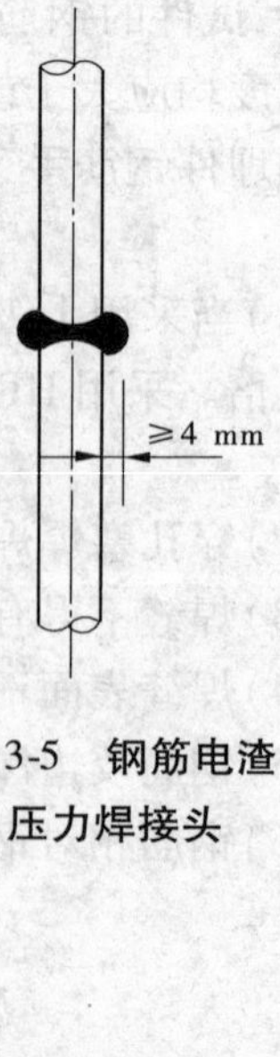

图 3-5　钢筋电渣压力焊接头

(2)电极与钢筋接触处,无明显的烧伤缺陷。

(3)接头处轴线偏移不超过 0.1 倍的钢筋直径,同时应大于 2 mm。

(4)接头处的弯折角不大于 4°。

外观检查不合格的接头应切除重焊或采取补强焊措施。

(三)拉伸质量试验的要求

电渣压力焊接头拉伸试验结果,3 个试件的拉伸强度均不得低于该级别钢筋规定的抗拉强度值。

当试验结果有 1 个试件的抗拉强度低于规定指标时,应取 6 个试件进行复验,复验结果若仍有 1 个试件的抗拉强度低于规定指标,该批接头为不合格产品。

九、气压焊的技术要求

(一)接头质量检查

气压焊接头应逐个进行外观检查,当进行力学性能试验时,应从每批接头中随机切取 3 个接头做拉伸试验。在梁板的水平钢筋的连接中,应另切取 3 个接头做弯曲试验,且应按下列规定抽取试件:以 300 个接头为一批,不足 300 个接头仍作为一批。

(二)外观检查结果的要求

气压焊接头外观检查结果的要求是:

(1)偏心矩 e 不得大于钢筋直径的 0.15 倍,同时不得大于 4 mm(见图 3-6(a))。当不同直径钢筋相焊接时,按较小钢筋直径计算,当超过限量时应切除重焊。

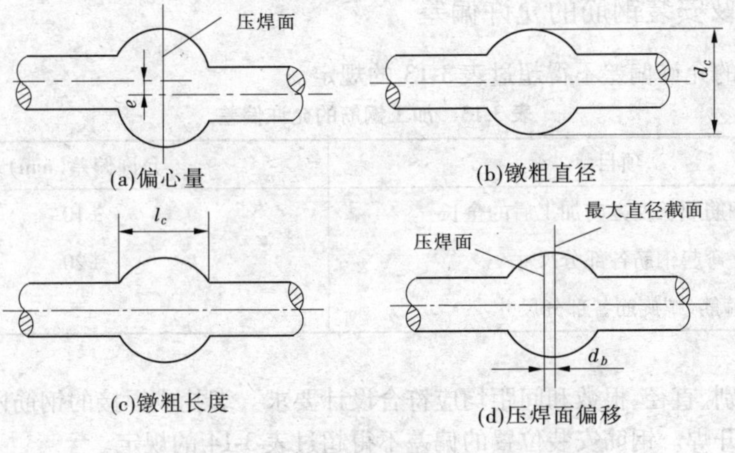

图 3-6 钢筋气压焊接头外观质量图解

(2)两钢筋轴线弯折角不得大于 4°,当超过限量时应重新加热矫正。

(3)镦粗直径 d_c 不得小于钢筋直径的 1.4 倍(见图 3-6(b))。当小于此限量时,应重新加热镦粗。

(4)镦粗长度 l_c 不得小于钢筋直径的 1.2 倍,且凸起部分应平缓圆滑(见图 3-6(c))。当小于此限量时,应重新加热镦粗。

(5)压焊面偏移 d_b 不得大于钢筋直径的 0.2 倍(见图 3-6(d))。

(三)拉伸试验质量要求

气压焊接头拉伸试验结果,3 个试件的抗拉强度均不得低于该级别钢筋规定的抗拉强度值,并断于压焊面之外,呈延性断裂。若有 1 个试件不符合要求,应切取 6 个试件进行复验,复验结果若仍有 1 个试件不符合要求,该批接头为不合格产品。

(四)弯曲试验质量要求

做气压焊接头的弯曲试验时,应将试件受压面的凸起部分除去,与钢筋外表面齐平。

弯心直径应符合表 3-12 的规定。

表 3-12　气压焊接头弯曲试验弯心直径

钢筋等级	弯心直径	
	$d \leq 25$ mm	$d > 25$ mm
Ⅰ	$2d$	$3d$
HRB335	$4d$	$5d$
HRB400	$5d$	$6d$

注：d 为钢筋直径，mm。

弯曲试验可在万能试验机、手动或电动液压弯曲试验器上进行。压焊面应处在弯曲试验中心点，弯至 90°，3 个试验试件均不得在压焊面发生破断。试验结果有 1 个试件不符合要求，应再切取 6 个试件进行复验，复验结果若仍有 1 个试件不符合要求，则该接头为不合格产品。

十、加工及安装钢筋的允许偏差

加工钢筋的允许偏差不得超过表 3-13 的规定。

表 3-13　加工钢筋的允许偏差

项目	允许偏差(mm)
受力钢筋顺长度方向加工后的全长	±10
弯起钢筋各部分尺寸	±20
箍筋、螺旋筋各部分尺寸	±5

钢筋的级别、直径、根数和间距均应符合设计要求。绑扎或焊接的钢筋网及钢筋骨架不得有变形和开焊。钢筋安装位置的偏差不得超过表 3-14 的规定。

表 3-14　钢筋安装位置的允许偏差

检查项目			允许偏差(mm)
受力钢筋间距	两排以上排距		±5
	同排	梁板拱肋	±10
		基础、锚碇、墩台、柱	±20
	灌注桩		±20
箍筋、横向水平钢筋、螺旋筋间距			0，-20
钢筋骨架尺寸	长		±10
	宽、高或直径		±5
弯起钢筋位置			±20
保护层厚度	柱、梁、拱肋		±5
	基础、锚碇、墩台		±10
	板		±3

十一、焊接钢筋网和焊接骨架的允许偏差

焊接钢筋网和焊接骨架的偏差不得超过表 3-15 的规定。

表 3-15　焊接钢筋网及焊接骨架的允许偏差

项目	允许偏差(mm)	项目	允许偏差(mm)
网的长、宽	±10	骨架的宽及高	±5
网的尺寸	±10	骨架的长	±10
网眼的对角线差	10	箍筋间距	0，-20

十二、机械接头的施工现场验收与检验

应用钢筋机械连接时，应提交有效的型式检验报告，型式检验应符合现行《钢筋机械连接通用技术规程》(JGJ 107—96)的规定。

钢筋连接开始前及施工过程中，应对每批进场钢筋进行接头工艺检验。工艺检验应符合下列要求：

(1)每种规格钢筋的接头试件不少于 3 根。

(2)对接头试件的钢筋母材应进行抗压强度试验。

(3)3 根接头试件的抗拉强度均应满足《公路桥涵施工技术规范》(JTJ 041—2000)的相关要求。试件抗拉强度尚应大于等于 0.95 倍钢筋母材的实际抗拉强度。计算实际抗拉强度时，应采用钢筋的实际横截面面积。

现场检验应符合现行《钢筋机械连接通用技术规程》(JGJ 107—96)、《钢筋锥螺纹接头技术规程》(JGJ 109—96)、《带肋钢筋套筒挤压连接技术规程》(JGJ 108—96)的规定。

例：河南省水利第一工程局河口村水库金滩沁河大桥工程，钢筋质量检验要求如下。

(一)钢筋加工及安装

加工钢筋的检查项目见表 3-16。

表 3-16　加工钢筋的检查项目

项次	检查项目	规定值或允许偏差(mm)	检查方法
1	受力钢筋顺长度方向加工后的全长	±10	按受力钢筋总数 30% 抽查
2	弯起钢筋各部分尺寸	±20	抽查 30%
3	箍筋、螺旋筋各部分尺寸	±5	每构件检查 5～10 个间距

钢筋安装的检查项目见表 3-17。

(二)焊接接头的检查和允许偏差

1. 取样

闪光对焊：以 300 个同类型焊接钢筋在同一焊接条件下(同一焊工在同一台班内用同一焊接参数)焊接作为一批；一周内焊接不足 300 个，亦按一批计。电弧焊接：以 300 个同类型焊接钢筋在同一焊接条件下作为一批，不足 300 个亦按一批计。检查报告应由承包人在每批装配好的钢筋放入模板前 24 h 提交监理工程师批准。

表 3-17　钢筋安装的检查项目

项次	检查项目			规定值或允许偏差(mm)	检查方法
1	受力钢筋间距(mm)	两排以上间距		±5	每构件检查 2 个断面，用尺量
		同排	梁板、拱肋	±10	
			基础、锚碇、墩台、柱	±20	
		灌注桩		±20	
2	箍筋、横向水平钢筋、螺旋筋间距(mm)			0，-20	每构件检查 5~10 个间距
3	钢筋骨架尺寸(mm)	长		±10	按骨架总数的 30% 抽查
		高、宽或直径		±5	
4	弯起钢筋位置(mm)			±20	每骨架抽查 30%
5	保护层厚度(mm)	柱、梁、拱肋		±5	每构件沿模板周边检查 8 处
		基础、锚碇、墩、台		±10	
		板		±3	

2. 闪光对焊焊接接头要求

1) 外观

(1) 每批 10% 且不少于 10 个试件应进行外观检查。

(2) 焊接接头处无横向裂纹。

(3) 与电极接触处的钢筋表面无明显烧伤。

(4) 焊接接头处弯折不得大于 4°。

(5) 两被焊接钢筋轴线偏差不得大于 $0.1d$(d 为钢筋直径)，且不大于 2 mm。

如有一个焊接接头不符合上述要求，则所有该批钢筋的焊接接头均应全部进行检查，且把不合格者剔出。不合格焊接接头切除重焊后，可再次提交验收。

2) 拉伸试验

(1) 每批 3 根试件进行拉伸试验，且每根试件的焊接接头抗拉强度均应符合规定的钢筋抗拉强度要求。

(2) 至少有 2 个试件断于焊缝之外，并呈延性断裂。

当试验结果有 1 个试件的抗拉强度小于上述规定值，或有 2 个试件在焊缝或热影响区发生脆性断裂时，应再取 6 个试件进行复验。复验结果，当仍有 1 个试件的抗拉强度小于规定值时，或 3 个试件断于焊缝或热影响区，呈脆性断裂，应确认该批接头为不合格品。

(3) 预应力钢筋与螺丝端杆闪光对焊接头拉伸试验结果，3 个试件应全部断于焊缝之外，呈延性断裂。

当试验结果有 1 个试件在焊缝或热影响区发生脆性断裂时，应从成品中再切取 3 个试件进行复验，复验结果中若仍有 1 个试件在焊缝或热影响区发生脆性断裂，应确认该批接头为不合格品。

3）弯曲试验

（1）闪光对焊接头弯曲试验时，应将受压面的金属毛刺和镦粗变形部分消除，且与母材的外表齐平。每批取 3 个试件进行弯曲试验。

（2）弯曲试验可在万能试验机、手动液压试验器或电动液压试验器上进行，焊缝应处于弯曲中心，弯心直径和弯曲角应符合表 3-18 的规定，弯至 90°时，至少有 2 个试件不得发生破断。

表 3-18　闪光对焊弯曲试验指标

钢筋级别		弯心直径	弯曲角(°)
光圆钢筋	Ⅰ级	$2d$	90
带肋钢筋	HRB335	$4d$	90
	HRB400	$5d$	90

注：1. d 为钢筋直径，mm。

2. 直径大于 25 mm 的钢筋对焊接头，弯曲试验时弯心直径应增加 1 倍钢筋直径。

（3）当试件结果有 2 个试件发生破断时，应再取 6 个试件进行复验。复验结果，当仍有 3 个试件发生破断，应确认该批接头为不合格。

3. 电弧焊接接头的要求

1）外观

（1）在接头清渣后逐个进行目测及量测。

（2）焊缝表面平整，不得有较大的凹陷、焊瘤。

（3）焊接接头处不得有裂纹。

（4）焊接接头的允许偏差应符合表 3-19 的规定。

检查不合格的焊接接头，经修整补强后，可再次提交验收。

表 3-19　钢筋电弧焊接接头的允许偏差

编号	项目		接头型式：帮条焊	接头型式：搭接焊
1	帮条对焊焊接中心的纵向偏差（mm）		$0.5d$	
2	焊接处钢筋轴线交角（°）		4	4
3	焊接处钢筋轴线偏心（mm）		$0.1d$ 3	$0.1d$ 3
4	焊缝厚度（mm）		$+0.05d$	$+0.05d$
5	焊缝宽度（mm）		$+0.1d$	$+0.1d$
6	焊缝长度（mm）		$-0.5d$	$-0.5d$
7	横向咬边深度（mm）		0.5	0.5
8	在长 $2d$ 焊缝表面的气孔及夹渣	数量（个）	2	2
		面积（mm^2）	6	6

注：d 为被焊接的钢筋的直径。

2）拉力试验

（1）每批中切取 3 个接头做拉伸试验，3 个热轧钢筋焊接接头试件的抗拉强度均不得小于该级别钢筋规定的抗拉强度。

(2)3 个接头试件均应断于焊缝之外,并应至少有 2 个试件呈延性断裂。当试验结果有 1 个试件发生脆性断裂时,应再取 6 个试件进行复验。复验结果当有 1 个试件抗拉强度小于规定值,或有 1 个试件断于焊缝,或有 3 个试件呈脆性断裂时,应确认该批接头为不合格品。

(3)试验所需费用由承包人负担。

(三)钢筋网及钢筋骨架的检查和允许偏差

(1)承包人应将机械连接技术提供单位按《钢筋机械连接通用技术规程》(JGJ 107—96)附录 B 规定的接头型式检验报告,送交监理工程师备查。

(2)钢筋连接工程开始及施工过程中,应对每批进场的钢筋进行接头工艺检验,工艺检验应符合如下要求:①每种规格钢筋的接头试件不应小于 3 根;②对接头试件的钢筋母材应进行抗拉强度试验;③3 根接头试件的抗拉强度均应满足强度要求。

(3)钢筋机械接头的现场检验按验收批进行。同一施工条件下采用同一批材料等级、同型式、同规格接头,以 500 个为一个验收批进行检验与验收,不足 500 个亦作为一个验收批。

①每一验收批必须在工程结构中随机截取 3 个试件做单向拉伸试验,且应符合图纸要求的接头性能等级。

②若 3 个试件单向拉伸试验结果有 1 个试件的强度不符合要求,应再取 6 个试件进行复验,复验中若仍有 1 个试件结果不符合要求,则该验收批为不合格。

③在现场连续检验 10 个验收批,其全部单向拉伸试件一次抽样均合格时,验收批接头数量可扩大 1 倍。

(4)套筒挤压接头外观质量检验应符合以下要求。

外形尺寸的要求为:①挤压后套筒长度应为原套筒长度的 1.10 ~ 1.15 倍,或压痕处套筒的外径波动范围为原套筒外径的 0.80 ~ 0.90 倍;②挤压接头的压痕道数应符合型式检验确定的道数;③接头处弯折不得大于 4°;④挤压后的套筒不得有肉眼可见的裂缝。

外观质量检验的要求为:①每一验收批中随机抽取 10% 的挤压接头进行外观质量检验,如外观质量不合格数少于抽检数的 10%,则该批挤压接头外观质量评为合格;②当不合格数超过抽检数的 10% 时,应对该批挤压接头逐个进行复检,对外观不符合的挤压接头采取补救措施,不能补救的接头应做标记;③在外观不合格的挤压接头中抽取 6 个试件做抗拉强度试验,若有 1 个试件的抗拉强度低于规定值,则该批外观不合格的挤压接头,应报监理工程师会同设计单位协商处理,并记录存档。

(5)锥螺纹接头外观质量检验应符合下列要求:

①经自检合格的钢筋丝头,按《钢筋锥螺纹接头技术规程》(JGJ 109—96)附录 A 的要求对每种规格加工批量随机抽检 10%,且不少于 10 个,如有一个丝头不合格,即应对该加工批全数检查,不合格丝头应重新加工,经再次检验合格后方可使用。

②接头施工后随机抽取同规格接头数的 10% 进行外观检查。应满足钢筋与连接套的规格一致,接头丝扣无完整丝扣外露。

③用质检的力矩扳手按规定的接头拧紧值抽检接头的连接质量。

抽检数量要求为:

ⅰ. 梁、柱构件按接头数的 15%,且每个构件的接头抽检数不得少于 1 个。

ⅱ. 基础、墙、板构件按各自接头数,每 100 个接头作为一个验收批,不足 100 个也作为一个验收批，每批抽检 3 个接头。抽检的接头应全部合格，如有 1 个接头不合格，则该验收批接头应逐个检查，对查出的不合格接头应进行补强。

(6)镦粗直螺纹接头外观质量检验应符合以下要求。

套筒外观检验要求为：

①表面无裂纹和其他缺陷。

②外形尺寸包括套筒内螺纹直径及套筒长度应满足图纸要求。

③套筒两端应加塑料保护塞。

丝头加工现场检验要求为：

①丝头加工现场检验项目、方法及要求见表 3-20。

表 3-20　丝头质量检验要求

序号	检验项目	量具名称	检验要求
1	外观质量	目测	牙形饱满，牙顶宽超过 0.6 mm，秃牙部分累计长度不超过一个螺纹周长
2	外形尺寸	卡尺或专用量具	丝头长度应满足图纸要求，标准型接头的丝头长度公差为 +1P
3	螺纹大径	光面轴用量规	通端量规应通过螺纹的大径，而止端量规不应通过螺纹大径
4	螺纹中径及小径	通端螺纹环规	能顺利旋入螺纹并达到旋合长度
		止端螺纹环规	允许环规与端部螺纹部分旋合，旋入量不应超过 3P

注：P 为螺距。

②加工工人应逐个目测检查丝头的加工质量，每加工 10 个丝头应用环规检查一次，并剔出不合格丝头。

③自检合格的丝头，应由质检员随机抽样进行检验，以一个工作班内生产的钢筋丝头为一个验收批，随机抽检 10%，按表 3-20 的方法进行钢筋丝头质量检验；当合格率小于 95% 时，应加倍抽检，复检中合格率仍小于 95% 时，应对全部钢筋丝头逐个进行检验，并切去不合格丝头，重新镦粗和加工螺纹。

④丝头检验合格后，应用塑料帽或连接套筒保护。

(四)钢筋网及钢筋骨架的检查和允许偏差

钢筋网及钢筋骨架的检验项目应符合表 3-21 的规定。

表 3-21　钢筋网和钢筋骨架的检查项目

项次	检查项目		规定值或允许偏差(mm)	检查方法
1	网的长、宽		±10	用尺量
2	网眼尺寸		±10	用尺量，抽查 3 个网眼
3	对角线差		10	用尺量，抽查 3 个网眼对角线
4	骨架的宽、高		±5	按骨架总数的 30% 抽查
5	骨架的长		±10	按骨架总数的 30% 抽查
6	箍筋间距		±20	用尺量，每方向抽查 3 ~ 5 个
7	受力钢筋	间距	±10	用尺量，每构件 2 个断面，每断面，每间距
		排距	±5	

外观要求为：

(1)钢筋表面无铁锈及焊渣。

(2)多层钢筋网要有足够的钢筋支撑，使钢筋网具有施工刚度。

第三节　混凝土及钢筋混凝土工程

一、一般规定

在进行混凝土强度试配和质量评定时，混凝土的抗压强度应以边长为150 mm的立方体尺寸标准试件测定。试件以同龄期3块为一组，并以同等条件制作和养护。每组试件的抗压强度以3个试件测值的算术平均值为测定值。如有一个测值与中间值的差值超过中间值的15%，则取中间值为测定值；如有两个测值与中间值的差值超过中间值的15%，则该组试件无效。

当采用非标准尺寸试件做抗压强度试验时，其抗压强度应按表3-22所列系数进行换算。

表3-22　混凝土试件抗压强度换算系数

骨料最大粒径(mm)	试件尺寸(mm)	换算系数
60	200×200×200	1.05
30	100×100×100	0.93

注：150 mm×150 mm×150 mm的标准试件，其骨料最大粒径为40 mm。

混凝土抗压强度应为标准尺寸试件在温度为(20±3)℃及相对温度不低于90%的环境中养护28 d。做抗压试验时所测得的抗压强度值，在其进行混凝土强度试配和质量评定时，取其保证率为95%。

拌制混凝土所使用的各项材料及拌和物的质量应经过检验。试验方法应符合现行《公路工程水泥混凝土试验规程》(JTJ 053—94)的有关规定。

二、配制混凝土所用的材料

(一)水泥

(1)选用水泥时应注意其特性材料对混凝土结构强度、耐久性和使用条件是否有不利影响。

(2)选用水泥时，应以能使所配制的混凝土强度达到要求、收缩小、和易性好和节约水泥为原则。常用水泥强度等级及抗压强度见表3-23、表3-24。

(3)水泥应符合现行国家标准，并附有水泥品质试验报告等合格证明文件。水泥进场后，应按其品种、强度、证明文件以及出厂时间等情况分批进行检查验收。对所用水泥应进行复查试验。为快速鉴定水泥的现有强度也可用促凝压蒸法进行复检。

(4)袋装水泥在运输和储存时应防止受潮，堆垛高度不宜超过10袋。不同强度等级、品种和出厂日期的水泥应分别堆放。

表 3-23　常用水泥强度等级及抗压强度(新标准)

品种	强度等级	抗压强度(MPa)	
		3 d	28 d
硅酸盐水泥(GB 175—1999)	42.5	17.0	42.5
	42.5R	22.0	42.5
	52.5	23.0	52.5
	52.5R	27.0	52.5
	62.5	28.0	62.5
	62.5R	32.0	62.5
普通硅酸盐水泥(GB 175—1999)	32.5	11.0	32.5
	32.5R	16.0	32.5
	42.5	16.0	42.5
	42.5R	16.0	42.5
	52.5	22.0	52.5
	52.5R	26.0	52.5
矿渣硅酸盐水泥 火山灰质硅酸盐水泥 粉煤灰硅酸盐水泥 (GB 1344—1999)	32.5	10.0	32.5
	32.5R	15.0	32.5
	42.5	15.0	42.5
	42.5R	19.0	42.5
	52.5R	25.0	52.5

注:1. 本表标准自 1999 年 12 月 1 日起实施。GB 175—92 及 GB 1344—92 标准从 2000 年 12 月 1 日起废止。过渡期间以 GB 175—92 及 GB 1344—92 标准为准。

2. 水泥标准检验方法同期由 GB/T 17671—1999 水泥胶砂强度检验方法(ISO 法)代替 GB 177—85 水泥胶砂强度检验方法。

表 3-24　常用水泥标号及抗压强度(旧标准)

类别及龄期		水泥标号								
		275	325	425	425R	525	525R	625	625R	725R
		软练胶砂抗压强度(MPa)								
硅酸盐水泥(GB 175—92)	3 d				22.0	23.0	27.0	28.0	32.0	32.0
	28 d				42.5	52.5	52.5	62.5	62.5	72.5
普通硅酸盐水泥(GB 175—92)	3 d		12.0	16.0	21.0	22.0	26.0	26.0	27.0	31.0
	28 d		32.5	42.5	42.5	52.5	52.5	62.5	62.5	
矿渣硅酸盐水泥 火山灰质硅酸盐水泥 粉煤灰硅酸盐水泥 (GB 1344—92)	3 d									
	7 d	13.0	15.0	21.0						
	8 d	27.5	32.5	42.5	42.5	52.5	52.5		62.5	

注:1. 标号带有 R 为水泥早强型。

2. 本表标准自 2000 年 12 月 1 日起废止。

(5)整装水泥的储存应尽可能采用水泥罐或散装水泥仓库。

(6)水泥受潮或存放时间超过3个月,应重新取样检验并按其复检结果使用。

(二)细骨料

(1)桥涵混凝土的细骨料应采用级配良好、质地坚硬、颗粒洁净、粒径小于5 mm的河砂。河砂不易得到时,也可用山砂或用硬质岩石加工的机制砂。细骨料不宜采用海砂,不得不采用海砂时,其氯离子的含量对钢筋混凝土的规定,细骨料的试验可按现行《公路工程集料试验规程》(JTG E42—2005)执行。

(2)砂的筛分应符合下列规定:

①砂的分类见表3-25。

表3-25 砂的分类

砂组	粗砂	中砂	细砂
细度模数	3.1~3.7	2.3~3.0	1.6~2.2

注:细度模数主要反映全部颗粒的粗细程度,不完全反映颗粒的级配情况。混凝土配制时考虑砂的细度模数和级配情况。

②砂的级配应符合表3-26中任何一个级配区所规定的级配范围。

表3-26 砂的分区及级配情况

标准筛孔尺寸(mm)	级配区			标准筛孔尺寸(mm)	级配区		
	Ⅰ区	Ⅱ区	Ⅲ区		Ⅰ区	Ⅱ区	Ⅲ区
	累计筛余(%)				累计筛余(%)		
10.0	0	0	0	0.63	85~71	70~41	40~16
5.0	10~0	10~0	10~0	0.315	95~80	92~70	85~55
2.5	35~5	25~0	15~0	0.16	100~90	100~90	100~90
1.25	65~35	50~10	25~0				

注:1.表中除5 mm、0.63 mm、0.16 mm筛孔外,其余筛孔累计筛余允许超出分界线,但其总量不得大于5%。

2.Ⅰ区砂宜提高砂率以配低流动混凝土,Ⅱ区砂宜优先选用以配不同等级的混凝土,Ⅲ区砂宜适当降低砂率以保证混凝土的强度。

3.对于高强泵送混凝土用砂宜选用中砂,细度模数为2.9~2.6,2.5 mm筛孔的累计筛余量不得大于15%,0.315 mm筛孔的累计筛余量宜为85%~92%。

③当对河砂、海砂或机制砂的坚固性有怀疑时,应用硫酸钠进行坚固性试验。试验时循环5次。砂的总质量损失应符合表3-27的规定。

④砂中杂质的含量应通过试验测定,其最大含量不宜超过表3-28的规定。

表3-27 砂的坚固性指标

混凝土所处的环境条件	循环后的质量损失
在寒冷地区室外使用并经常处于潮湿或干燥交替状态下的混凝土	≤8
在其他条件下使用的混凝土	≤12

(三)粗骨料

(1)桥涵混凝土的粗骨料,应采用坚硬的卵石或碎石,应按产地、类别、加工方法和规格等不同情况分批进行检验，机械集中生产时，每批不宜超过 400 m^3；人工分散生产时，每批不宜超过 200 m^3。粗骨料的试验可按现行《公路工程集料试验规程》(JTG E42—2005)执行。

表 3-28　砂中杂质的最大含量

项目	≥C30 的混凝土	<C30 的混凝土
含泥量(%)	≤3	≤5
其中泥块含量(%)	≤1.0	≤20
云母含量(%)	≤2	
轻物质含量(%)	<1	
硫化物及硫酸盐折算 SO_3(%)	<1	
有机物含量	颜色不应深于标准色，如深于标准色， 应以水泥砂浆进行抗压强度对比试验，加以复核	

注：1. 对有抗冻、抗渗或其他特殊要求的混凝土用砂，总含泥量不应大于 3%，其中泥块含量应不大于 1.0%，云母含量应不超过 1%。

2. 对有机质含量进行复核时，用原状砂配制的水泥砂浆抗压强度不低于用洗除有机质的砂所配制的砂浆的 95% 时为合格。

3. 砂中如含有颗粒状的硫酸盐或硫化物，则要进行混凝土耐久性试验，满足要求时方能使用。

4. 杂质含量均按质量计。

(2)粗骨料的级配，可采用连续级配或连续级配与单粒级配配合使用。在特殊情况下，通过试验证明混凝土无离析现象时，也可采用单粒级。粗骨料的级配范围应符合表 3-29 的规定。

表 3-29　碎石或卵石的颗粒级配范围

级配情况	公称粒径(mm)	累计筛余(按质量百分率计)											
		圆孔筛筛孔尺寸(mm)											
		2.5	5	10	16	20	25	31.5	40	50	63	80	100
连续级配	5 ~ 10	95 ~ 100	80 ~ 100	0 ~ 15	0	—	—	—	—	—	—	—	—
	5 ~ 16	95 ~ 100	90 ~ 100	30 ~ 60	0 ~ 10	0	—	—	—	—	—	—	—
	5 ~ 20	95 ~ 100	90 ~ 100	40 ~ 70	—	0 ~ 10	0	—	—	—	—	—	—
	5 ~ 25	95 ~ 100	90 ~ 100	—	30 ~ 70	—	0 ~ 5	—	—	—	—	—	—
	5 ~ 31.5	95 ~ 100	90 ~ 100	70 ~ 90	—	15 ~ 45	—	0 ~ 5	0	—	—	—	—
	5 ~ 40	—	95 ~ 100	75 ~ 90	—	30 ~ 60	—	—	0 ~ 5	0	—	—	—

续表 3-29

级配情况	公称粒径(mm)	累计筛余(按质量百分率计)											
		圆孔筛筛孔尺寸(mm)											
		2.5	5	10	16	20	25	31.5	40	50	63	80	100
单粒级配	10 ~ 20	—	95 ~ 100	85 ~ 100	—	0 ~ 15	0	—	—	—	—	—	—
	16 ~ 31.5	—	95 ~ 100	—	85 ~ 100	—	—	0 ~ 10	0	—	—	—	—
	20 ~ 40	—	—	95 ~ 100	—	80 ~ 100	—	—	0 ~ 10	0	—	—	—
	31.5 ~ 63	—	—	—	95 ~ 100	—	—	75 ~ 100	45 ~ 75	—	0 ~ 10	0	—
	40 ~ 80	—	—	—	—	95 ~ 100	—	—	70 ~ 100	—	30 ~ 60	0 ~ 10	0

(3)粗骨料最大粒径应按混凝土结构情况及施工方法选取,但最大粒径不得超过结构最小边尺寸的 1/4 和钢筋最小净距的 3/4。在两层或多层密布钢筋结构中,不得超过钢筋最小净距的 1/2,同时最大粒径不得超过 100 mm。用混凝土泵送混凝土时的粗骨料最大粒径,除应符合上述规定外,对于碎石不宜超过输送管径的 1/3,对于卵石不宜超过输送管径的 1/2.5,同时应符合混凝土泵制造厂的规定。

(4)粗骨料的技术要求及有害物质含量的规定见表 3-30 及表 3-31。

表 3-30　粗骨料的技术要求

项目	混凝土强度等级			
	C55 ~ C40	≤C35	≥C30	<C30
石料压碎指标值(%)	≤12	≤16	—	—
针片状颗粒含量(%)	—	—	≤15	≤25
含泥量(按质量计)(%)	—	—	≤1.0	≤2.0
泥块含量(按质量计)(%)	—	—	≤0.5	≤0.7
小于 2.5 mm 的颗粒含量(按质量计)(%)	≤5	≤5	≤5	≤5

注:1. 混凝土强度等级为 C60 以上时应进行岩石抗压强度检验,其他情况下,如有必要也可进行岩石的抗压强度检验。岩石的抗压强度与混凝土强度等级之比对于大于或等于 C30 的混凝土,不应小于 2,其他不应小于 1.5,且火成岩强度不宜低于 80 MPa,变质岩强度不宜低于 60 MPa,水成岩强度不宜低于 30 MPa。岩石的抗压强度试验可按现行《公路工程石料试验规程》(JTJ 054—94)执行。

2. 混凝土强度等级在 C10 及以下时,针片状颗粒最大含量可为 40%。

表 3-31　碎石或卵石中的有害物质含量

项目	品质指标
硫化物及硫酸盐折算为 SO_3(按质量计)不大于(%)	1
卵石中有机质含量(用比色法试验)	颜色不应深于标准色,如深于标准色,则应配制混凝土进行强度试验,抗压强度应不低于 95%

注:如含有颗粒硫酸盐或硫化物,则要进行混凝土耐久性试验,确认能满足要求时方能用。

(5)混凝土结构物处于表 3-32 所列条件下时,应对碎石或卵石进行坚固性试验,试验结果应符合表内规定。

表 3-32　碎石或卵石的坚固性试验

混凝土所处环境条件	在溶液中循环次数	试验后质量损失不宜大于(%)
寒冷地区,经常处于干湿交替状态	5	5
严寒地区,经常处于干湿交替状态	5	3
混凝土处于干燥条件,但粗骨料风化或软弱颗粒过多时	5	12
混凝土处于干燥条件,但有抗疲劳、耐磨、抗冲击要求高或强度等级大于 C40	5	5

注:有抗冻性、抗渗性要求的混凝土用硫酸钠法进行坚固性试验不合格时,可再进行直接冻融试验。

(6)施工前应进行对所用的碎石或卵石碱活性试验。在条件许可时尽量不采用有碱活性反应的骨料,或采用必要的措施。

具体试验方法可参照现行《公路工程集料试验规程》(JTG E42—2005)进行。

(7)骨料在生产、采集、运输与存储过程中,严禁混入影响混凝土性能的有害物质。骨料应按品种、规格分别堆放,不得混杂。在装卸及存储时,应采取措施使骨料颗粒级配均匀,并保持洁净。

(四)拌和用水

拌制混凝土用的水,应符合下列要求:

(1)水中不应含有影响水泥正常凝结与硬化的有害杂质或油脂糖类及游离酸类等。

(2)污水 pH 值小于 5 的酸性水及含硫酸盐量按 SO_4^{2-} 计超过 0.27 mg/cm^3 的水不能使用。

(3)不得用海水拌制混凝土。

(4)供饮用的水一般能满足上述条件,使用时可不经试验。

(五)外加剂

(1)应根据外加剂的特点,结合使用条件和目的,通过技术经济比较来确定外加剂的使用品种。如果使用一种以上的外加剂,必须经过配比设计。在外加剂的品种确定后,掺量应根据使用要求、施工条件、混凝土原材料的变化进行调整。

(2)所采用的外加剂必须是经过有关部门检验,并附有检验合格证明的产品,其质量应符合现行《混凝土外加剂》(GB 8076—2008)的规定。使用前应复检其效果,使用时应符合产品说明及《公路桥涵施工技术规范》(JTJ 041—2000)标准规范有关混凝土配合比、拌制、浇筑等各项规定以及外加剂标准中的有关规定。

有关混凝土外加剂现场复试检验项目及标准见表 3-33;不同品种的外加剂应分别存储,作好标记,在运输与存储时不能混入杂物和遭受污染。

表 3-33 结构混凝土外加剂现场复试检验项目及标准

品种	检验项目	检验标准
普通减水剂	钢筋锈蚀,28 d 抗压强度比,减水率	GB 8076
高效减水剂	钢筋锈蚀,28 d 抗压强度比,减水率	GB 8076
早强减水剂	钢筋锈蚀,1 d、28 d 抗压强度比,减水率	GB 8076
缓凝减水剂	钢筋锈蚀,凝结时间,28 d 抗压强度比,减水率	GB 8076
引气减水剂	钢筋锈蚀,1 d、28 d 抗压强度比,减水率,含气量	GB 8076
缓凝高效减水剂	钢筋锈蚀,凝结时间,28 d 抗压强度比,减水率	GB 8076
早强剂	钢筋锈蚀,14 d、28 d 抗压强度比	GB 8076
引气剂	钢筋锈蚀,28 d 抗压强度比,含气量	GB 8076
泵送剂	钢筋锈蚀,28 d 抗压强度比,坍落度保留值,压力泌水率	JG 473
防水剂	钢筋锈蚀,28 d 抗压强度比,渗透高度比	JG 474
防冻剂	钢筋锈蚀,28 d 抗压强度比	JG 475
膨胀剂	钢筋锈蚀,28 d 抗压强度,抗折强度,限制膨胀率	JG 476
喷射用速凝剂	钢筋锈蚀,凝结时间,28 d 抗压强度比	JG 477

(六)混合材料

(1)混合材料包括粉煤灰、火山灰质材料、粒化高炉矿渣等,应由生产单位专门加工。

(2)进行产品检验并出具产品合格证书,其技术条件应分别符合现行《用于水泥和混凝土中的粉煤灰》(GB/T 1596—2005)、《用于水泥中的火山灰质混合料》(GB/T 2847—2005)、《用于水泥中的粒化高炉矿渣》(GB/T 203—2008)等标准的规定。使用单位对产品质量有怀疑时,应对其质量进行复查。

混合材料在运输与存储中,应有明显标志,严禁与水泥等其他粉状材料混淆。

(3)掺用于混凝土的粉煤灰的质量标准(GBJ 1596—2005):用于混凝土中的粉煤灰的质量指标划分为三个等级,其质量指标应符合表 3-34 的规定。

表 3-34 粉煤灰质量指标的分级 (%)

粉煤灰等级	质量指标			
	细度(45 μm 方筛筛余)	烧失量	含水量	三氧化硫含量
Ⅰ	≤12	≤5	≤1	≤3
Ⅱ	≤20	≤8	≤1	≤3
Ⅲ	≤45	≤15	不规定	≤3

(4)火山灰质材料作混合材料的技术条件(GB/T 2847—2005):

①人工的火山灰质混合材料烧失量不得超过 10%。

②三氧化硫含量不得超过 3%。

③火山灰性能试验必须合格。

④水泥胶砂 28 d 抗压强度比不得低于 62%。

⑤放射性物质，人工的火山灰质混合材料应符合相关的规定，具体数值由水泥厂根据人工的火山灰混合材料掺和量确定。

（5）粒化高炉矿渣作混合材料的技术条件（GB/T 203—2008）：

①粒化高炉矿渣质量系数（$CaO + MgO + Al_2O_3/SiO_2 + MnO + CO_2$）不得小于 1.2。

②钛化物含量（以 TiO 计）不得超过 10%，氧化物含量不得超过 2%，冶炼锰铁所得的粒化高炉渣其锰化物的含量（以 MnO 计）不得超过 15%，硫化物的含量（以 S 计）不得超过 3%。

③高炉矿渣的淬冷处理必须充分，粒化高炉矿渣的密度不得大于 1.2 kg/L。未经淬冷的块状矿渣，其最大粒度不得大于 100 mm，大于 10 mm 的颗粒含量不得大于 8%。

④不得混有任何外来杂物，金属铁的含量应严格控制。

（6）混合材料在运输与存储中，应有明显标志，严禁与水泥等其他粉状材料混淆。

三、混凝土的配合比要求

混凝土的配合比应以质量比计，并通过设计和试配选定，试配时应选用施工实际所采用的材料，配制的混凝土拌和物应满足和易性、凝结速度等施工技术条件，制成的混凝土应符合强度耐久性（抗冻和抗渗、抗侵蚀）等质量要求。

（1）普通混凝土的配合比可参照现行《普通混凝土配合比设计规程》（JGJ 55—2000）通过试配确定。混凝土的试配强度应根据强度等级，考虑施工条件的差异和变化以及材料质量可能的波动，可以参照以下公式计算。

混凝土的施工配制强度 R_p 可根据强度标准差的历史平均水平按下列公式计算

$$R_p = R + 1.645\sigma \tag{3-1}$$

式中 R——混凝土设计强度等级；

σ——强度标准差。

注：①同一品种混凝强度相同，且生产工艺和配合比基本相同的混凝土。

②对预拌混凝土厂和预制混凝土构件厂，统计周期可取为 1 个月，对现场拌制混凝土的施工单位，统计周期可根据情况确定，但不宜超过 3 个月。

③当混凝土强度等级为 C20 或 C25 时，如计算得到的 $\sigma < 2.5$ MPa，取 $\sigma = 2.5$ MPa。当混凝土强度等级高于 C25 时，如计算得到的 $\sigma < 30$ MPa，取 $\sigma = 30$ MPa。

（2）当施工单位不具有近期的同一品种混凝土强度资料时，其混凝土强度标准差 σ 可按表 3-35 取用。

表 3-35　混凝土强度标准差 σ　（单位：MPa）

混凝土强度等级	低于 C20	C20 ~ C35	高于 C35
σ	4.0	5.0	6.0

注：在采用上表时，施工单位可根据实际情况对 σ 值做适当调整。

对于有特殊要求的混凝土的配合比设计（包括抗渗、抗冻、高强、泵送等混凝土）亦可参照上述规程，经过试验确定。在施工过程中，应及时积累资料，为合理调整混凝土配合比提供依据。

(3)配制混凝土时，应根据结构情况和施工条件确定混凝土拌和物坍落度，混凝土入模时的坍落度按表3-36选用。

表3-36 混凝土入模时的坍落度

结构类别	坍落度(mm)
小型预制块及便于浇筑振动的结构	0~20
桥涵基础、墩台等无筋或少筋的结构	10~30
普通配筋率的钢筋混凝土结构	30~50
配筋较密、断面较小的钢筋混凝土结构	50~70
配筋极密、断面高而窄的钢筋混凝土结构	70~90

注：1. 水泥混凝土泵送混凝土的坍落度见《公路桥涵施工技术规范》(JTJ 041—2000)的相关规定。

2. 用人工捣实时，坍落度宜增加20~30 mm。

当工程需要获得较大的坍落度时，可在不改变混凝土的水灰比、不影响混凝土质量的情况下，适当掺加外加剂。

(4)混凝土的最大水灰比和最小水泥用量应符合表3-37的相关规定。

表3-37 混凝土的最大水灰比和最小水泥用量

混凝土结构所处环境	无筋混凝土		钢筋混凝土	
	最大水灰比	最小水泥用量(kg/m^3)	最大水灰比	最小水泥用量(kg/m^3)
温暖地区或寒冷地区无侵蚀物质影响，与土直接接触	0.60	250	0.55	275
严寒地区或使用除冰盐的桥涵	0.55	275	0.59	300
受侵蚀性物质影响	0.45	300	0.40	325

注：1. 本表中的水灰比，是指水与水泥(包括外掺材料)的量的比值。

2. 本表中的最小水泥用量，包括外掺混合材料，当采用人工捣实混凝土时，水泥用量应增加25 kg/m^3。当掺用外加剂且能有效地改善混凝土的和易性时，水泥用量可减少25 kg/m^3。

3. 严寒地区是指最冷月份平均气温≤-10 ℃且平均温度在≤5 ℃的天数≥45 d的地区。

(5)混凝土的最大水泥用量(包括代替部分水泥的混合材料)，不宜超过500 kg/m^3，大体积混凝土不宜超过350 kg/m^3。

(6)在混凝土中掺入外加剂时，除符合上述(5)的规定外，还应符合下列规定：

①在钢筋混凝土中不得掺用氯化钙、氯化钠等氯盐。

②位于温暖或严寒地区，无侵蚀性物质影响及与土有直接接触的钢筋混凝土构件，混凝土中的氯离子含量不宜超过水泥用量的0.30%；位于严寒和海水区域，受侵蚀环境和使用除冰盐的桥涵，氯离子含量不宜超过水泥用量的0.15%。从各种组成材料引入的氯离子含量(折合氯盐含量)如大于上述数值，应采取有效的防锈措施(如掺入阻锈剂、增加保护层厚度、提高混凝土密实性等)。当采用洁净水和无氯骨料时，氯离子含量可主要以外加剂或混合材料的氯离子含量控制。

③无筋混凝土的氯化钙或氯化物掺量，以干质量计，不得超过水泥用量的3%。

④由外加剂带入混凝土的碱含量应进行控制，每立方米混凝土的总含碱量，对于一般桥涵不宜大于3.0 kg/m^3，对于特殊的大桥和重要桥梁不宜大于1.8 kg/m^3。当处于受严重侵蚀的环境时，不得使用有碱活性反应的骨料。

(7)粉煤灰、火山灰及粒化高炉矿渣等混合材料作为水泥代替材料或混凝土拌和物的填充材料掺于硅酸盐水泥、普通水泥或其他水泥配制的混凝土拌和物中时，其掺入量应通过试验确定。用于代替部分水泥时的掺入量不应大于现行国家标准《矿渣硅酸盐水泥、火山灰质硅酸盐水泥及粉煤灰硅酸盐水泥》(GB 1344—1999)的规定。

(8)泵送混凝土的配合比宜符合下列规定：

①骨料最大粒径与输送管内径之比应符合粗骨料的规定。通过0.315 mm筛孔的砂不应少于15%，砂率宜控制在40%～50%。

②最小水泥用量280～300 kg/m^3(输送管径100～150 mm)。

③混凝土拌和物的坍落度宜为80～180 mm。

④宜掺用适量的外加剂或混合材料。

(9)通过设计和试配确定配合比后，应填写试配报告单，提交施工监理或有关方面批准。混凝土配合比使用过程中，应根据混凝土质量的动态信息及时进行调整、报批。

四、混凝土的拌制要求

拌制混凝土配料时，各种衡器应保持准确，对骨料的含水率应进行检测，雨天施工应增加测定次数，据以调整骨料和水的用量。配料数量的允许偏差(以质量计)见表3-38。

表3-38　配料数量的允许偏差

材料类别	允许偏差(%)	
	现场拌制	预制厂或集中搅拌站拌制
水泥混合料	±2	±1
粗、细骨料	±3	±2
水、外加剂	±2	±1

放入拌和物内的第一盘混凝土材料应含有适量的水泥、砂和水，以盖拌和筒的内壁而不降低拌和物所需的含浆量。每一工作班正式称量前，应对计量设备进行重复校核。计量器具应定期检查，经大修、中修或迁移至新的地点时，也应进行检查。

混凝土使用机械拌和，零星工程的塑性混凝土也可人工拌和，用机械拌和时间应按设备出厂说明书的规定，并经试验确定，且不得低于表3-39的规定。

对于在施工现场集中搅拌的混凝土，应检查混凝土拌和物的均匀性：

(1)混凝土拌和物应拌和均匀，颜色一致，不得有离析和泌水现象。

(2)混凝土拌和物均匀性的检测方法应按现行国家标准《混凝土搅拌机技术条件》(GB 9142—88)的规定执行。

(3)检查混凝土拌和物均匀性时，应在搅拌机的卸料过程中，从卸料流的1/4至3/4

之间部位采取试样，进行试验。其检测结果应符合下列规定：①混凝土中砂浆密度两次测得的相对误差不应大于0.8%；②单位体积混凝土中骨料含量两次测值的相对误差不应大于5%。

表3-39　混凝土最短搅拌时间

搅拌机类别	搅拌机容量(L)	混凝土坍落度(mm)		
		<30	30~70	>70
		混凝土最短搅拌时间(min)		
自落式	≤400	2.0	1.5	1.0
	≤800	2.5	2.0	1.5
	≤1 200	—	2.5	1.5
强制式	≤400	1.5	1.0	1.0
	≤1 500	2.5	1.5	1.5

注：1. 搅拌细砂混凝土或掺有外加剂的混凝土时，搅拌时间应适当延长1~2 min。

2. 外加剂应先调成适当浓度的溶液再掺入。

3. 搅拌机装料数量（装入粗骨料、细骨料水泥等松体积的总数）不应大于搅拌机标定容量的110%。

4. 搅拌时间不宜过长，每一工作班至少应抽两次。

5. 表列时间为从搅拌加水算起。

6. 当采用其他形式的搅拌设备时，搅拌的最短时间应按设备说明书的规定或经试验确定。

(4)混凝土拌和完后，应按下列要求检测混凝土拌和物的各项性能：

①混凝土拌和物的坍落度应在搅拌地点和浇筑地点分别取样检验。每一工作班或每一单元结构物不应少于两次。评定应以浇筑地点的样品为主。如混凝土拌和物从搅拌机出料起至浇筑入模时间不超过15 min，其坍落度可仅在搅拌地点取样检测。在检测坍落度时还应检测混凝土拌和物的黏聚性和保水性。

②根据需要还应检测混凝土拌和物的其他质量指标，并应符合规范要求。

(5)掺用高效减水剂或初凝剂且混凝土运距较远时，可运至浇筑地点再掺入重拌。

五、混凝土的运输

混凝土的运输能力应适应混凝土凝结速度和浇筑速度的需要，使浇筑工作不间断并使混凝土运到浇筑地点时仍保持均匀性和规定的坍落度。当混凝土拌和物运距较近时，可采用无搅拌器的运输工具，当运距较远时，宜采用搅拌运输车运输。运输时间不宜超过表3-40的规定。

表3-40　混凝土拌和物运输时间限制

气温(℃)	无搅拌设施运输(min)	有搅拌设施运输(min)
20~30	30	60
10~19	45	75
5~9	60	95

注：1. 当运距较远时，可用搅拌运输车运输拌料到浇筑地点再加水搅拌。

2. 掺用外加剂或采用快硬水泥拌制混凝土时，应通过试验查明所配制混凝土的凝结时间后，确定运输时间限制。

3. 表列时间为自加水搅拌起至入模时间。

用无搅拌运输工具运送混凝土时，应采用不漏浆、不吸水、有顶盖且能直接将混凝土倾入浇筑位置的盛器。

采用泵送混凝土应符合下列规定：

(1)混凝土的供应必须保证输送混凝土的泵能连续工作。

(2)输送管线宜直，转弯宜缓，接头应严密，如管道向下倾斜，应防止混入空气产生阻塞。

(3)泵送前应先用适当的与混凝土内成分相同的水泥砂浆润滑输送管内壁。当混凝土出现离析现象时，应立即用压力水或其他方法冲洗管内残留的混凝土，泵送间歇时间不宜超过 15 min。

(4)在泵送过程中，受料斗内应具有足够的混凝土，以防止吸入空气产生阻塞。

用带式运输机械运送混凝土时应符合下列规定：

(1)传送带的倾斜传送斜度不应超过表 3-41 的规定。

表 3-41　传送带最大倾斜角度

混凝土坍落度(mm)	最大倾斜角度(°)	
	向上运送	向下运送
<40	18	12
40～80	15	10

(2)混凝土卸于传送带上和由传送带卸下时，应通过漏斗等设置，保持垂直下料。

(3)传送带上应设置刮刀等清理设备。

(4)传送带运输速度不应超过 1.2 m/s。

(5)做配合比设计时，应考虑有 2%～3% 的砂浆损失。

用搅拌运输车运输已拌成的混凝土时，途中应以 2～4 r/min 的转速进行搅拌。混凝土的装载量约为搅拌筒几何容量的 2/3。

混凝土运至浇筑地点后发生离析、严重泌水或坍落度不符合要求时，应进行二次搅拌。二次搅拌时不得任意加水，确有必要时，可同时加水和水泥以保持其原水灰比不变。如二次搅拌仍不符合要求，则不得使用。

六、混凝土的浇筑要点

(一)一般的要求

浇筑混凝土前，应对支架、模板、钢筋和预埋件进行检查，并作好记录。符合设计要求后方可浇筑。模板内的杂物、积水，钢筋上的污垢应清除干净。模板如有缝隙，应填塞严密，模板内部应涂刷脱模剂，浇筑混凝土前，应检查混凝土的均匀性和坍落度。

自高处向模板内倾卸混凝土时，为防止混凝土离析，应符合下列规定：

(1)从高处直接倾卸时，其自由倾落高度不宜超过 2 m，以不发生离析为度。

(2)当倾落高度超过 2 m 时，应通过串筒、溜管或振动溜槽(管)等设施下落。倾落高度超过 10 m 时应设置减速装置。

(3)在串筒出口下面,混凝土堆积高度不宜超过 1 m。

混凝土应按一定厚度、顺序、方向分层浇筑,且应在下层混凝土初凝前或能重塑前浇筑完成上层混凝土。上下层同时浇筑时,前后浇筑的距离应保持 1.5 m 以上。在倾斜面上浇筑时,应从低处开始逐层扩展升高,保持水平分层。混凝土分层浇筑厚度不宜超过表 3-42 的规定。

表 3-42 混凝土分层浇筑厚度

捣实方法		浇筑层厚度(mm)
用插入式振动器		300
用附着式振动器		300
用表面振动器	无筋或配筋稀疏时	230
	配筋较密时	150
人工捣实	无筋或配筋稀疏时	200
	配筋较密时	150

注:表列规定可根据结构物和振动器型号等情况作适当调整。

浇筑混凝土时,除少量塑性混凝土可用人工捣实外,宜采用振动器振实。用振动器振捣时,应符合下列规定:

(1)使用插入式振动器时,移动间距不应超过振动器作用半径的 1.5 倍,与侧模应保持 50 ~ 100 mm 的距离。插入下层混凝土 50 ~ 100 mm。每一处振动完毕后,应边振动边徐徐提出振动棒。应避免振动棒碰撞模板、钢筋及其他预埋件。

(2)表面振动器的移位间距,应以使振动器平板能覆盖已振实部分 100 mm 左右为宜。

(3)附着式振动器的布置距离,应根据构造物形状及振动器性能等情况,通过试验确定。

(4)对每一振动部位,必须振动到该部位混凝土密实为止。密实的标志是,混凝土停止下沉,不再冒出气泡,表面呈现平坦泛浆。

(5)混凝土的浇筑应连续进行,当因故必须中断时,其间断时间应小于前层混凝土的初凝时间或能重塑的时间。混凝土的运输、浇筑及间隙的全部时间不得超过表 3-43 的规定。当需要超过时应预留施工缝。

表 3-43 混凝土的运输、浇筑及间歇的全部允许时间 (单位:min)

混凝土强度等级	气温不高于 25 ℃	气温高于 25 ℃
≤C30	210	180
>C30	180	150

注:当混凝土中掺有促凝或缓凝剂时,其允许时间应根据试验结果确定。

施工缝的位置应在混凝土浇筑之前确定,宜留置在结构受剪力和弯矩较小且便于施工的部位,并按下列要求处理:

(1)应凿除处理层混凝土表面的水泥砂浆和松弱层,但凿除时处理层混凝土须达到下列强度：用水冲洗凿毛时，须达到0.5 MPa；用人工凿除时，须达到2.5 MPa；用风动机凿毛时，须达到10 MPa。

(2)经凿毛处理的混凝土面，应用水冲洗干净，在浇筑次层混凝土前对垂直施工缝宜刷一层水泥净浆。对水平缝宜铺一层厚为10～20 mm的1∶2的水泥砂浆。

(3)重要部位及有防震要求的混凝土结构或钢筋稀疏的钢筋混凝土结构，应在施工缝处补插锚固钢筋或石棒，有抗渗要求的施工缝宜做成凹形、凸形或设置止水带。

(4)施工缝为斜面时应浇筑成或凿成台阶状。

(5)施工处理后，须待处理层混凝土达到一定强度后才能继续浇筑混凝土。需要达到的强度：一般最低为1.2 MPa，当结构物为钢筋混凝土时，不得低于2.5 MPa。混凝土达到上述抗压强度的时间应按试验确定，如无试验资料，可按相关规定。在浇筑过程中或浇筑完成时，如混凝土表面泌水较多，须在不扰动已浇混凝土的条件下采取措施将泌水排除。继续浇筑混凝土时，应查明原因，采取措施，减少泌水。

结构混凝土浇筑完工后，对混凝土裸露面应及时进行修整抹平，待定浆后再抹第二遍并压光或拉毛。当裸露面面积较大或气候不良时，应加盖防护，但在开始养生前覆盖物不得接触混凝土面。

浇筑混凝土期间，应设专人检查支架模板钢筋和预埋件等稳固情况。当发现有松动、变形、移位时应及时处理。

浇筑混凝土时应填写混凝土施工记录。

(二)墩台混凝土浇筑的要点

对墩台基底的处理除应符合天然地基的有关规定外，还应符合下列规定：

(1)基底为非黏性土或干土时，应将其润湿。

(2)基石为岩石时，应加以润湿，铺一层厚20～30 mm的水泥砂浆，然后在水泥砂浆凝结前浇筑第一层混凝土。

一般墩台及基础混凝土，应在整个平截面范围内水平分层进行浇筑。

较大体积的混凝土墩台及其基础，在混凝土中埋放石块时应符合下列规定：

(1)可埋放厚度不大于150 mm的石块，埋放石块的数量不宜超过混凝土结构体积的25%。

(2)应选用无裂纹、无夹层且未被烧过的，具有抗冻性能的石块。

(3)石块的抗压强度不宜低于30 MPa及混凝土的强度。

(4)石块应清洗干净，应在捣实的混凝土中埋入一半左右。

(5)石块应分布均匀：净距不小于100 mm，距结构侧面和顶面的净距不小于150 mm，石块不得接触钢筋和预埋件。

(6)受拉区混凝土或当气温低于0 ℃时，不得埋放石块。

采用滑升模板浇筑墩台混凝土时应符合下列规定：

(1)宜采用低流动度或半干硬性混凝土。

(2)浇筑应分层分段进行，各段应浇筑到距模板上口不小于10～150 mm的位置为止。若为排柱式墩台，各立柱应保持进度一致。

(3)应采用插入式振动器振捣。

(4)为加速模板提升,可掺入一定数量的早强剂。

(5)在滑升前须防止千斤顶或油管接头在混凝土或钢筋处漏油。

(6)每一整体结构的浇筑应连续进行,若因故中途停工,应按施工缝处理。

(7)混凝土脱模时的强度宜为0.2~0.5 MPa,脱模后如表面缺陷应及时予以修理。

大体积墩台的基础混凝土,当平截面过大,不能在前层混凝土初凝或重塑前浇筑完成次层混凝土时,可分块进行浇筑,并应符合下列规定:

(1)分块宜合理布置,各分块平均面积不宜小于50 m^2。

(2)每块高度不宜超过2 m。

(3)块与块间的竖向接缝面应与基础平截面短边平行,与平截面长边垂直。

(4)上下邻层混凝土间的竖向接缝,应错开位置做成企口,并按施工缝处理。

大体积混凝土的浇筑应在一天中气温较低时进行,并参照下述方法控制混凝土的水化热温度:

(1)用改善骨料级配降低水灰比,掺加混合料、掺入外加剂等方法减少水泥用量。

(2)采用水化热低的大坝水泥、矿渣硅酸盐水泥、粉煤灰硅酸盐水泥或低强度水泥。

(3)减小浇筑层厚度,加快混凝土的散热速度。

(4)混凝土用时要遮盖,避免日光暴晒,并用冷却水搅拌混凝土以降低入仓温度。

(5)在混凝土内埋设冷却管通水冷却。

(6)在遇气温骤降的天气或寒冷季节浇筑混凝土后应注意覆盖保温,加强养护。

有抗冻性要求的混凝土,应符合如下规定:

(1)位于水位变化区有抗冻要求的混凝土,其抗冻等级不应低于表3-44的规定。

表3-44　水位变动区混凝土抗冻等级选定标准

建筑物所在地区	海水环境		淡水环境	
	钢筋混凝土及预应力混凝土	无筋混凝土	钢筋混凝土及预应力混凝土	无筋混凝土
严寒受冻地区(最冷月的月平均气温低于-8℃)	F350	F300	F250	F200
受冻地区(最冷月的月平均气温在-4~-8℃)	F300	F250	F200	F150
微冻地区(最冷月的月平均气温在0~-4℃)	F250	F200	F150	F100

注:1.试验过程中试件所接触的介质应与建筑物实际接触的介质相近。

2.墩、台身和防护堤等建筑物的混凝土应选用比同一地区高一级的抗冻性等级。

3.面层应选用比水位变动区抗冻性等级低2~3级的混凝土。

(2)有抗冻性要求的混凝土必须掺入适量引气剂,其拌和物的含气量应在表3-45范围内选择。

(3)当要求的含气量为某一定值时,其检查结果要求值的允许偏差范围应为±1.0%。当含气量要求值为某一范围时,检测结果应满足规定范围的要求。

表 3-45　有抗冻要求的混凝土拌和物含气量控制范围

骨料最大粒径(mm)	含气量范围(%)	骨料最大粒径(mm)	含气量范围(%)
10.0	5.0~8.0	40.0	3.0~6.0
20.0	4.0~7.0	63.0	3.0~5.0
31.5	3.5~6.5		

(4)混凝土抗冻性试验方法应符合现行《公路工程水泥混凝土试验规程》(JTG E30—2005)的规定。

有抗渗性要求的混凝土应符合如下规定：

(1)有抗渗性要求的混凝土，其抗渗等级应符合设计要求。

(2)混凝土抗渗性试验方法应符合现行《公路工程水泥混凝土试验规程》(JTG E30—2005)的规定。

高强度混凝土的施工要求：

(1)配制用的材料：

①配制高强度混凝土宜选用高强度水泥，可采用硅酸盐水泥、普通硅酸盐水泥，所使用的水泥应符合规定的要求。

②配制用的细骨料除满足规定要求外，还应使用级配良好的中砂，细度模数应不小于2.6，含泥量应不小于2%。

③配制所用的粗骨料除满足规定要求外，还应满足如下要求：应使用质地坚硬、级配良好的碎石，骨料的抗压强度应比所配制的混凝土高50%以上，含泥量应小于1%，针片状颗粒含量应小于5%，骨料的最大粒径宜小于25 mm。

④拌制高强度混凝土用的水应符合饮用水标准。

⑤配制高强度混凝土必须使用高效减水剂，并根据不同的要求辅以助剂配制，其掺量应根据试验确定，外加剂的性能必须符合规定的要求。

⑥配制时宜外掺的混合材料为磨细粉煤灰、沸石粉、硅粉等，混合材料的技术条件必须符合规定，其掺量应根据试验确定。

⑦高强度混凝土中的氯离子含量，对于温暖和寒冷地区无侵蚀物质影响及与土直接接触的桥梁不应超过水泥重量的0.2%，对于寒冷和海水区域受侵蚀环境，使用除冰盐的桥涵，不应超过水泥重量的0.1%。混凝土的含碱总量的限制要符合规定。

(2)配合比的要求：

①高强度混凝土的配合比应符合普通配合比的各项规定。当无可靠的强度统计数据及标准差数值时，混凝土施工配制强度(平均值)对于C50~C60应不低于强度等级的1.15倍，对于C70~C80应不低于强度等级的1.12倍。

②配制高强度混凝土宜符合如下要求：一是所用水胶比(水与胶结材料的重量比，后者包括水泥及混合材料的重量)宜控制在0.24~0.38。二是所用的水泥重量不宜超过500 kg/m^3，水泥与混合材料的总量不宜超过550~600 kg/m^3，粉煤灰的掺量不宜超过胶结料重量的30%，沸石粉不宜超过10%，硅粉不宜超过8%~10%。掺用混合材料的种

类和数量必须经过试验报监理工程师批准后确定。三是混凝土的砂率宜控制在28% ~34%。四是高效减水剂的掺量宜为胶结料的0.5% ~1.8%。

(3)施工技术要求：

①高强度混凝土的施工技术要求，除应符合混凝土的技术要求外，还应符合以下规定：

ⅰ.配料数量的允许偏差应符合混凝土的配料数量允许偏差中预制厂或集中搅拌站拌制的规定。

ⅱ.配制高强混凝土必须准确控制水量。砂石中的含水量应仔细测定后从用水量中扣除。除事先规定的部分用水可留在现场补加外，严禁在材料出机后再加水。

ⅲ.高效减水剂宜采用后掺法制成溶液加入，应在用水量中扣除这部分溶液用水，加入减水剂后，混凝土拌和料在搅拌机中继续搅拌的时间，当用粉剂时不得少于60 s，当用溶液时不得少于30 s。

②拌制高强度混凝土必须使用强制搅拌机，宜采用二次投料法拌制。

③混凝土的浇筑应连续进行，当因故必须间断时，其间断时间应小于前层混凝土的初凝时间或能重塑时间，允许间断时间应经试验确定，若超过允许间断时间，须采取保证质量的措施或按工作缝处理。

热、雨季期间混凝土的施工要求：

(1)热期混凝土施工应制定在高温条件下保证工程质量的技术措施并应符合如下要求。

①混凝土的配制和拌和。

a.材料要求：

ⅰ.拌和水使用冷却水的冷却装置，对水管及水箱加遮阴和隔热装置。在拌和水中加碎冰作为拌和水的一部分。

ⅱ.水泥、砂、石料应遮阴防晒，以降低骨料温度，可在砂、石料堆上喷水降温。

b.配合比设计应考虑坍落度损失。

c.可掺加减水剂以减少水泥用量和提高混凝土的早期强度。

d.掺用活性材料粉煤灰取代部分水泥，减少水泥用量。

e.拌和站料斗、储水器、皮带运输机拌和轴都要尽可能遮阴。尽量缩短拌和站的拌和时间。经常测混凝土的坍落度，以调整混凝土的配合比，满足施工所必需的坍落度。

②混凝土的运输及浇筑要点：

a.运输时尽量缩短时间，宜采用混凝土运输搅拌车，运输中应慢速搅拌。

b.不得在运输过程中加水搅拌。

c.热期施工混凝土，钢筋混凝土应有全面的组织计划，准备工作充分，施工设备有足够的条件保证连续进行，从拌和机到入仓的传递时间及浇筑时间要尽可能缩短，并尽快开始养护。

d.混凝土的浇筑温度应控制在32 ℃以下，宜选在一天温度较低时进行。

e.在浇筑场内应遮阴以降低模板、钢筋的温度和改善工作条件，也可在模板、钢筋和地基上喷水以降温，但在浇筑时不能有附着水。

f. 应加快混凝土的修整速度。修整时可用喷雾器洒少量水防止表面裂纹，但不准直接往混凝土表面洒水。

③混凝土的养护须知：

a. 不宜单独使用专用养护膜盖法养护高强度混凝土，除非当地无足够的清洁水用于养护混凝土。

b. 洒水养护宜采用自动浇水系统和喷雾器。湿养护应不间断，不得形成干湿循环。

c. 混凝土浇筑完，表面应立即覆盖清洁的塑料薄膜，待初凝后撤出薄膜，用较湿的粗麻布覆盖，经常洒水，保持潮湿状态最少7 d。如有可能，湿养护期间可采取遮阳和挡风措施，以控制温度和干热风的影响。构造物的竖直面拆模后，宜立即用湿粗麻布把结构物缠起来。麻布外整个用塑料膜包紧，粗麻布至少7 d保持潮湿状态，随后可用树脂类养生化合物喷涂。

(2)混凝土雨期施工要求：

混凝土的雨期施工是指在降雨集中季节，对混凝土的质量造成影响时进行的施工。雨期要按时收集天气预报资料。混凝土施工要尽可能避开大风大雨天气。雨期施工应制定防洪水、防台风措施。施工场地生活区做好排水设施，施工材料如钢材、水泥的存放应防雨漏及潮湿。建立安全用电措施防漏电、触电，并做好以下几项工作。

①雨期施工的准备：

a. 准备雨期施工的防洪材料、机具和必要的遮雨设施。

b. 工程材料特别是水泥、钢筋应防水、防潮，施工机械防洪水淹没等。

②施工方法及技术措施：

a. 雨期施工的工作面不宜过大，应逐段逐片分期施工；对受洪水危害的工程应停止施工。若必须施工时应有防洪抢险措施。

b. 雨期施工应加强地基不良地段的沉降观测。基础施工应防止雨水浸泡，若被浸泡应挖除被浸泡部分，用与基础同样的材料回填。

基坑要设挡水埂(堰)防止地面水流入。基坑内设集水井，配置抽水机，坡道内设接水设施。基坑挖好后应及时浇筑混凝土或垫层，防止被水浸泡。

c. 施工前对排水系统应进行检查、疏通或加固，必要时增加排水设施。

d. 雨后模板及钢筋上的淤泥、杂物，在浇筑混凝土前应清除干净。

e. 雷区应有防雷措施，高耸结构应有防雷设计，沿海地区应考虑防台风措施，露天使用的电器设备要有可靠的防漏电措施。

工程质量检验和质量标准：

(1)实施混凝土质量控制应符合下列规定：

①通过对原材料的质量检验与控制、混凝土配合比的确定与控制、混凝土生产和施工过程各工序的质量检验与控制，以及合格性检验控制，使混凝土质量符合规定要求。

②施工过程中进行质量检测，应用各种质量管理图表掌握动态信息，控制整个生产和施工期间的混凝土质量，制定保证质量措施，完善质量控制过程。

③必须配备相应的技术人员和必要的检验及试验设备，建立健全必要的技术管理与质量控制制度。

(2)质量检验：

①各种材料、各工程项目和各个工序，应经常进行检验，保证符合设计和施工技术规范的要求。检验项目和次数应符合下列规定：

a. 浇混凝土前的检验：施工设备和场地；混凝土组成材料及配合比（包括外加剂）；混凝土凝结速度等性能；基础钢筋、预埋件等隐蔽工程及支架模板；养护方法及设施、安全设施。

b. 拌制和浇筑混凝土时的检验：混凝土组成材料的外观及配料、拌制，每一工序、工作班至少检查2次，必要时随时抽样试验；混凝土和易性（坍落度等）每工作班至少2次；砂、石材料的含水率，每日开工前1次，气候有较大变化时，随时检测，当含水率变化较大将使配料偏差超过规定时，应及时调整；钢筋、模板、支架等的稳固和安装位置；混凝土的运输、浇筑方法和质量；外加剂使用效果；制取混凝土试件。

c. 浇筑混凝土后的检验：养护情况；混凝土强度、拆模时间；混凝土外露面或装饰质量。

d. 结构外形尺寸、位置、变形和沉降。

e. 热期施工应检查下列项目：

ⅰ. 砂、石的含水率，每台班不少于1次。

ⅱ. 混凝土浇筑与养护时，环境温度每日检查4次，并作好检查记录。当温度超过热期规定要求时，混凝土拌和时应采取有效降温、防晒措施，以保证混凝土的浇筑质量，否则应停止施工。

ⅲ. 混凝土热期施工除留标准条件下养护的试件外，还应制取相同数量的试件与结构在相同的环境条件下养护，检查28 d的试件强度以指导施工。

ⅳ. 在混凝土浇筑前应通过试验确定在最高气温条件下，混凝土分层浇筑的覆盖时间，施工时应严格控制不得超过。

ⅴ. 在混凝土的浇筑过程中，应严格控制缓凝剂的掺量，并检查混凝土的凝固时间，以防因缓凝剂掺量不准造成危害。

②隐蔽工程检查：分部工程检查、工程变更设计、施工技术修改、施工方案变更、质量事故的发生和处理事项应按有关规定及时通知有关人员。

③对混凝土的强度，应制取试件检验其在标准养护条件下28 d龄期的抗压极限强度。试件制取组数应符合下列规定：

a. 不同强度及不同配合比的混凝土应分别制取试件。试件应在浇筑地点或拌和地点随机制取。

b. 浇筑一般体积的结构物（如基础、墩台等）时，每一单元结构物应制取2组。

c. 连续浇筑大体积结构物混凝土时，每80～200 m^3 或每一工作班制取2组。

d. 每片梁长16 m以下应制取1组，16～30 m制取2组，31～50 m制取3组，50 m以上者不少于5组。

e. 就地浇筑混凝土小桥涵，每一座或每一工作班制取不少于2组。当原材料和配合比相同并由同一拌和站拌制时，可几座合并制取2组。

④应根据施工需要，制取与结构物同条件养护的试件，作为考核结构混凝土在拆模、

出池、吊装、预应力、承受荷载等阶段强度的依据。

(3)质量标准:

①混凝土抗压强度应以标准条件下养护28 d龄期试件的抗压强度进行评定,其合格条件如下:

a.应以强度等级相同、龄期相同以及生产工艺条件和配合比相同的混凝土组成同一验收批。同一验收批前混凝土强度应以同批内所有各组标准尺寸试件的强度测定值为代表值。

b.大桥等重要工程及中小桥、涵洞工程的试件大于或等于10组时,应以数理统计方法按下述条件评定

$$R_n - K_1 S_n \geqslant 0.9R \tag{3-2}$$

$$R_{\min} \geqslant K_2 R \tag{3-3}$$

式中 R_n——同批 n 组试件强度的平均值,MPa;

n——同批混凝土试件组数;

S_n——同批 n 组试件强度的标准差,MPa,当 $S_n < 0.06R$ 时取 $S_n = 0.06R$;

R——设计的混凝土强度等级,MPa;

$R_{\min}$——n 组试件中强度最低一组的值,MPa;

K_1、K_2——合格判定系数(见表3-46)。

表3-46 K_1、K_2 的值

n	10~14	15~24	≥25
K_1	1.70	1.65	1.60
K_2	0.90	0.85	

c.中、小桥涵及涵洞等工程,同批混凝土试件,少于10组时,可用非统计方法按下述条件评定

$$R_n \geqslant 1.15R \tag{3-4}$$

$$R_{\min} \geqslant 0.95R \tag{3-5}$$

②当混凝土强度按试件强度进行评定达不到合格条件时,可采用钻取试样或以无损检测法查明结构实际混凝土的抗压强度和浇筑质量。如仍不合格,应由有关单位共同研究处理。

③结构混凝土应符合下列规定:

a.表面应密实、平整。

b.如有蜂窝、麻面,其面积应不超过结构同侧面积的0.5%。

c.如有裂缝,其宽度不得大于设计规范的有关规定。

d.预制桩桩顶、桩尖等重要部位无掉边或蜂窝、麻面。

e.小型构件无翘曲现象。

f.对蜂窝、麻面、掉角等缺陷应凿除软弱层,用钢丝刷清理干净,用压力水冲洗、湿润,再用较高强度的水泥砂浆或混凝土填塞捣实,覆盖养护。用环氧树脂等胶凝材料修补时,

应先试验验证。

g. 如有严重缺陷，影响结构性能，应分析情况研究处理。

(4)混凝土和钢筋混凝土结构物的位置及外形尺寸允许偏差应符合《公路桥涵施工技术规范》(JTJ 041—2000)中的各项规定。

(5)抹灰工程应符合下列规定：

①一般抹灰成分、颜色必须一致，黏结牢固，不得有脱层、空鼓、掉角等现象。

②水刷石必须石粒清晰，分布均匀，平整密实，不得有掉粒和接茬痕迹。

③水磨石必须表面平整、光滑，石子显露均匀，格条位置正确，不得有砂眼、磨纹和漏磨。

④剁斧石必须剁纹均匀，深浅一致，棱角完整。

⑤干黏石必须石粒分布均匀，黏结牢固，不露浆，阳角处不得有明显的黑边。

⑥拉毛灰必须花纹、斑点分布均匀，同一平面上不显接茬。

第四章　预应力混凝土工程

预应力混凝土结构的施工，内容包括采用预应力钢筋制作的预制构件和现浇混凝土结构。对于预应力混凝土工程中的模板和非预应力钢筋，其施工应按《公路桥涵施工技术规范》(JTJ 041—2000)有关规定执行。

预应力混凝土工程施工时，应采取必要的安全技术措施，以防止发生事故。

第一节　预应力筋的要求

一、钢丝、钢绞线和热处理钢筋

预应力混凝土结构所采用的钢丝、钢绞线和热处理钢筋的质量，应符合现行国家标准的规定。预应力混凝土用的钢丝应符合《预应力混凝土用钢丝》(GB/T 5223—2005)的要求，预应力混凝土用的钢绞线应符合《预应力混凝土用钢绞线》(GB/T 5224—2003)的要求，预应力混凝土用热处理钢筋应符合《预应力混凝土用热处理钢筋》(GB 4463—84)的要求。

(一)预应力混凝土用钢丝力学性能及表面质量要求

(1)力学性能见表4-1、表4-2。

表4-1　消除应力钢丝力学性能(GB/T 5223—2005)

公称直径(mm)	抗拉强度 σ_b(MPa)，不小于	规定非比例伸长应力 σ_p(MPa)，不小于	伸长率($L_0=100$ mm)(%)，不小于	弯曲次数		[illegible]		
				次数/180°，不小于	弯曲半径(mm)	初始应力相当于公称抗拉强度的百分数(%)	1 000 h应力损失(%)，不大于 Ⅰ级松弛	1 000 h应力损失(%)，不大于 Ⅱ级松弛
4.0	1 470	1 250	4	3	10	60	4.5	1.0
	1 570	1 330						
5.0	1 670	1 410		4	15			
	1 770	1 500						
6.0	1 570	1 330				70	8	2.5
	1 670	1 420						
7.0	1 470	1 250			20	80	12	4.5
8.0	1 570	1 330						
9.0					25			

注：1. Ⅰ级松弛即普通松弛级、Ⅱ级松弛即低松弛级，它们分别适用于所有钢丝。

2. 屈服强度 $\sigma_{P0.2}$ 值不小于公称抗拉强度的85%。

3. 除非生产厂家另有规定，弹性模量取为(205±10)GPa，但不作为交货条件。

表 4-2　刻痕钢丝的力学性能(GB/T 5223—2005)

公称直径(mm)	抗拉强度 σ_b(MPa),不小于	规定非比例伸长应力 σ_p(MPa),不小于	伸长率(L_0 = 100 mm)(%),不小于	弯曲次数:次数/180°,不小于	弯曲次数:弯曲半径(mm)	松弛:初始应力相当于公称抗拉强度的百分数(%)	松弛:1 000 h 应力损失(%),不大于 Ⅰ级松弛	松弛:1 000 h 应力损失(%),不大于 Ⅱ级松弛
≤5.0	1 470	1 250	4	3	15	70	8	2.5
	1 570	1 340						
>5.0	1 470	1 250	4	3	20			
	1 570	1 340						

注:规定非比例伸长应力值不小于公称抗拉强度的 85%。

(2)表面质量。钢丝表面不得有裂纹、小刺、机械损伤、氧化铁及油污,回火成品表面允许有回火颜色,除非另有协议,表面允许有浮锈,但不得锈蚀成目视可见的麻坑。

(二)预应力混凝土用钢绞线力学性能及表面质量要求

(1)力学性能见表 4-3。

表 4-3　预应力钢绞线力学性能(GB/T 5224—2003)

钢绞线结构		钢绞线公称直径(mm)	强度级别(MPa)	整根钢绞线的最大负荷(kN),不小于	屈服负荷(kN),不小于	伸长率(%),不小于	1 000 h 松弛率(%),不大于:Ⅰ级松弛,初始负荷 70%公称最大负荷	Ⅰ级松弛,初始负荷 80%公称最大负荷	Ⅱ级松弛,初始负荷 70%公称最大负荷	Ⅱ级松弛,初始负荷 80%公称最大负荷
1×2		10.00	1 720	67.9	57.7	3.5	8.0	12	2.5	4.5
		12.00		97.9	83.2					
1×3		10.80		102	86.7					
		12.90		147	125					
1×7	标准型	9.50	1 860	102	86.6					
		11.10		138	117					
		12.70		184	156					
		15.20	1 720	239	203					
			1 860	259	220					
	模拔型	12.70	1 860	209	178					
		15.20	1 820	300	255					

注:1. Ⅰ级松弛即普通松弛级,Ⅱ级松弛即低松弛级,它们分别适用于所有钢绞线。

2. 屈服负荷不少于整根钢绞线公称最大负荷的 85%。

3. 除非生产厂家另有规定,弹性模量取为(195 ±10)GPa,但不作为交货条件。

(2)表面质量。钢绞线表面不得带有降低钢绞线与混凝土黏结力的润滑剂、油渍等物质,允许有轻微的浮锈,但不得锈蚀成目视可见的麻坑。

(三)预应力混凝土用热处理钢筋的力学性能及表面质量要求

(1)热处理钢筋的力学性能见表4-4。

表4-4 热处理钢筋的力学性能(GB 4463—84)

公称直径(mm)	牌号	屈服强度 $\sigma_{0.2}$(MPa)	抗拉强度 σ_b(MPa)	伸长率 δ_{10}(%)
		不小于		
6	$40Si_2Mn$	1 325	1 470	6
8.2	$48Si_2Mn$			
10	$45Si_2Cr$			

(2)表面质量。钢筋的表面不得有肉眼可见的裂纹、结疤、折叠,允许有凸块,但不得有超过横肋高度的凸块;表面允许有不影响使用的缺陷,但不得粘有油污。

新产品及进口材料的质量应符合相应现行国家标准规定。

二、冷拉钢筋和冷拔低碳钢丝的技术要求

(1)冷拉Ⅳ级钢筋可用做预应力混凝土结构的预应力筋,其力学性能应符合表4-5的规定。

表4-5 冷拉钢筋力学性能

钢筋级别	直径(mm)	屈服强度(MPa)	抗拉强度(MPa)	伸长率 δ_{10}(%)	冷弯	
		不小于			弯曲直径	弯曲角度
冷拉Ⅳ级钢筋	10~28	700	835	6	5*d*	90°

注:表中 *d* 为钢筋直径(mm),直径大于25 mm的钢筋,冷弯弯曲直径应增加一个 *d*。

(2)冷拔低碳钢丝的力学性能应符合表4-6的规定。钢丝表面不得有裂痕和机械损伤。

表4-6 冷拔低碳钢丝的力学性能

直径(mm)	抗拉强度(MPa) 不小于		伸长率 δ_{100}(%)	180°反复弯曲次数
	Ⅰ组	Ⅱ组	不小于	
4	700	650	2.5	4
5	650	600	3.0	

注:冷拔低碳钢丝经机械调直后,抗拉强度标准值应降低50 MPa。

(3)精轧螺纹钢筋的技术要求:用于预应力混凝土结构中的高强精轧螺纹钢筋,其力学性能应符合表4-7的规定。

表 4-7 精轧螺纹钢筋力学性能

级别	屈服点 $\sigma_{0.2}$ (MPa)	抗拉强度 σ_b (MPa)	伸长率 δ_5 (%)	冷弯	10 h 松弛率(%),不大于
	不小于				
JL540	540	835	10	$d=6a$ 90°	1.5
JL785	785	980	7	$d=7a$ 90°	
JL930	930	1 080	6		

注:1. a 为钢筋的直径(mm),其规格一般为 18 mm、25 mm、32 mm、40 mm,d 为弯心直径。

2. 除非生产厂家另有规定,弹性模量取为 2×10^6 MPa。

3. 冷弯指标不作为交货条件。

表面质量要求为:钢筋的表面不得有横向裂纹、结疤和机械损伤,钢筋表面允许有不影响力学性能和连接的缺陷。

(4)预应力筋进场时应分批验收,验收时除对其质量证明书、包装、标志和规格进行检查外,尚须按下列规定进行检验:

钢丝。应分批检验,每批质量不大于 60 t,先从每批中抽查 5%,但不少于 5 盘,进行形态、尺寸和表面检查,如检查不合格,则对该批钢丝整盘检查。在上述检查合格的钢丝中抽取 5%,但不少于 3 盘,在每盘钢丝的两端取样进行抗拉强度、弯曲和伸长率的检验,其力学性能应符合表 4-1 的要求。检验结果如有一项不合格,则不合格盘报废,并从同批未试验过的钢丝盘中取双倍数量的试样进行该不合格项的试验。如仍有一项不合格,则该批钢丝为不合格产品。

钢绞线。从每批钢绞线中任取 3 盘,并从每盘所选的钢绞线端部正常部位截取一根试样进行表面质量、直径偏差和力学性能试验,如每批少于 3 盘,则逐盘取样进行上述试验。试验结果如有一项不合格,则再从该批未试验过的钢绞线中取双倍数量的试样进行该不合格项的复检,如仍有一项不合格,则该批钢绞线为不合格产品。每批钢绞线的质量应不大于 60 t。

热处理钢筋的技术要求:①从每批钢筋中抽取 10% 的盘数(不少于 25 盘)进行表面质量和尺寸偏差的检查,如检查不合格,则应对该批钢筋进行逐盘检查;②从每批钢筋中抽取 10% 的盘数(不少于 25 盘)进行力学性能试验,试验结果如有一项不合格,该不合格盘应报废,并再从未试验过的钢筋中取双倍数量的试样进行试验,如仍有一项不合格,则该批钢筋为不合格;③每批钢筋的质量应不大于 60 t。

冷拉钢筋的技术要求:应分批进行检验,每批质量不得大于 20 t。每批钢筋的级别和直径均应相同,每批钢筋外观经逐根检查合格后,再从任选的两根钢筋上各取一套试件,按照现行国家标准的规定进行拉力试验(屈服强度试验、抗拉强度试验、伸长率试验)和冷拉试验。如有一项试验结果不符合表 4-5 的规定,则另取双倍数量的试件重做全部各项试验,如仍有一根试件不合格,则该批钢筋为不合格。

计算冷拉钢筋的屈服强度和抗拉强度时,采用冷拉前的公称截面面积。

钢筋冷拉后,其表面不得有裂纹和局部颈缩。

冷弯试验后,冷拉钢筋的外观不得有裂纹、鳞落或断裂现象。

冷拔低碳钢丝的施工要求:应逐盘进行抗拉强度、伸长率和弯曲试验,从每盘钢丝上任一端截去不少于500 mm,再取两个试样,分别做拉力和180°反复弯曲试验,试验结果应符合表4-6的要求。弯曲试验后,不得有裂纹、鳞落或断裂现象。

精轧螺纹钢筋的技术要求:应分批进行检验,每批质量不大于100 t,对表面质量应逐根目视检查,外观检查合格后在每批中任选2根钢筋截取试件做拉伸试验,试验结果如有一项不符合表4-7的规定,则另取双倍数量的试件重做全部各项试验,如仍有一根试件不合格,则该批钢筋为不合格。

拉伸试验的试件,不允许进行任何形式的加工。

(5)预应力筋的实际强度不得低于现行国家标准的规定,预应力筋的试验方法应按现行的国家标准的规定执行。

三、锚具、夹具和连接器的技术要求

预应力锚具、夹具和连接器应具有可靠的锚固性能、足够的承载能力和良好的适用性,能保证充分发挥预应力筋的强度,安全地实现预应力张拉作业,并应符合现行国家标准《预应力筋用锚具、夹具和连接器》(JGJ 85—2002)的规定要求。

预应力锚具应按设计要求采用。锚具应满足分级张拉、补张拉以及放松预应力的要求。用于后张结构时,锚具或其附件上宜设置压浆孔或排气孔,压浆孔应有足够的截面面积,以保证浆液的畅通。

夹具应具有良好的自锚性能、松锚性能和重复使用性能,需敲击才能松开的夹具,必须保证其对预应力筋的锚固没有影响,且对操作人员的安全不造成危险。

用于后张法的连接器,必须符合锚具的性能要求。用于先张法的连接器,必须符合夹具的性能要求。

进场检验的规定:锚具、夹具和连接器进场时,除应按出厂合格证和质量证明书核查其锚固性能、类别、型号、规格及数量外,还应按下列规定进行验收。

(1)外观检查。应从每批中抽取10%的锚具且不少于10套检查其外观尺寸,如有一套表面有裂纹或超过产品的标准及设计图纸的规定尺寸的允许偏差,则应另取双倍数量的锚具重做检查,如仍有一套不符合要求,则应逐套检查,合格者方可使用。

(2)硬度检验。应从每批中抽取5%的锚具且不少于5套,对其中有硬度要求的零件做硬度试验,对多孔夹片式锚具的夹片,每套至少抽5片。每个零件测试3点,其硬度应在设计要求范围内,如果一个零件不合格,则另取双倍数量的零件重做试验,如仍有一个零件不合格,则应逐个检查,合格者方可使用。

(3)静载锚固性能试验。对大桥等重要工程,当质量证明书不齐全、不正确或质量有疑点时,经上述两项试验合格后,应从同批中抽取6套锚具(夹具或连接器)组成3个预应力筋锚具组装件进行静载锚固性能试验,如有一个试件不符合要求,则应另取双倍数量的锚具(夹具或连接器)重做试验。如仍有一个试件不符合设计要求,则该批锚具(夹具或连接器)为不合格产品。

对用于其他桥梁的锚具(夹具或连接器)进场验收,其静载锚固性能可由锚具生产厂提供试验报告。

预应力筋锚具、夹具和连接器验收批的划分，在同种材料和同一生产工艺条件下，锚具、夹具应以不超过1 000套作为一个验收批，连接器以不超过500套作为一个验收批。

第二节 管 道

一、一般规定

在后张法有黏结预应力混凝土结构中，力筋的孔道宜由浇筑在混凝土中的刚性或半刚性管道构成。对一般工程也可采用钢管抽心、胶管抽心及金属伸缩套管抽心进行预留。

浇筑在混凝土中的管道应不允许有漏浆现象，管道应具有足够的强度，以使其在混凝土的重力作用下能保持原有的形状，且能按要求传递黏结应力。

二、管道材料的要求

刚性管道或半刚性管道应是金属的。刚性管道应具有光滑的内壁并可被弯曲成适当的形态而不出现卷曲或压扁，半刚性管道应是波纹状的金属螺旋管，金属管道尽量采用镀锌材料制作。

制作半刚性波纹状金属螺旋管的钢带应符合规范《铠装电缆用冷轧钢带》（GB/T 4175.1—1984）和现行《铠装电缆镀锌钢带》（GB/T 4175.2—1984）的有关规定，并附有合格证明书。钢带厚度应根据管道直径、设置时间（在浇筑混凝土前或后设置刚束）及是否有特殊用途而定，一般情况不宜小于0.3 mm。

三、金属螺旋管的质量检验要求

（1）金属螺旋管进场时，除应按出厂合格证和质量保证书核对其类别、型号、规格及数量外，还应对其外观、尺寸、集中荷载下的径向刚度、荷载作用后的抗渗漏情况及抗弯曲渗漏等进行检验。工地自行加工制作的管道，应进行上述检验。上述检验方法可参照现行《预应力混凝土用金属螺旋管》（JG/T 3013—1994）的规定执行，其取样数量、检验内容和顺序如表4-8所示。质量要求分为外观要求和抗渗漏性能两个方面：①外观要求：外观应清洁，内外表面无油污，无引起锈蚀的附着物，无孔洞和不规则的褶皱，咬口无开裂、无脱扣；②抗渗漏性能：经规定的集中荷载和均布荷载作用后，或在弯曲情况下，不得渗出水泥浆，但允许渗水。

表4-8　金属螺旋管检验内容及取样数量

检验顺序	检验内容	取样数量
1	外观	全部
2	尺寸	6
3	集中荷载下的径向刚度	3
4	荷载作用后的抗渗漏	不另取样
5	抗弯曲渗漏	3

(2)金属螺旋管应按批进行检验。每批应由同一钢材生产厂生产的同一批钢带制造的金属螺旋管组成，累计半年或50 000 m生产量为一批，不足半年产量或50 000 m也作为一批的则取产量最多的规格。

(3)当按(1)规定的项目检验结果有不合格项目时，应以双倍数量的试件对该不合格项目进行复验，复验仍不合格时则该批产品为不合格。

四、管道其他要求

(1)在桥梁的某些特殊部位，当设计规定时可采用符合要求的平滑钢管和高密度聚乙烯管。

(2)用做管道的平滑钢管和聚乙烯管，其壁厚不得小于2 mm。

(3)一般情况下，管道的内横截面面积至少应是预应力筋净面积的2.0～2.5倍。如果由于某种原因，管道与预应力筋的面积比低于给定的极限，则应通过试验验证其可以进行正常压浆试验的作业，对于超长钢束的管道，应通过试验来确定面积比。

(4)制孔采用胶管抽心法时，钢管表面应光滑，焊接接头应平顺。抽心时间应通过试验确定，以混凝土抗压强度达到0.4～0.8 MPa时为宜。抽拔时不应损伤结构混凝土。抽心后，应用通孔器或压气、压水等方法对孔道进行检查，如发现孔道堵塞或有残留物与邻孔有串通，应及时处理。

第三节　预应力材料的保护

预应力材料必须保持清洁，在存放和搬运过程中应避免机械损伤和有害的锈蚀。如进场后需长时间的存放，必须要定期检查。

预应力筋和金属管道在仓库内保存时，仓库应干净、干燥、防潮、通风良好、无腐蚀气体和介质；在室外存放时，时间不宜超过6个月，不得直接堆放在地面上，必须采取垫以枕木并用苫布覆盖等有效措施，防止雨露和各种腐蚀性气体、介质的影响。

锚具、夹具和连接器均应设专人保管、存放，搬运时均应妥善保护，避免锈蚀、油污、遭受机械损伤或散失。临时性的防护措施应不影响安装操作的效果和永久性防锈措施的实施。

一、预应力筋的制作要求

(一)预应力筋的下料要求

(1)预应力筋的下料长度应通过计算确定。计算时应考虑结构的孔道长度或台座长度、锚具及夹具的厚度、千斤顶长度、焊接接头或镦头预留量、冷拉伸长值、弹性回缩值、张拉伸长值和外露长度等因素。

钢丝束两端采用镦头锚具时，同一束中各钢丝下料长度的相对差值，当钢丝束长度小于或等于20 m时不宜大于1/3 000；当钢丝束长度大于20 m时，不宜大于1/1 500，且不大于5 mm。长度不大于6 m的先张构件，当钢丝成组张拉时，同组钢丝下料长度的相对差值不得大于2 mm。

(2)钢丝、钢绞线、热处理钢筋、冷拉Ⅳ级钢筋、冷拔低碳钢丝及精轧螺纹钢筋的切断，宜采用切断机或砂轮锯，不得采用电弧切割。

（二）冷拉钢筋接头要求

（1）冷拉钢筋的接头，应在钢筋冷拉前采用一次闪光顶锻法进行对焊。对焊后尚应进行热处理，以提高焊接质量。钢筋焊接后，其轴线偏差不得大于钢筋直径的1/10且不得大于2 mm，轴线曲折的角度不得超过4°。采用后张法张拉的钢筋焊接后尚应敲除毛刺，但不得减小钢筋截面面积。

对焊接头的质量检验方法应符合焊接的相关规定。

（2）预应力筋有对焊接头时，除非设计另有规定，宜将接头设置在应力较小处，在结构受拉区及在相当于预应力筋直径30倍长度的区段（不小于500 mm）范围内，对焊接头的预应力筋截面面积不得超过该段预应力筋总截面面积的25%。

（3）冷拉钢筋采用螺丝端杆锚具时，应在冷拉前焊接螺丝端杆，并应在冷拉时引导螺母置于端杆端部。

（三）预应力筋镦粗头的要求

预应力筋镦头锚固时，对于高强钢丝宜采用液压冷镦，对于冷拔低碳钢丝可采用冷镦冲粗，对于钢筋宜采用电热镦粗，但Ⅳ级钢筋镦粗后应进行电热处理。冷拉钢筋端头的镦粗及热处理工作应在钢筋冷拉之前进行，否则应对镦头逐个进行冷拉检查，检查时的控制应力不小于钢筋冷拉的控制应力。

（四）预应力筋的冷拉要求

预应力筋的冷拉可采用控制应力或控制冷拉率的方法。但对不能分清炉批号的热轧钢筋，不应采用控制冷拉率的方法。

（1）当采用控制应力方法冷拉钢筋时，其冷拉控制应力下的最大冷拉率应符合表4-9的规定。冷拉时检查钢筋的冷拉率，当超过表中的规定时应进行力学性能的检验。

表4-9　冷拉控制应力及最大冷拉率

钢筋级别	钢筋直径(mm)	冷拉控制应力(MPa)	最大冷拉率(%)
Ⅳ级	10～28	700	4.0

（2）当采用控制冷拉率的方法冷拉钢筋时，冷拉率必须由试验确定。测定同炉批钢筋冷拉率时，其试样不少于4个，并取其平均值作为该批钢筋实际采用的冷拉率，测定冷拉率时钢筋的冷拉应力应符合表4-10的规定。

表4-10　测定冷拉率时钢筋的冷拉应力

钢筋级别	钢筋直径(mm)	冷拉应力(MPa)
Ⅳ级	10～28	730

注：当钢筋平均冷拉率低于1%时，仍应按1%进行冷拉。

冷拉多根连接的钢筋，冷拉率可按总长计，但冷拉后每根钢筋的冷拉率应符合表4-9的规定。

（3）钢筋的冷拉速度不宜过快，宜控制在5 MPa/s左右。冷拉至规定的控制应力（或冷拉率后）应停置1～2 min再放松。冷拉后有条件时宜进行时效处理，应按冷拉率大小分组堆放,以备编束时选料,冷拉钢筋时应作好记录。

当采用控制应力方法冷拉钢筋时,对使用的测力计应经常校验。

(五)预应力筋的编束

预应力筋由多根钢丝或钢绞线组成时,同束应采用强度相等的预应力钢材,编束时,应逐根理顺,绑扎牢固,防止互相缠绕。

(六)预应力筋的冷拔

预应力筋采用冷拔低碳钢丝时,应采用6~8 mm的Ⅰ级热轧钢筋盘条拔制,拔丝模孔为盘条原直径的0.85~0.9。拔制次数一般不超过3次,超过3次时应将拔丝退火处理。拉拔总压缩率应控制在60%~80%,平均拔丝速度应为50~70 m/min。冷拔达到要求直径后,应进行检验,以确定其组别和力学性能(包括伸长率)。

二、施加预应力的要求

施加预应力所用机具、设备及仪表应由专人使用和管理,并定期维护和校验。千斤顶与压力表应配套校验,以确定张拉力与压力表之间的关系曲线。校验在经主管部门授权的法定计量技术机构定期进行。

张拉机具设备应与锚具设备配套使用,并应在进场时进行检查和校验。对长期不使用的张拉机具设备,应在使用前进行全面检验,使用期间的检验限期应视机具设备的情况确定。当千斤顶使用超过6个月或200次,或在使用过程中出现不正常现象时,经检修以后应重新校验,弹簧测力计的校验期限不宜超过2个月。

(一)施加预应力的准备工作

对力筋施加预应力之前,必须完成或检验以下工作:

(1)施工现场应具备经批准的张拉程序和现场施工说明书。

(2)施工现场应具备预应力施工知识和正确操作的施工人员。

(3)锚具安装应正确,对后张构件,混凝土已达到要求的强度。

(4)施工现场已具备确保全体操作人员和设备安全的必要的防护措施。

实施张拉时,应使千斤顶的张拉力作用线与预应力筋的轴线重合一致。

(二)张拉应力的控制

(1)预应力筋的张拉控制力应符合设计要求,当施工中预应力筋需要超张拉或计入锚圈中预应力损失时,可比设计要求提高5%,但在任何情况下不得超过设计规定的最大张拉控制力。

(2)预应力筋采用应力控制方法张拉时,应以伸长值进行校核,实际伸长值与理论伸长值应符合设计要求。设计无规定时,实际伸长值与理论伸长值的差值应控制在6%以内,否则应及时停止张拉,待查明原因并采取措施予以调整后方可继续张拉。

(3)预应力钢筋理论伸长值ΔL(mm)可按下式计算

$$\Delta L = \frac{P_P L}{A_P E_P} \tag{4-1}$$

式中 L——预应力筋的长度,mm;

A_P——预应力筋截面面积,mm^2;

E_P——预应力筋的弹性模量,N/mm²;

P_P——预应力筋的平均张拉力,N,直线筋取张拉端的拉力,两端张拉的曲线筋,按式(4-2)计算。

$$P_P = \frac{P(1 - e^{-(kx+\mu\theta)})}{kx + \mu\theta} \tag{4-2}$$

式中 P——预应力筋张拉端的张拉力,N;

x——从张拉端至计算截面的孔道长度,m;

θ——从张拉端至计算截面曲线孔道部分切线的夹角之和,rad;

k——孔道每米局部偏差对摩擦的影响系数,参见表4-11;

μ——预应力筋与孔道壁的摩擦系数,参见表4-11。

注:当预应力筋为直线时 $P_P = P$。

表4-11　系数 k 及 μ 值

孔道成型方式	k 值	μ 值		
		钢丝束、钢绞线、光面钢筋	带肋钢筋	精轧螺纹钢筋
预埋铁皮管道	0.003 0	0.35	0.40	—
抽心成型孔道	0.001 5	0.55	0.60	—
预埋金属螺旋管道	0.001 5	0.20 ~ 0.25	—	0.50

(4)预应力筋张拉时,应先调整到初应力 σ_0,该初应力宜为张拉控制应力 σ_{con} 的10% ~15%,伸长值应从初应力时开始量测,力筋的实际伸长值除测量的伸长值外,必须加上初应力以下的推算伸长值,对后张法构件,在张拉过程中产生的弹性压缩值一般可省略。

预应力筋张拉的实际伸长值 ΔL(mm)可按式(4-3)计算

$$\Delta L = \Delta L_1 + \Delta L_2 \tag{4-3}$$

式中 ΔL_1——从初应力至最大张拉应力间的实测伸长值,mm;

ΔL_2——初应力以下的推算伸长值,mm,可采用相邻级的伸长值。

(5)必要时应对锚圈吸孔道摩阻损失进行测定,张拉时予以调整。锥形锚具摩阻损失值的测定方法如下。

①锚圈口摩阻损失测定。

用油压千斤顶测定时,可在张拉台上或用一根直孔道钢筋混凝土柱进行。两端均用锥形锚时,其步骤如下:

ⅰ.两端同时充油,油压数值均保持4 MPa,然后将甲端封闭作为被动端,乙端作为主动端,张拉至控制吨位。设乙端控制吨位为 N_a 时甲端相应吨位为 N_b,则锚圈口摩阻力为

$$N_0 = N_a - N_b \tag{4-4}$$

克服锚圈口摩阻力的超张拉系数为

$$n_0 = \sqrt{\frac{N_a}{N_b}} \tag{4-5}$$

测试反复进行 3 次,取平均值。

ⅱ. 乙端封闭,甲端张拉,同样按上述方法进行 3 次,取平均值。

ⅲ. 两次 N_0 和 n_0 的平均值再予以平均,即为测定值。

②孔道摩阻损失的测定。

用千斤顶测定曲线孔道摩阻时,测定步骤如下:

ⅰ. 梁的两端装千斤顶后同时充油,保持一定数值(约 4 MPa)。

ⅱ. 甲端封闭,乙端张拉。张拉时分级升压,直至张拉控制应力。如此反复进行 3 次,取两端压力差的平均值。

ⅲ. 仍按上述方法,但乙端封闭,甲端张拉,取两端 3 次压力差的平均值。

ⅳ. 将上述两次压力差的平均值再次平均,即为孔道摩阻力的测定值。如两端为锥形锚,上述测定值应扣除锚圈口摩阻力。

(6)预应力筋的锚固应在张拉控制应力处于稳定状态下进行。锚固阶段张拉端顶压力筋的内缩量,应不大于设计规定或不大于表 4-12 所列容许值。

表 4-12　锚具变形、预应力筋回缩和接缝压缝容许值　　(单位:mm)

锚具接缝类型		变形型式	容许值 ΔL
钢制锥形锚具		力筋回缩、锚具变形	6
夹片式锚具(用于预应力钢绞线)		力筋回缩、锚具变形	6
镦头锚具		缝隙压密	1
JM15 锚具	用于预应力钢丝时	力筋回缩、锚具变形	3
	用于预应力钢绞线时	力筋回缩、锚具变形	6
粗钢筋锚具(用于精轧螺纹钢筋)		力筋回缩、锚具变形	1
每块压加垫板的缝隙		缝隙压密	1
水泥现浆接缝		缝隙压密	1
环氧树脂砂浆接缝		缝隙压密	1

(7)预应力筋张拉及放松时,均应填写施工记录。

第四节　先张法的技术要求

一、先张法墩式台座结构的规定

(1)承力台座须具有足够的强度和刚度,其抗倾覆安全系数应不小于 1.5,抗滑移系数应不小于 1.3。

(2)横梁须有足够的刚度,受力后挠度应不小于 2 mm。

(3)在台座上铺放预应力筋时应采取措施防止沾污预应力筋。

(4)张拉前应对台座、横梁及各项张拉设备进行详细检查,符合要求后方可进行操作。

二、张拉时的技术要求

(1)同时张拉多根预应力筋时,应预先调整其初应力,使相互之间的应力一致,张拉过程中应使活动横梁与固定横梁始终保持平行,并应抽查力筋的预应力值,其偏差的绝对值不得超过按一个构件全部力筋预应力总值的5%。

(2)预应力筋张拉完后,与设计位置的偏差不得大于5 mm,同时不得大于构件最短边长的4%。

(3)预应力筋的张拉应符合设计要求,设计无规定时,其张拉程序可按表4-13的规定进行。

表4-13　先张法预应力筋张拉程序

预应力筋种类	张拉程序
钢筋	0→初应力→$1.05\sigma_{con}$(持荷2 min)→$0.9\sigma_{con}$→σ_{con}(锚固)
钢丝、钢绞线	0→初应力→$1.05\sigma_{con}$(持荷2 min)→0→σ_{con}(锚固)
	对于夹片式等具有自锚性能的锚具:普通松弛力筋0→初应力→$1.03\sigma_{con}$(锚固) 低松弛力筋0→初应力→σ_{con}(持荷2 min锚固)

注:1.表中σ_{con}为张拉时的控制应力值,包括预应力损失值。

2.超张拉数值超过表4-12规定的最大超张拉应力限值时,应按该条规定的限制张拉应力进行张拉。

3.张拉钢筋时,为保证施工安全,应在超张拉放张至$0.96\sigma_{con}$时安装模板、普通钢筋及预埋件等。

(4)张拉时,预应力筋的断丝数量不得超过表4-14的规定。

表4-14　先张法预应力筋断丝限制

类别	检查项目	控制数
钢丝、钢绞线	同一构件内断丝数不得超过钢丝总数的1%	1%
钢筋	断筋	不允许

三、放张的技术要求

(1)预应力筋放张时的混凝土强度须符合设计规定,设计未规定时不得低于设计的混凝土强度等级值的75%。

(2)预应力筋的放张顺序应符合设计要求,设计未规定时,应分阶段、对称、相互交错地放张。在力筋放张之前,应将限制位移的侧模翼缘模、板或内模拆除。

(3)多根整批预应力筋的放张,可采用砂箱法或千斤顶法。用砂箱放张时,放砂速度应均匀一致;用千斤顶放张时,放张宜分数次完成。单根钢筋采用拧松螺母的方法放张时,宜先两侧后中间,并不得一次将一根力筋松完。

(4)钢筋放张后,可用乙炔—氧气切割,但应采取措施防止烧坏钢筋端部。钢丝放张后,可用切割、锯断或剪断的方法切断,钢绞线放张后,可用砂轮锯切断。

长线台座上预应力筋的切断顺序,应由放张端开始,逐次切向另一端。

(5)先张法构件放张的原则就是防止在放张过程中构件发生翘曲、裂纹及预应力筋断折等现象。预应力筋放松,不可采用骤然切割的方法骤然切断,这样会使构件两端受到冲击力,出现裂纹。一般可采用千斤顶、砂箱、螺杆张拉架和混凝土缓冲块等工具使预应力筋的拉应力逐渐减小,然后再用砂轮锯、钢丝钳(锯)等工具或氧炔焰切断预应力筋。

(6)规定由放张端开始逐次切向另一端,是为防止切断过程中发生钢丝自行拉断现象。

第五节 后张法的技术要求

一、预留孔道

预应力筋预留孔道尺寸与位置应正确,孔道应平顺,端部的预埋钢垫板应垂直于孔道中心线。

管道应采用定位钢筋固定安装,使其能牢固地置于模板内的设计位置,并在混凝土浇筑期间不产生位置移动,固定各种成孔管道用的定位钢筋的间距,对于钢管不宜大于1 m,对于波纹管不宜大于0.8 m,对于胶管不宜大于0.5 m,对于曲线管道应适当加密。

金属管道线接头处的连接管直接采用大于一个直径级别的同类管道,其长度为被连接管道内径的5~7倍,连接时应不使接头处产生角度变化及在混凝土浇筑期间发生管道的转动或位移,应缠裹密实以防止水泥浆的渗入。

所有管道均设压浆孔,还应在最高处设排气孔及需要时在最低处设排水孔,压浆管、排气管和排水管应是最小内径为20 mm的标准管或适宜的塑性管,与管道方向的连接应采用金属或塑料结构扣件,长度应是以从管道引出结构物以外。

二、预应力筋的安装和保护

(一)预应力筋的安装

预应力筋可在混凝土浇筑之前或之后穿入管道,对钢绞线可将一根钢束中的全部钢绞线编束后整体装入管道中,也可逐根将钢绞线穿入管道,穿束前应检查垫板和孔道,锚垫板应位置准确,孔道内应畅通,无水和其他杂物。

(二)预应力筋的保护

(1)对在混凝土浇筑及养护之前安装在管道中,但在下列规定时限内设有压浆的预应力筋,应采取防止锈蚀或其他防腐蚀作用的措施,直至压浆。不同暴露条件下,未采取防腐蚀措施的力筋在安装后至压浆时的容许间隔时间如下:

空气湿度大于70%或盐分过大时	7 d
空气湿度40%~70%时	15 d
空气湿度小于40%时	20 d

(2)在力筋安装在管道中后,管道端部开口应密封以防止湿气进入,采用蒸汽养护时,在养护完成之前不应安装力筋。

(3)在任何情况下,当在安装有预应力筋的构件附近进行电焊时,对全部预应力筋和金属件均应进行保护，以防止溅上焊渣或造成其他损伤。

对混凝土浇筑之前穿束的管道，力筋安装完成后，应进行全面检查，以查出可能被损坏的管道。在混凝土浇筑之前，必须将管道上一切非有意留的孔、开口或损坏之处修复，并应检查力筋能否在管道内自由滑动。

三、张拉的要求

对力筋施加预应力之前，应对构件进行检验，外观和尺寸应符合质量标准的要求，张拉时，构件的混凝土强度应符合设计要求，设计未规定时，不应低于设计强度等级值的75%。

预应力筋的张拉顺序应符合设计要求，当设计未规定时，可采取分批、分阶段对称张拉。

应使用能张拉多根钢绞线或钢丝的千斤顶，同时对每一根钢束中的全部力筋施加应力，但对扁平管道中不多于4根的钢绞线除外。

预应力筋张拉端的设置应符合设计要求，当设计无具体规定时应符合下列规定：

(1)对曲线预应力筋或长度大于等于25 m的直线预应力筋，宜在两端张拉；对长度小于25 m的直线预应力筋，可在一端张拉。

(2)曲线配筋的精轧螺纹钢筋应在两端张拉，直线配筋的可在一端张拉。

(3)当同一截面中有多束一端张拉的预应力筋时，张拉端宜分别设置在构件的两端。预应力筋采用两端张拉时，可先在一端张拉锚固后再在另一端补足预应力值进行锚固。

(4)后张拉预应力筋的张拉应符合设计要求，设计无规定时其张拉程序可参照表4-15进行。

表4-15　后张法预应力筋张拉程序

预应力筋		张拉程序
钢筋、钢筋束		0→初应力→1.05σ_{con}(持荷2 min)→σ_{con}(锚固)
钢绞线束	对夹片式等具有自锚性的锚具	普通松弛力筋0→初应力→1.03σ_{con}(锚固) 低松弛力筋0→初应力→σ_{con}(持荷2 min锚固)
	其他锚具	0→初应力→1.05σ_{con}(持荷2 min)→σ_{con}(锚固)
钢丝束	对夹片式等具有自锚性的锚具	普通松弛力筋0→初应力→1.03σ_{con}(锚固) 低松弛力筋0→初应力→σ_{con}(持荷2 min锚固)
	其他锚具	0→初应力→1.05σ_{con}(持荷2 min)→0→σ_{con}(锚固)
精轧螺纹钢筋	直线配筋时	0→初应力→σ_{con}(持荷2 min锚固)
	曲线配筋时	0→σ_{con}(持荷2 min)→0(上述程序可反复几次)→ 初应力→σ_{con}(持荷2 min锚固)

注：1. 表中σ_{con}为张拉时的控制应力，包括预应力损失值。

2. 两端同时张拉时，两端千斤顶升降压曲线测伸长、插垫等工作应基本一致。

3. 梁的竖向预应力筋可一次张拉到控制应力，持荷5 min后测伸长和锚固。

4. 超张拉数值超过规定的最大超张拉应力限值时，应按该规定的限值进行张拉。

为保证管道定位准确，安装时应采用定位钢筋固定，使之平衡，并在浇筑混凝土时不产生位移，因此其定位钢筋的间距不宜过大，对于曲线管道应视实际情况适当加密。

压浆孔用于将水泥浆注入管道内,排气孔用于排出空气、水、灰浆和泌水。当认为需要时,可在管道的最低点设置排水孔以防止积存,排水孔应保持开放直至压浆开始。压浆孔和排水孔的位置与灰浆流动方向、管道的倾斜度、锚具和接头及允许的压浆压力有关。在某些情况下,它们应可以互换使其可用于压浆和再次压浆。

在混凝土浇筑之前或浇筑之后穿束,将力筋逐根穿入或编束后整体装入孔道,应首先用压力水冲洗,将可能黏附于孔壁的杂物冲洗掉,同时可检查出有无串孔现象,然后用不含油的压缩空气吹干孔道内的水分,并用检孔器检查孔道是否畅通,检孔器不能通过的地方,应画上标记,作特殊处理。

预应力筋可在混凝土浇筑之前穿入孔道,但要注意在穿束期间和穿束后对力筋进行保护,使其力学性能保持不变。因此,在施工中由于管道和力筋安装后放置时间过长而需要采取额外的防蚀措施时,穿束宜尽量推迟,以使穿束与压浆之间的间隔尽可能缩短。当在某种特殊情况下必须这样做时,则应严格执行规定的时限,否则应对力筋采取防止锈蚀或其他防腐蚀的措施。

力筋装入管道后,湿气的大量进入将会使其加速锈蚀,应注意防护。被电火花损伤的钢丝或钢绞线在张拉时可能会产生断裂,要经常检查,并应及时处理。

在浇筑混凝土之前穿束,应防止损坏管道。如检查发现损坏,应及时进行修复。为防止力筋卡在管道内,宜在浇筑混凝土之前先检查力筋能否在管道内自由滑动,发现问题及时处理。

如混凝土未达到要求的强度即进行张拉,则因混凝土收缩、徐变所引起的预应力损失值将大大增加,严重时可使锚下混凝土产生裂纹甚至破碎。

后张法多根(束)预应力筋张拉时,应使张拉的合力作用线处在构件核心截面以内,以防止构件截面产生过大的偏心受压和边缘拉力。因此,张拉宜分批、分阶段对称进行。分批先后张拉时,按控制应力先张拉的预应力筋会因后批预应力筋张拉时所产生的混凝土弹性压缩而引起应力损失,但如设计上安排张拉顺序时已考虑到这种应力损失的补偿问题,应按设计规定的顺序和张拉力进行。

曲线预应力筋或长度大于等于25 m的直线预应力筋与孔道壁的摩阻力较大,如采取一端锚固,只在另一端张拉的方法,则摩阻力集中在一端的锚(夹)具或千斤顶上,实际预应力可能达不到要求,故在这种情况下应两端同时张拉。如限于设备只能先张拉一端时,可先在一端张拉锚固后,在另一端张拉补足预应力值。

预应力筋锚固后的外漏长度,主要考虑到热影响不波及锚固部位和外漏部分不影响构件的安装。

四、后张孔道压浆技术

预应力筋张拉后,孔道应尽早压浆。孔道压浆宜采用水泥浆,所用的材料应符合下列要求:

(1)水泥。宜采用硅酸盐水泥或普通硅酸盐水泥,采用矿渣硅酸盐水泥时,应加强检验,防止材料不稳定。水泥的强度等级不宜低于42.5。水泥不得含任何团块。

(2)水。应不含有对预应力筋或水泥有害的成分,每升水中不含500 mg以上的氟化物离子或任何一种其他有机物。可采用清洁的饮用水。

(3)外加剂。宜采用只有低含水量、流动性好、最小渗出及膨胀性等特性的外加剂，它们应不得含有对预应力筋或水泥有害的化学物质，其用量应通过试验确定。

水泥浆的强度应符合设计规定，设计无具体规定时应不低于 30 MPa。对截面较大的孔道，水泥浆中可掺入适当的细砂，水泥浆的技术要求应符合下列规定：

(1)水灰比宜为 0.40 ~ 0.45，掺入适量减水剂时水灰比可减小到 0.35。

(2)水泥浆泌水率最大不超过3%，拌和后 3 h 泌水率宜控制在2%，泌水应在 24 h 内重新全部被浆吸回。

(3)通过试验后，水泥浆中可掺适量膨胀剂，但其自由膨胀率应小于10%。泌水率和膨胀率的试验方法如下：

①试验容器如图 4-1 所示，用有机玻璃制成，带有密封盖，高 120 mm，置放于水平面上。

②试验方法。往容器内填灌水泥浆约 100 mm 深，测填灌高度并记录下来，然后盖严。置放 3 h 和 24 h 后量测其离析水水面和水泥浆膨胀面，然后按下列公式计算泌水率和膨胀率

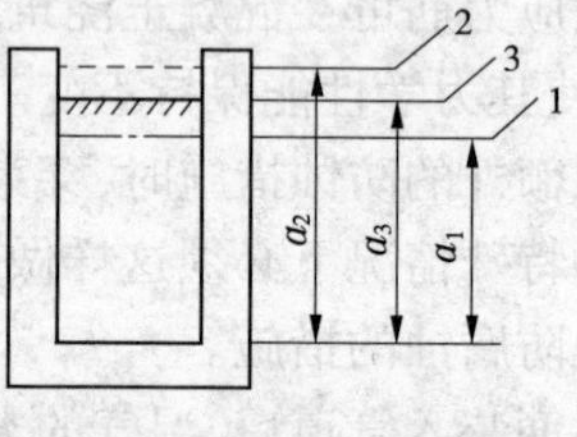

1—最初填灌的水泥浆面；2—水面；3—膨胀后的水泥浆面

图 4-1　水泥浆泌水率和膨胀率试验

$$泌水率 = \frac{100(a_2 - a_3)}{a_1} \quad (\%)$$

$$膨胀率 = \frac{100(a_3 - a_1)}{a_1} \quad (\%)$$

(4)水泥浆稠度宜控制在 14 ~ 18 s，稠度试验方法如下：

①试验容器如图 4-2 所示。

②稠度试验方法。测定时，先将漏斗调整放平，关上底口活门，将搅拌均匀的水泥浆倾入漏斗内，直至表面触及点测规定下端。打开活门，让水泥浆自由流出，水泥浆全部流完时间(s)，称为水泥浆的稠度。

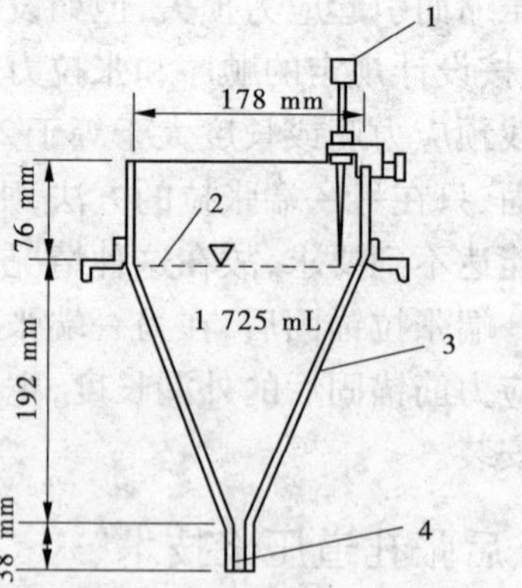

1—点测规；2—水泥浆表面；3—不锈钢制 3 mm 厚；4—流出口(内径 13 mm)

图 4-2　水泥浆稠度试验漏斗

孔道的准备：压浆前，应对孔道进行清洁处理，对抽心成型的混凝土空心孔道应冲洗干净，并使孔壁完全湿润，金属管道必要时应冲洗，以清除有害材料，对孔道内可能产生的油污等，可采用对预应力筋和管道无腐蚀作用的中性洗涤剂或溶液用水稀释后进行冲洗。冲洗后应使用不含油的压缩空气将孔道内的所有积水吹出。

水泥浆自搅拌至压入孔道的连续时间，视气温情况而定，一般为 30 ~ 50 min，水泥浆在使用前和压浆过程中应连续搅拌。对于因

延迟使用所致的流动性降低的水泥浆不得通过加水来增加流动性。

压浆时,对曲线孔道和竖向孔道应以最低点的压浆孔压入,由最高点的排气孔排气和泌水。压浆顺序宜先压往下层孔道。

压浆应缓慢均匀地进行,不得中断,并应将所有最高点的排气孔依次一一放开和关闭,使孔道内排气通畅,较集中和邻近的孔道,宜尽量先连续压浆。后压浆的孔道应在压浆前用压力水冲洗通畅。

对掺加外加剂、泌水率较小的水泥浆,通过试验证明能达到孔道内饱满时,两次压浆的方法为不掺外加剂的水泥浆,可采用二次压浆法,两次压浆的间隔时间宜为 30 ~ 45 min。

压浆应使用活塞式压浆泵,不得使用压缩空气。压浆的最大压力宜为 0.5 ~ 0.7 MPa,当孔道较长或采用一次压浆时,最大压力宜为 1.0 MPa,梁体竖向预应力孔道的压浆最大压力可控制在 0.3 ~ 0.4 MPa,压浆应达到孔道另一端饱满和出浆,并应达到排气孔排出与规定稠度相同的水泥浆为止。为保证管道中充满灰浆,关闭出浆口后应保持不小于 0.5 MPa 的一个稳压期,该稳压期不宜少于 2 min。

压浆过程中及压浆后 48 h 内,结构混凝土的温度不得低于 5 ℃,否则应采取保温措施。当气温高于 35 ℃时,压浆宜在夜间进行。

对后张预制构件,在管道压浆前不得安装就位,在压浆强度达到设计要求后方可移动和吊装。

压浆后应从检查孔抽查压浆的密实情况,如有不实,应及时处理和纠正。压浆时每一工作班应留取不少于 3 组的 70.7 mm × 70.7 mm × 70.7 mm 立方体试件,标准养护期 28 d,检查其抗压强度,作为评定水泥浆质量的依据。

孔道压浆应填写施工记录。

对需封锚的锚具,压浆后先将其周围冲洗干净。梁端混凝土应符合设计规定,一般不宜低于构件混凝土强度等级值的 80%,必须严格控制封锚后的梁体长度。长期外露的锚具,应采取防锈措施。

预应力钢束孔道压浆的目的主要是防止预应力筋锈蚀,并通过凝结后的水泥浆预应力传递至混凝土结构中。对防锈蚀而言,孔道压浆越早越好,而且可防止力筋的松弛,使构件尽快安装。

孔道压浆的次数一般宜为两次,这是考虑如仅压注一次,在水泥浆有泌水和凝结收缩时,会使孔道上部产生空隙,对孔道进行二次压浆可使水泥浆完全充满孔道,但二次压浆的间隔时间应掌握好,宜以先压注的水泥浆既充分泌水又未初凝为度。

压浆泵有活塞式和风压式两类,后者可能使空气窜入水泥浆中产生气孔。压浆泵需要的压力以能将水泥浆压入并充满孔道空隙为原则,一般在出浆口先后排出空气、水、稀浆、浓浆时封闭出浆口,并保持不小于 0.5 MPa 的压力 2 min 以上,再拔出喷嘴,并立即用木塞塞住。

规定试模为有底试模,留取试件要按标准条件养护 28 d 时的强度作为质量评定依据。

第六节 质量检验及质量标准

结构允许偏差的规定与《公路工程质量检验评定标准》(JTG F80/1—2004)的规定是一致的。

对工程质量的检验除一般混凝土、钢筋混凝土工程的应有检验项目外,还应进行钢筋冷拉、预应力钢材编束、孔道预留、施加预应力、孔道压浆等项的施工检验,以及预应力筋张拉机具、锚具、夹具的质量检验。

预应力制作安装的允许偏差如表 4-16、表 4-17 所示。

表 4-16 先张预应力筋制作安装的允许偏差

项目		允许偏差(mm)
镦头钢丝同束长度相对差	束长 >20 m	L/5 000 及 5
	束长 6~20 m	L/3 000
	束长 <6 m	2
冷拉钢筋接头在同一平面的轴线偏位		2 及 1/10 直径
力筋张拉后的位置与设计位置之间偏位		4% 构件最短边长及 5

注:L 表示束长。

表 4-17 后张预应力筋制作安装允许偏差

项目		允许偏差(mm)
管道坐标	梁长方向	30
	梁高方向	10
管道间距	同排	10
	上下层	10

梁体质量应符合下列规定:

(1)混凝土质量检验应符合混凝土质量规定;

(2)混凝土表面应平整、密实,预应力部位不得有蜂窝、露筋现象。

例:河南省水利第一工程局河口村水库金滩沁河大桥工程对预应力筋的要求。

一、后张拉预应力

(一)一般要求

(1)承包人在张拉开始前,应向监理工程师提交详细说明、图纸、张拉应力和延伸量的静力计算,请求审核。

(2)承包人应选派富有经验的技术人员指导预应力作业。所有操作预应力设备的人员,应通过设备使用的正式训练。

(3)所有设备应最少每间隔两个月进行一次检查和保养。

(4)预应力张拉过程中,如果发生下列任何一种情况,张拉设备应重新进行校验:

①张拉过程,预应力钢丝经常出现断丝时;

②千斤顶漏油严重时;

③油压表指针不回零时；

④调换千斤顶油压表时。

(二)施工要求

(1)除非另有书面允许，张拉工作应在监理工程师在场时进行。

(2)张拉预应力钢材时的环境温度不宜低于－15 ℃。

(3)张拉即将开始前，所有的预应力钢材在张拉点之间应能自由滑动，同时构件可以自由地适应施加预应力时产生的水平移动和垂直移动。

(4)张拉时混凝土强度不应低于设计图纸规定，如图纸无规定，混凝土强度应不低于设计强度标准的75%。张拉力应按图纸规定，边张拉边量测伸长值。

(5)预应力的张拉顺序应符合图纸规定，当图纸未规定时，可采取分批、分阶段对称张拉。

(6)预应力张拉应从两端同时进行，除非监理工程师同意采用另外的方式。

(7)当仅从一端张拉时，应精确量测另一端的回缩量，并从千斤顶量测的伸长值中适当给予扣除。

(8)图纸所示的控制张拉力为在锚固前锚具内侧的拉力。在确定千斤顶的拉力时，应考虑锚圈口预应力损失。这些增加的损失以采用的预应力系统及通过现场测验而定，但一般对钢绞线为3%的千斤顶控制张拉力，对钢丝为5%的千斤顶控制张拉力。

(三)记录及报告

每次预应力张拉以后，如监理工程师要求，应将下列数据抄录给监理工程师：

(1)每个测力计、压力表、油泵及千斤顶的鉴定号。

(2)测量预应力钢材延伸量时的初始拉力。

(3)在张拉完成时的最后拉力及测得的延伸量。

(4)千斤顶放松以后的回缩量。

(5)在张拉中间阶段测量的延伸量及相应的拉力。

二、先张拉预应力

任何先张法工作开始以前，承包人应向监理工程师提交先张法的建议，包括拟采用的预应力张拉台、横梁及各项张拉设备。预应力张拉台须有足够的强度和刚度，抗倾覆系数不小于1.5，抗滑移系数不小于1.3。横梁须有足够的刚度，受力后挠度不应大于2 mm。

先张法预应力张拉，除图纸所示或监理工程师另有指示外，可参照有关张拉规定，其张拉程序可按表4-13进行。

当预应力钢材在张拉时的温度低于10 ℃时，钢材延伸量计算应考虑从张拉时到混凝土初凝时钢筋温度增加的因素。当测得的环境温度低于－15 ℃时，未得到监理工程师许可，不宜施加预应力。

当混凝土达到图纸所示规定强度时，荷载应能逐渐传递给混凝土，而且要求混凝土与钢材不互相隔离。预应力筋的放张顺序应符合图纸要求，图纸未规定时，应分阶段、对称、相互交错地放张。预应力钢材端部应截断到与混凝土表面平齐，并涂一层防腐蚀剂或用砂浆封闭。

所有构件应用不易擦掉的记号记录制造的生产线、浇筑混凝土的日期及张拉日期。

标记位置应在工程完工及构件置于最终位置以后，不致暴露于外。

三、孔道压浆

（一）压浆设备

（1）水泥浆拌和机应能制备具有胶稠状的水泥浆。水泥浆泵应可连续操作，对于纵向预应力管道，能以0.7 MPa的恒压作业；对于竖向预应力钢材管道的压浆最大压力，能以0.4 MPa的恒压作业。

（2）水泥浆泵应是活塞式的或排液式的，泵及其吸入循环应是完全密封的，以避免气泡进入水泥浆内。它应能在压浆完成的管道上保持压力，且装有一个喷嘴，该喷嘴关闭时，导管中无压力损失。

（3）压力表在第一次使用前及此后监理工程师认为需要时应加以校准。所有设备在灌浆操作中至少每3 h用清水彻底清洗一次，每天使用结束时应清洗一次。

（二）压浆

（1）水泥浆应由精确称量的强度等级不低于42.5级的硅酸盐水泥或普通硅酸盐水泥组成。水灰比一般为0.4～0.45，所用水泥龄期不超过一个月。

（2）在水泥浆混合料中可掺入经监理工程师同意的减水剂，其掺入量百分比以试验确定，且须经监理工程师同意。掺入减水剂的水泥浆水灰比可减小到0.35。其他掺入料仅在监理工程师的书面许可下才可使用。含有氧化物和硝酸盐的掺料不应使用。

（3）水泥浆的泌水率最大不得超过3%，拌和后3 h泌水率宜控制在2%，24 h后泌水应全部被浆吸回。

（4）水泥浆内可掺入（通过试验）适当膨胀剂，膨胀剂的性能及使用方法应符合《混凝土外加剂应用技术规范》（GBJ 50119—2003）的规定，但不应掺入铝粉等锈蚀预应力钢材的膨胀剂。掺入膨胀剂后，水泥浆不受约束的自由膨胀应小于10%。

（5）水泥浆的拌和应首先将水加入拌和机内，再放水泥，经充分拌和以后，再加入拌和料。掺加料内的水分应计入水灰比内。拌和应至少2 min，直至达到均匀的稠度为止。任何一次投配以满足1 h的使用即可。稠度宜控制在14～18 s。

（6）水泥浆的泌水率、膨胀剂及稠度按《公路桥涵施工技术规范》（JTJ 041—2000）附录G.10和附录G.11进行测试。

（7）当监理工程师认为需要时，应进行压浆试验。

（8）压浆前，应将锚具周围的钢丝间隙和孔洞填封，以防冒浆。

（9）在压浆前，吹入无油分的压缩空气清除管道松散微粒，并用中性洗涤剂或皂液用水稀释冲洗管道，直到松散颗粒除去及清水排出为止，再以无油的压缩空气吹干管道。

（10）压浆时，每一工作班应留取不少于3组试样（每组为70.7 mm×70.7 mm×70.7 mm立方体试件3个），标准养护28 d，检查其抗压强度作为水泥浆质量的评定依据。

（11）当气温或构件温度低于5 ℃时，不得进行压浆。水泥浆温度不得超过32 ℃。

（12）管道压浆应尽可能在预应力钢筋张拉完成和监理工程师同意压浆后立即进行，一般不得超过14 d。必须有监理工程师在场，才允许进行管道压浆。压浆时，对曲线孔道和竖向孔道应由最低点的压浆孔压入，并且使水泥浆由最高点的排气孔排出，直到流出的稠度达到注入的稠度。管道应充满水泥浆。简支梁的管道压浆应自梁一端注入，而在另一端流出,流出的稠度须达到规定的稠度。

(13)水泥浆自调制至压入孔道的延续时间一般不宜超过30~45 min,水泥浆在使用前和压注过程中应经常搅动。

(14)出气孔在水泥浆的流动方向一个接一个地封闭,注入管在压力下封闭直至水泥浆凝固。压满浆的管道应进行保护,使其在一天内不受振动。管道内水泥浆注入后48 h内,结构混凝土温度不得低于5 ℃,否则应采取保温措施。当白天气温高于35 ℃时,压浆宜在夜间进行。在压浆后2 d,应检查注入端及出气孔的水泥浆密实情况,需要时进行处理。

(15)承包人应具有完备的压浆记录,包括每个管道的压浆日期、水灰比及掺加料、压浆压力、试块强度、障碍事故细节及需要补做的工作,这些记录的抄件应在压浆后3 d内送交监理工程师。

(三)真空吸浆

(1)管道较长时宜采用吸浆法压浆,承包人当采用真空吸浆法进行管道压浆时,在施工前,应对真空吸浆工艺进行必要的试验,并制定管道压浆施工方案及详细说明报请监理工程师审查,经监理工程师批准后方可实施。

(2)真空吸浆工艺的技术条件应符合如下要求:

①预应力管道及管道两端必须密封;

②抽真空时管道内真空度(负压)控制在-0.60~0.1 MPa;

③管道压浆的压力应≤0.7 MPa;

④水泥浆水灰比为0.3~0.4;

⑤水泥浆的浆体流动度为30~50 s;

⑥水泥浆体泌水率:小于水泥浆初始体积的2%,四次连续测试的结果平均值<1%,拌和后泌水应在24 h内重新全部被浆吸回;

⑦浆体初凝时间为6 h;

⑧浆体体积变化率<2%;

⑨浆体强度应符合图纸规定。

(3)承包人应按监理工程师批准的压浆施工方案中的压浆顺序、方法以及安全操作事项进行施工。

(4)真空吸浆的管道在24 h内不得受振动。管道内水泥浆在压浆后48 h内,结构混凝土温度不得低于5 ℃,否则应采取保温措施。当白天温度高于35 ℃时,压浆宜在夜间进行。

(5)承包人应作好压浆记录,包括每个管道的压浆日期、浆体水灰比、掺加料、流动度、试块强度、管道真空度、压浆压力,以及障碍事故细节和需要补做的工作。这些记录的抄件应在压浆后3 d内送交监理工程师。

四、质量检查

(一)一般要求

(1)混凝土的质量应符合以上所述规定。

(2)水泥浆的抗压强度应不低于图纸规定,且不低于30 MPa。

(3)悬臂浇筑预应力混凝土梁的允许偏差和预应力后张法检查项目及允许偏差应分别符合表4-18及表4-19的规定。

表4-18 悬臂浇筑预应力混凝土梁检查项目

项次	检查项目		规定值或允许偏差	检查方法和频率
1	混凝土强度(MPa)		在合格标准内	按JTG F80/1—2004检查
2	轴线偏位(mm)	L≤100 mm	10	用经纬仪检查，每跨5处
		L>100 mm	L/10 000	
3	顶面高程(mm)	L≤100 mm	±20	用水准仪检查，每跨5处
		L>100 mm	L/5 000	
		相邻节段高差	10	
4	断面尺寸(mm)	高度	+5，-10	检查施工记录，每跨5个断面
		顶宽	±30	
		顶、底腹板厚	+10，-0	
5	同跨对称点高程差(mm)	L≤100 mm	20	每跨用水准仪检查5处
		L>100 mm	L/5 000	

注:L表示轴线长度。

(4)预应力筋后张法检查项目及允许偏差见表4-19。

表4-19 预应力筋后张法检查项目及允许偏差

项次	检查项目		规定值或允许偏差	检查方法和频率
1	管道坐标(mm)	梁长方向	30	检查30%，每根查10个点
		梁高方向	10	
2	管道间距(mm)	同排	10	抽查30%，每根查5个点
		上下层	10	
3	张拉应力值		符合图纸要求	查张拉记录
4	张拉伸长率		±6%	查张拉记录
5	断丝滑丝数	钢束	每束1根，且每断面不得超过钢丝总数的1%	查张拉记录
		钢筋	不允许	

(5)预应力钢丝、钢绞线及粗钢筋先张法允许偏差分别见表4-20、表4-21。

表 4-20　预应力钢丝、钢绞线先张法检查项目及允许偏差

项次	检查项目		规定值或允许偏差	检查方法和频率
1	镦头钢丝同束长度相对差(mm)	束长>20 m	L/5 000,并不大于 5	每批检查 2 束
		束长 6~20 m	L/3 000,并不大于 4	
		束长<6 m	2	
2	张拉应力值		符合图纸要求	查张拉记录
3	张拉伸长率		±6%	查张拉记录
4	同一构件内断丝根数不得超过钢丝总数的百分数		1%	查张拉记录

注:L 为钢丝束长度。

表 4-21　预应力粗钢筋先张法检查项目及允许偏差

项次	检查项目	规定值或允许偏差	检查方法和频率
1	冷拉钢筋接头在同一平面内的轴线偏位(mm)	2 及 1/10 直径	抽查 30%
2	中心偏位(mm)	4%短边及 5	用尺量
3	张拉应力值	符合图纸要求	查张拉记录
4	张拉伸长率	±6%	查张拉记录

(6)非预应力钢筋的允许偏差应符合规范规定。

(7)梁(板)相邻块段应接缝平整、密实、色泽一致、无明显错台。梁体表面及梁端封锚混凝土表面应平整、密实、无蜂窝及钢筋外露。

(二)原材料质量

1. 钢丝

(1)进场的预应力钢丝应具有厂方的质量保证书及自检报告,自检报告内容包括抗拉强度、伸长率和弯曲试验。

(2)进场后的预应力钢丝应进行下列检验:

①外观检查。同一钢号、同一直径、同一抗拉强度和同一交货状态的钢丝以每 60 t 为一批,按 5% 盘选取(不少于 5 盘)进行钢丝形状、尺寸检查。钢丝外观应逐盘检查,钢丝表面不得有裂缝、小刺、劈裂、机械损伤、氧化铁皮和油迹。

②力学性能试验。从每批中任意选取 5% 盘(不少于 3 盘)的钢丝,从每盘钢丝的两端各截取一个试件,进场抗拉强度、弯曲和伸长率试验。如果某一项试验结果不符合 GB/T 5223—2005标准的要求,则该盘钢丝为不合格品;并从同一批未经试验的钢丝盘中再取双倍数量的试件进行复验,如仍有两个指标不合格,则该批钢丝为不合格品,钢丝将拒收。钢丝屈服强度检验,按 2% 盘数选取,但不得少于 3 盘。

2. 钢绞线

(1)进场的钢绞线应具备厂方的质量保证书,同时要有国家建筑钢材质量监督检验测试中心检验合格的自检报告,报告内容应包括拉力试验、松弛试验。

(2)进场后的钢绞线，同一钢号、同一规格、同一生产工艺制造的钢绞线以每 60 t 为一批进行验收，每批选取 3 盘，每盘截取一个试件，做力学性能试验（由中心实验室统一取样验收）。如有某一项试验结果不符合 GB/T 5224—2003 标准要求，则该盘钢绞线为不合格品，其复验方法与钢丝相同。另外，每批钢绞线任选 3 盘，进行表面质量及直径偏差的检验。

3. 预应力粗钢筋

(1)预应力粗钢筋应具有厂方的质量保证书及自检报告，自检报告内容包括外形尺寸的检查、拉力试验、冷弯试验。

(2)进场后的粗钢筋应进行下列检验：

应分批进行检验，每批质量不大于 100 t，对表面质量应逐根目视检查，外观检查合格后在每批中任选 4 根钢筋截断取试件，其中两根进行拉伸试验，两根进行弯曲试验，试验结果如有一项不符合表 4-7 所规定的要求，则另取双倍数量的试件重做全部各项试验，如仍有一根试件不合格，则该批粗钢筋为不合格。拉伸试验的试件，不允许进行任何形式的加工。

4. 热处理钢筋

(1)从每批钢筋中抽取 10% 的盘数（不少于 25 盘）进行表面质量和尺寸偏差的检查。如检查不合格，则应对该批钢筋进行逐盘检查。

(2)从每批钢筋中抽取 10% 的盘数（不少于 25 盘）进行力学性能试验。试验结果如有一项不合格，该不合格盘应报废，并再从未试验的钢筋中取双倍数量的试样进行复检，如仍有一项不合格，则该批钢筋为不合格。

(3)每批钢筋质量应不大于 60 t。

5. 冷拉钢筋

(1)相同级别和相同直径的钢筋每 20 t 为一批进行检验，每批钢筋外观经逐根检查合格后，再从任选的两根钢筋上各取一套试件，按照现行国家标准的规定进行拉力试验（屈服强度、抗拉强度、伸长率）和冷弯试验。如有一项试验不符合《公路桥涵施工技术规范》（JTJ 041—2000）附录 G.4 的要求，则另取双倍数量的试件重做全部各项试验。如仍有一根试件不合格，则该批钢筋为不合格。

(2)钢筋冷拉后，其表面不得有裂纹和局部颈缩。冷弯试验后，冷拉钢筋的外观不得有裂纹、鳞落或断裂现象。

6. 冷拔低碳钢丝

(1)对进场的冷拔低碳钢丝，应逐盘进行抗拉强度、伸长率和弯曲试验。

(2)从每盘钢丝上任一端截取不少于 500 mm 后再取两个试件，分别做拉力和 180° 反复弯曲试验，试验结果应符合《公路桥涵施工技术规范》（JTJ 041—2000）附录 G.5 的要求。弯曲试验后，不得有裂纹、鳞落或断裂现象。

7. 锚具、夹具和连接器

(1)锚具、夹具和连接器进场时，应按出厂合格证和质量证明书核查其锚固性能类别、型号、规格及数量。

(2)预应力筋锚具、夹具和连接器验收批的划分：在同种材料和同一生产工艺条件下，锚具、夹具应以不超过1 000套组为一个验收批；连接器以不超过500套组为一个验收批。

(3)锚具、夹具和连接器按下列规定进行验收：

①外观检查。应从每批中抽取10%的锚具且不少于10套，检查其外观和尺寸。如有一套超过产品标准及设计图纸规定尺寸的允许偏差，则应另取双倍数量的锚具重做检查。如仍有一套不符合要求，则应逐套检查，合格者方可使用。如发现一套有裂纹，则应逐套检查，合格者方可使用。

②硬度检验。应从每批中抽取5%的锚具且不少于5套，对其中有硬度要求的零件做硬度试验，对多孔夹片式锚具的夹片，每套至少抽取5片。每个零件测试3点，其硬度应在设计要求范围内。如有一个零件不合格，则应另取双倍数量的零件重做试验。如仍有一个零件不合格，则应逐个检查，合格者方可使用。

③静载锚固性能试验。对大桥等重要工程，当质量证明书不齐全、不正确或对质量有疑点时，经上述两项试验合格后，应从同批中抽取6套锚具(夹具或连接器)组成3个预应力筋锚具组装件，进行静载锚固性能试验。如有一个试件不符合要求，则应另取双倍数量的锚具(夹具或连接器)重做试验。如仍有一个试件不符合要求，则该批锚具(夹具或连接器)为不合格品。

对用于其他桥梁的锚具(夹具或连接器)进厂验收，其静载锚固性能可由锚具生产厂提供试验报告。

第五章　预应力混凝土浇筑及预应力混凝土梁式桥

第一节　预应力混凝土的浇筑

一、一般要求

模板、钢筋、管道、锚具和预应力钢材均应符合《公路桥涵施工技术规范》(JTJ 041—2000)的相关规定。

预应力混凝土的浇筑及养护,除符合《公路桥涵施工技术规范》(JTJ 041—2000)的相关规定外,还应符合下列要求:

(1)浇筑混凝土时,应保持锚塞、锚圈和垫板位置的正确和稳固。

(2)在浇筑混凝土和预应力钢筋张拉前,锚具的所有支撑表面应加以清洗。

(3)拌和后超过 45 min 的混凝土不得使用。

(4)简支梁梁体混凝土应水平分层,一次浇筑完成,梁体混凝土体积较大时,可采用水平分层的方法。浇筑箱形梁段混凝土时,应尽可能一次浇筑完成,梁身较高时也可分两次或三次浇筑;梁身较低时可分为两次浇筑。分次浇筑时,宜先底板及腹板根部,其次腹板,最后浇顶板及翼板,注意事项可按《公路桥涵施工技术规范》(JTJ 041—2000)第 15 章的有关规定执行。

(5)为避免孔道变形,不允许振捣器触及套管。

(6)梁或空心板端部锚固区,为了保证混凝土密实,宜使用外部振捣器加强振捣,骨料尺寸不要超过两根钢筋或预埋件间净距的一半。

(7)浇筑混凝土时,宜根据结构的不同型式,选用插入式、附着式或平板式等振动器进行振捣,对箱梁腹板与底板及顶板连接处的承托预应力筋锚固区,以及其他钢筋密集部位,宜特别注意振捣。

浇筑混凝土时,对先张构件应避免振动器碰撞预应力筋,对后张拉结构应避免振动器碰撞预应力筋的管道、预埋件等,并应经常检查模板、管道、锚固端垫板及支座预埋件等,以保证其位置及其尺寸符合设计要求。

(8)纵向拼接的后张梁,梁段接缝应符合设计规定,施工注意事项应按规定要求。

(9)混凝土浇筑完成并初凝后,应立即开始养护,并应符合《公路桥涵施工技术规范》(JTJ 041—2000)的规定。

(10)混凝土强度尚未达到 15 ~ 20 MPa 时,不得拆除模板。

(11)混凝土养护时,对预应力钢束所留的孔道应加以保护,严禁将水和其他物质灌入孔道,并应防止金属生锈,且应注意以下事项:

①不宜单独使用专用养护膜覆盖法养护高强度混凝土，除非当地无足够的清洁水用于养护混凝土。

②洒水养护宜用自动喷水系统和喷雾器，湿养护应不间断，不得形成干湿循环。

③混凝土浇筑完，表面应立即覆盖清洁的塑料薄膜，初凝后撤出塑料膜，用浸湿的粗麻布覆盖，经常洒水，保持湿润状态最少7 d，如有可能，湿养期间采取避光和挡风措施，以控制温度和干热风的影响。构造物的竖直表面拆模后，宜立即用湿粗麻布把构件缠起来，麻布外整个用塑料膜包紧，粗麻布至少 7 d 保持潮湿状态，随后可用树脂类养生化合物喷涂。

④混凝土在养护期间，温度的检查不应少于下列次数：

ⅰ. 用蒸热法养护时，每昼夜定时 4 次；

ⅱ. 用蒸汽加热法及电加热法养护时，升温及降温期间每小时 1 次，恒温期间每间隔两小时一次；

ⅲ. 室内外环境温度每昼夜应定时 4 次。

二、预应力混凝土梁的悬臂浇筑要求

在预应力混凝土梁施工前 56 d，承包单位应将所采用的施工工艺、施工控制、施工挂篮的施工说明、图纸、静力及变形计算等资料报监理单位审查批准。

挂篮、模板、钢筋及预应力筋应符合下列要求：

(1)挂篮的设计要求。挂篮质量与梁段混凝土质量比值宜控制在 0.3 ~ 0.5，特殊情况下也不应超过 0.7。其主要设计参数如下：①挂篮总重控制在设计限重之内；②允许最大变形(包括吊带变形的总和)为 20 mm；③施工、行走时的抗倾覆安全系数为 2；④自锚固系统的安全系数为 2；⑤上水平限位安全系数为 2。

(2)挂篮加工试拼及加载试验。挂篮所用的材料必须是可靠的，有疑问时应进行材料力学性质试验。挂篮试拼后，必须进行载荷试验。

(3)挂篮支承平台除要有足够的强度外，还应有足够的平面尺寸，以满足梁段的现场作业需要。

(4)现浇梁板的制作与安装必须正确、牢靠，安装误差应符合表 3-2 的规定，后吊杆和下限位拉杆孔道应严格按计划尺寸准确预留。

(5)钢筋制作及安装除应符合《公路桥涵施工技术规范》(JTJ 041—2000)第 10 章的规定外，还应注意以下几点：

①在进行腹板和底板钢筋安装时，应将底板钢筋与腹板钢筋连接牢固，最好采用焊接；

②底板上、下两层钢筋网应形成一个整体；

③顶板底层横向钢筋最好采用通长筋；

④钢筋与管道相碰时，只能移动，不能切断钢筋；

⑤若挂篮下限位器、下锚带、斜拉杆等部位影响下一步操作，必须切断钢筋，待该工序完工后，将割断的钢筋连好再补扎；

⑥梁段的预应力筋管道钢筋、预埋件的加工及安装应符合钢筋骨架和钢筋网的安装

标准及预应力筋的安装标准。

三、混凝土悬臂浇筑要求

在梁段混凝土浇筑前，应对挂篮（托架或膺架）、模板、预应力筋管道钢筋、预埋件、混凝土材料、配合比、机械设备、混凝土接缝处理情况进行全面检查，经签认后方准浇筑。

连续梁悬臂浇筑施工时，要有保证梁体施工稳定的措施。

采用挂篮悬臂浇筑梁体混凝土时，可先在桥墩两侧设置托架，立模浇筑墩顶块混凝土和梁段混凝土，如为连续梁，将墩顶块与桥墩临时固结，待墩顶块和梁段的混凝土强度达到设计强度等级后，才可在其上组拼挂篮、悬臂浇筑梁段及其后混凝土。

桥墩两侧梁段悬臂施工进度应对称、平衡，实际不平衡偏差不得超过设计要求值。

悬臂浇筑前，待浇筑段的前端底板标高和桥面板标高，应根据挂篮前端竖向变形、各施工阶段的弹塑性变形（包括先浇和后浇各梁段的质量、预应力、混凝土收缩与徐变、施工设备荷载、桥面系恒载、体系转换引起的变形）及 1/2 静活载竖向变形设置预拱度，应严格控制并在施工过程中对实际高程进行监测，如与设计值有较大出入，应会同有关部门查明原因进行调整。

如梁与桥墩非刚性连接，悬臂浇筑梁体混凝土，应按设计图纸要求预埋墩身与梁体临时固结的预应力钢筋，并在墩顶按图纸规定安装支座，支座安装应符合《公路桥涵施工技术规范》（JTJ 041—2000）的相关规定。

悬臂浇筑梁段时，桥墩两侧的浇筑进度应尽量做到对称、均衡，桥墩两侧的梁体和施工设备的质量差以及相应的在桥墩两侧产生的弯矩差应不超过图纸的规定。

箱形截面混凝土浇筑顺序应按设计要求办理，当采用两次浇筑时，各梁段的施工应错开。箱体分层浇筑时，底板可一次浇筑完成，腹板可分层浇筑，分层间隔时间宜控制在混凝土初凝前，应使层与层覆盖住。

用桁架式挂篮悬臂浇筑，在已完成的梁段上前移时，后端应有压重稳定或采取其他可靠的稳定措施，后端应锚固于已完成的梁段上，挂篮前移及在其上浇筑混凝土时，抗倾覆安全系数应不小于 2.0。

浇筑梁段混凝土时，应自前端开始向后浇筑。在浇筑的梁根部应与前一浇筑段结合，前后两梁段的模板接缝应紧密结合。

各跨混凝土悬臂浇筑完成合龙时，要求悬臂端相对竖向变形不大于 20 mm，轴线偏差不大于 10 mm。

浇筑合龙段长度及体系转换应按设计规定，将两悬臂端的合龙口临时联结，并复查、调整两悬臂端合龙施工荷载使其对称相等，如不相等，合龙前应在两端悬臂预加压重，并在浇筑混凝土过程中逐步拆除，使悬臂挠度保持稳定。

合龙段混凝土浇筑时间应选择在一天中气温最低时进行。

合龙段混凝土强度等级可提高一级，宜尽早张拉。

梁段混凝土达到要求强度后，应按第四章有关规定进行预应力筋的张拉压浆。

梁段混凝土的拆模时间应根据混凝土强度及施工安排确定。混凝土应尽量采取早强措施，使混凝土的强度及早达到预施应力的强度要求，缩短施工周期，加快施工进度。

连续梁的合龙、体系转换和支座调整要求如下：

(1)测量箱梁顶面标高及轴线，连续测试温度影响偏移值，观测合龙段在温度影响下梁体长度的变化。

(2)合龙顺序：按设计要求办理。设计无要求时，一般先边跨、后次中跨、再中跨；多跨一次合龙时，必须同时均衡对称地合龙，一切临时荷载均要与设计单位商量决定。

(3)连续梁合龙段长度及体系转换应按设计规定，将两悬臂端的合龙口予以临时联结。联结时注意以下事项：①复查、调整两悬臂端合龙施工荷载，使其对称相等，如不相等，应用压重调整；②检查梁内预应力钢束是否张拉完成；③复测、调整中跨及边跨悬臂的挠度及两端的高差；④观测了解合龙前的温度变化与梁端高程及合龙段长度变化的关系；⑤合龙前应在两端悬臂预加压重，并于浇筑混凝土过程中逐步撤除使悬臂挠度保持稳定。

穿束、张拉和压浆的要求如下：

(1)穿束。束的前端必须认真处理。

(2)预拉力张拉的要求：①挂篮移动前，顶、腹板纵向束的张拉应按设计要求的张拉顺序张拉，如设计无要求，应注意上下左右对称张拉，张拉时注意梁体和锚具的变化；②张拉按第四章的规定及设计要求执行；③横向预应力在采用扁锚张拉时，宜测定锚口、管道摩阻损失值。

(3)压浆按第四章的规定执行。

体系转换及支座反力调整按设计程序要求施工。

在箱梁和合龙段混凝土浇筑完成后应加强养护，在达到设计规定强度后，尽早张拉预应力钢筋。

预应力混凝土连续梁在移动模架上浇筑的要点如下：

(1)移动模架长度必须满足施工要求。

(2)移动模架应利用专用设备组拼，在施工时能确保质量和安全。

(3)浇筑分段工作缝，必须设在弯矩零点附近。

(4)箱梁外内模板在滑动就位时，模板平面尺寸高程、预拱度的误差必须在容许范围内。

(5)混凝土内预应力管道钢筋、预埋件设置应符合有关规定。

四、在支架上浇筑梁式桥

在支架上现浇混凝土梁的技术要求和注意事项如下：

(1)支架应满足强度、刚度的要求，支架的立柱应保持稳定，并用撑拉杆固定。验算模板及其支架在自重和风荷载作用下的抗倾覆稳定系数不得小于1.3，支架受压构件纵向弯曲系数可按《公路桥涵钢结构及木结构设计规范》(JTJ 025—86)进行计算，其强度及刚度应满足第三章中模板、支架的强度及刚度要求。

(2)支架的弹性、非弹性变形及基础的允许下沉量应满足施工后梁体设计标高的要求。

(3)整体浇筑时应采取措施，防止梁体不均匀下沉产生裂缝，若地基下沉可能造成梁体混凝土产生裂缝，应分段浇筑。

(4)支架不均匀下沉会造成混凝土产生裂缝,但支撑在承台上与土基上的支架很难做到均匀下沉,因此施工时此部分最好设施工缝分开浇筑。

(5)在支架上浇筑混凝土可采取支架预压、设置预拱度、合理的浇筑顺序和分段浇筑、使用缓凝剂等措施,防止因支架变形引起混凝土开裂和梁体线形不顺适。

(6)可参照应用《预应力混凝土梁悬臂施工及发展》及《刚构—连续组合梁》等文献。

(7)对称、平衡浇筑是为了不产生或产生不大的扭矩、力矩,施工时不可能做到绝对平衡,偏差应不超过设计规定。

(8)连续箱梁悬臂浇筑施工时的预拱度,应根据梁本身可能产生的挠度进行设计和预留。可能产生的挠度一般应包括:各墩上分段悬臂浇筑时形成的"T"形静定体系的挠度,各墩上悬臂梁跨进行浇筑直至形成连续梁体系的挠度,全连续体系形成后由于静荷载、活荷载和后期混凝土收缩、徐变引起的挠度。对挂篮受重后的下垂变形,应分次及时调整。

(9)对张拉应避免偏心力矩。

(10)悬浇连续梁合龙前,合龙梁段两端悬臂受温度变化的影响可能产生纵向伸缩使合龙口间距离变化,从而导致合龙梁段混凝土凝固过程中受到张拉或压缩的超应力的影响而产生裂缝,需将合龙跨一侧的临时锚固改换成活动支座,以减小影响。同时,在浇筑合龙段混凝土前应将两端悬臂临时联结,临时形成刚性联结,保护合龙段混凝土完整,一直到合龙段混凝土养护到一定强度并施加预应力与悬臂形成整体,联结方式是在合龙口段设置支撑型钢或钢管(可兼作制轧孔管用),并张拉一部分预应力钢材。

(11)预应力连续梁在悬臂浇筑施工时,是悬臂静定结构体系,梁与墩是临时固结,浇筑混凝土合龙段并张拉预应力钢材后,转换为连续梁静定结构体系。在转换体系时,应将临时固结解除,将梁落于正式支座上,并按标高调整支座高度和反力。

(12)预应力连续梁桥、悬臂梁桥主梁与桥墩间设有支座(不是与墩连成整体)的结构,不能承受不平衡力矩,需要采取临时措施,以承受墩两侧悬臂可能产生的不平衡力矩,硫磺水泥砂浆块作为临时支撑较纯水泥块好,前者拆除时只需加热即可逐点熔化,使梁下落到正式支座上,为避免烧热熔化硫磺水泥砂浆块时将正式支座中的四氟板和橡胶板烧坏,应在硫磺水泥砂浆块与正式支座间设置石棉垫等隔热层。梁通过硫磺水泥砂浆块与桥墩是否需要设置锚固筋应按照设计规定办理。

(13)明槽中的预应力筋暴露在大气中且不与明槽的混凝土黏结,为了避免预应力筋长期暴露在大气中发生锈蚀及产生意外,规定混凝土在设计许可下尽快浇筑。混凝土浇筑一开始悬臂的挠度即可完成大部分,向根部靠近后,其增加的挠度逐渐减小,原已浇较久的混凝土不至于因挠度变化过大而开裂。

第二节　悬臂拼装的要求

一、梁段预制、吊运的规定

梁段应在台座上连续啮合预制,钢筋混凝土和预应力管道安装应符合第三章、第四章的相关规定。

梁段的存放场地应平整，承载能力应满足要求，支垫位置与吊点一致。

预制梁块的测量要求如下：

(1)箱梁基准块出坑前，必须对所有梁块进行测量，详细记录，并根据其在桥上的设计位置进行校正。

(2)在预制梁段上标出梁号、中轴线、横轴线。

(3)箱梁标高控制点和挠度观测点，在箱梁顶面埋设 4 ~6 个。

节段吊运工作参照本章相关规定。

二、梁段拼装、接缝处理的技术要求

(一)梁段拼装

浇筑墩顶梁块及其附近梁块，具体要求按本章第一节的规定执行。

采用悬臂拼装法修建预应力连续梁或预应力悬臂梁桥时，应先将梁墩临时锚固或在墩顶两侧设立临时支撑，待全部块件安装完毕后再拆除临时锚固或支撑。

采用悬臂、吊机、缆索、浮吊悬拼安装时，应按施工荷载进行强度、刚度稳定验算，使安全系数符合规定的要求。施工时注意事项如下：

(1)块件在起吊安装前，应对起吊设备进行全面的安全技术检查，并按设计荷载的 60%、100% 和 130% 分别进行全面起吊试验。

(2)吊机重应符合设计要求，应注意吊机的定位和锚固，经检查符合要求后再进行起吊拼装。

(3)桥墩两侧块件宜对称起吊，以保证桥墩平衡受力。

(4)墩侧相邻的 1 号块件提升到设计标高初步定位后，应立即测量调整 1 号块件的纵轴线，使之与梁顶块件纵轴线的延伸线重合，使其横轴线与梁顶块件的横轴线平行且间距符合设计要求。应检查梁顶块件与 1 号块件间孔道的接头情况，调整并制作接缝间孔道接头后，方可将 1 号块件牢靠固定，其他各个块件连接时，均应按上述规定测量调整其位置。

(5)应在施工前绘制主梁安装挠度变化曲线，悬臂拼装过程中应随时观测桥轴线、安装挠度曲线的变化情况，并与设计值进行对比，遇有较大偏差时应及时处理，以便控制块件的安装高程。

(二)接缝处理

各块件之间的接缝施工应按设计规定处理。

采用胶接缝拼装的块件，涂胶前应就位试拼，胶粘剂一般采用环氧树脂，使用前应经过试验，符合设计要求方可使用。

接缝施工应注意以下事项：

(1)混凝土表面应尽量平整，疏松表面层及附着的水泥应清除干净，涂胶前表面应干燥或烘干。

(2)胶粘剂使用过程中应继续搅拌以保证均匀，胶缝加压被挤出的胶粘剂应及时刮干净。

(3)涂胶人员应有防护措施，以确保人身安全。

(4)安装调整好位置、标高应在3 h内完成。

(5)胶接缝采用预施应力(挤压)0.2 MPa，挤压应在3 h内完成，当施工时间超越明露时间的70%时，在固化之前应清除挤出的胶粘剂。

三、张拉封锚和体系转换要求

块件拼装完毕，在检查合格后，后张拉预应力束时，除应按照第四章有关规定办理外，还应注意以下事项：

(1)胶结块件拼装完毕，检查合格后，即可张拉预应力束，进行块件挤压，挤压力应符合设计要求。

(2)湿接缝块件应待混凝土强度达到设计强度等级的70%以上时，才能张拉预应力束。

(3)同一截面中各预应力束的张拉顺序及张拉力应按照设计规定分批张拉并作好记录。

(4)块件拼装和预应力钢材张拉时，应注意温度和气象的变化，当气温在0 ℃以下或风力在5级以上时，不宜进行张拉。桥面明槽内张拉的预应力束应加以保护，禁止在上面堆放物件和抛物撞击。

每对块件拼装完毕，并张拉后，应立即压浆封锚。当块件预应力束按设计要求张拉完毕后，方准许放松吊钩。

有吊梁的T形刚构桥明槽混凝土，应在吊梁安装完毕以后立即浇筑，浇筑程序应由悬臂端开始同时向根部推进。

体系转换按设计顺序进行。

在转换体系之前，应按照设计要求张拉一部分块件底部的预应力束，并在悬臂梁端设置向下的预拱度，防止梁上部已张拉的明槽预应力钢材上漂，以保证转换体系前后拼装、张拉各阶段的安全。

吊装设备在吊装前应按设计荷载分三级加载，分别进行荷载试验，可在正式吊装构件前发现问题，能提前予以调整解决，避免正式起吊时发生事故。

悬臂拼装时，随着块件一对对地安装，悬臂端块件和已安装的中间块件的挠度经常变化，事先绘制主梁各块件安装时的挠度曲线，以控制块件安装高程是非常必要的。此曲线应由设计单位提供，设计单位未提供时，施工单位应会同设计单位绘制。

预应力连续桥梁，在用悬臂拼装时，梁顶部承受负弯矩，即预应力筋都布置在梁截面上部，两个悬臂在跨中合龙以后，跨中附近变成正弯矩，该部位梁截面下部成为受拉状态，梁上部变换成受压状态。若在合龙前不采取措施，则在梁截面上部张拉的预应力筋拉应力松弛，如预应力筋置于明槽内侧，可能向上漂浮；若下部未曾张拉预应力筋，则拼装的块件就会折断坠落。

第三节　顶推安装的施工要求

一、预制场地

选择梁段预制场地时，应注意以下事项：

(1)预制场地应设在桥台后面桥曲线的引道或引桥上，当为多联顶推时，为加速施工进度，可在两桥端均设场地，从两端相对顶推。

(2)预制场地长度应考虑梁段悬出时反压段的长度、梁段底板与腹(顶)板预制长度、导梁拼装长度和机具设备材料进入预制作业线的长度。预制场地的宽度应考虑梁段两侧施工作业的需要。

(3)预制场地上空宜搭设固定或活动的作业棚，其长度宜大于两倍预制梁段长度，使梁段作业不受天气影响，并便于混凝土养护。

(4)在桥端路基上或引桥上设置预制台座时，其地基或引桥的强度、刚度和稳定性应符合设计要求，并应做好台座的防水、排水设施，以防沉陷。在荷载作用下，台座顶面变形不应大于 2 mm。

台座的轴线应与桥梁轴线的延长线重合，台座的纵坡应与桥梁的纵坡一致。台座施工的允许偏差如下：轴线偏差 5 mm，相邻两支撑点上台座中滑移装置的纵向顶面高差 2 mm，同一个支撑点上滑移装置的横向顶面高差 1 mm，台座(包括滑移装置)和梁段底模板顶面高差 2 mm。

二、梁段的预制和养护

(1)模板宜采用钢模板，底模与底架连成一体并可升降，侧模采用旋转式的整体模板，内模板采用在可移动的台车上加上安装的升降旋转整体模板。模板应保证其刚度，制作精度符合设计要求的规定。

(2)钢筋制作除应符合前文的规定外，还应做好接缝处纵向钢筋的搭接工作，预应力管道安装应符合设计的要求。

(3)梁段模板、钢筋、预应力管道、滑道、预埋件等经检查签认后方可浇筑梁段混凝土。混凝土的材料要求、配合比设计、搅拌、运输、浇筑等的具体要求，应按规范与设计规定执行。在必要时可使用早强水泥或掺入早强减水剂，以提高早期强度，缩短顶推周期。梁段工作缝的接触面应凿毛，并洗刷干净，或采取其他可加强混凝土的措施。若工作缝为多联连续梁的解联断面，干接缝依靠张拉临时预应力束来实现，断面尺寸应准确，表面平整，解联时分开方便。

混凝土可采用全断面整段浇筑，或采用两次浇筑。分两次浇筑时，第一次浇筑箱梁底板及腹板根部，第二次浇筑其他部分。支座位置的隔板，在整个梁顶推到位并完成解联后，进行浇筑，振捣时应避免振捣器碰撞预应力管道、预埋件等。

第一梁段前端设置导梁端的混凝土浇筑应注意振捣密实，导梁中心线与水平位置应准确平整。

三、梁段施加预应力的注意事项

(1)梁段预应力束的布置、张拉次序、临时束的拆除次序等应严格按设计规定执行。其施工的技术要求应按《公路桥涵施工技术规范》(JTJ 041—2000)的有关规定办理。

(2)在桥梁顶推就位后,需要拆除临时的预应力束,张拉后不应灌浆,锚具外露多余预应力钢材不必切除。

(3)梁段间需连接的永久预应力束,应在两梁段间留出适当空间,用预应力束连接器连接,张拉后用混凝土填塞。

四、导梁和临时墩的要求

梁段前端设置导梁时,导梁全部节间拼装应平整,预埋在梁段前端的预埋件联结强度、刚度必须满足梁顶推时的安全要求。

采用钢桁架导梁时,应注意导梁与梁段刚度的协调,不得采用刚度过小的导梁,并应减小每个节点的非弹性变形,使梁端挠度不大于设计要求。

导梁拼装允许误差:导梁中线为 5 mm,导梁纵横向底面高程为 ±5 mm。

桥跨中间设置临时墩时,其施工技术要求应按照设计规定和《公路桥涵施工技术规范》(JTJ 041—2000)的有关规定执行。各联主梁顶推作业完成并落位到正式支座上以后,应将临时墩拆除。

五、梁段顶推的施工技术

梁段中各种预应力钢材按顶推设计张拉完成后,在顶推前应对顶推设备(如千斤顶、高压油泵、控制装置及梁段中线、各滑道顶的标高等)检验合格,并做好顶推的各项准备工作后,方可开始顶推。

顶推施工前,应根据主梁长度、设计顶推跨度、桥墩能承受的水平推力、顶推设备和滑动装置等条件,选择适宜的顶推方式。

采用单点或多点水平—竖直千斤顶方式顶推时,应符合下列规定要求:

(1)水平千斤顶的实际总顶推力不应小于计算顶推力的 2 倍。

(2)墩台顶上水平千斤顶的台背必须坚固,应(经过计算)能抵抗顶推时的总反力;在顶推过程中,各桥墩的纵向位移值不超过设计规定。

(3)主梁在各墩(包括临时墩)支撑处,均应按《公路桥涵施工技术规范》(JTJ 041—2000)第 15 章 5、6 条的要求设立滑动装置。

(4)单点或多点的水平千斤顶顶推时,左右两条顶推线应横向同步运行;多点顶推时,各墩台的水平千斤顶均应沿纵向同步进行,保证主梁纵向轴线在设计容许偏差范围内。

(5)主梁被顶推前进时,如梁的中线偏离较大,应按顶推装置要求的导向装置纠偏。

(6)水平千斤顶顶推了一个行程,用竖向千斤顶将梁顶高,以便拉回滑块时,其最大顶升高度不超过设计规定。如设计无规定,不得超过 5 ~ 10 mm。

(7)采用单点水平—竖直千斤顶顶推方式顶推，在开始时，如因导梁轻，设置顶推装置处的反力不大，滑块与梁底打滑，不能使梁被顶推前进，则应采取措施（如用卷扬机拉拽）使梁前进一定距离，顶推装置的墩、台反力具有一定数值后，再用水平—竖直千斤顶的顶推装置，或将顶推装置移到主梁与导梁连接段中间反力最大的临时墩上，并加强该墩抗水平推力的能力。

采用单点或多点拉杆方式顶推时，应遵照下列规定：

(1)设拉杆千斤顶的墩顶应设置反力台，反力台应牢固，满足顶推时反力的要求。

(2)主梁底部或侧面应按一定距离设置拉锚器，拉锚器的锚固、放松应方便快速。

(3)拉杆的截面面积和根数应满足顶推力的要求。

顶推过程中还应注意以下事项：

(1)顶推时，如导梁杆件有变形、螺丝松动、导梁与主梁联结处有变形或混凝土开裂等情况，应停止顶推进行处理。

(2)梁段中未压浆的各预应力钢材的锚具如有松动，应停止顶推，并将松动的锚具重新张拉、锚固。

(3)采用拉杆方式顶推时，如拉杆有变形，锚碇联结螺丝有松动等，应及时处理。

(4)顶推时至少应在两个墩上设置保险千斤顶，当遇到滑移故障用千斤顶处理时，起顶的反力值不得大于计算反力的1.1倍，起顶高度不得大于5~10 mm。

滑动装置的技术要求如下：

(1)水平—竖向千斤顶顶推方式的滑动装置一般由摩擦垫、滑块（支承块）、滑板和滑道组成。

摩擦垫用氯丁橡胶与钢板夹层制成后，黏附在滑块顶面，其尺寸大小应根据墩顶反力和橡胶板容许承载力计算决定。

滑块可用铸钢或高强度混凝土块制成，其高度不宜小于正式支座的高度，且不宜小于摩擦垫和滑板的高度。滑板有多种构造，一般宜用硬木板、钢板夹橡胶摩擦垫和黏聚四氟乙烯板（四氟板）组成。四氟板的面积由最大反力计算确定，对无侧限的容许应力可按5 MPa计算，对有侧限的可按15 MPa计算。

滑道一般可用不锈钢或镀铬钢带包卷在铸钢底层上，铸钢底层应用螺栓固定在支座垫石上。滑道顺桥向长度应大于水平千斤顶行程加滑块顺桥向长度，其宽度应为滑板宽度的1.2~1.5倍。相邻墩（包括主墩与临时墩）滑道顶面标高的允许偏差为±2 mm，同墩两滑道标高的允许偏差为±1 mm。

(2)拉杆顶推方式的滑动装置由滑板与滑道组成，其构造技术要求及滑道的宽度应按《公路桥涵施工技术规范》（JTJ 041—2000）的相关规定办理，但滑道长度大于3块滑板的长度。

(3)滑动装置的摩擦系数宜由滑板和滑道的材料进行试验而确定。一般选用水平千斤顶，四氟板与不锈钢或镀铬钢滑道面启动摩擦系数（静摩擦系数）可按0.07~0.08考虑，动摩擦系数可按0.04~0.05考虑。

(4)当主梁底部与滑板接触时，随着梁段的顶推前进，滑道上的滑板从前面滑出后，应立即自后插入补充，补充的滑块应涂以润滑剂，并端正插入。在任何情况下，每条顶推线各墩顶滑道上的滑板不得少于2块。滑板的磨损较大，应按顶推梁的长短和滑板损耗率准备足够的滑板，滑板磨损过多时应及时更换。

(5)顶推安装的预应力连续梁，由于在顶推过程中，各截面要多次承受交替变化的正负弯矩，因此梁段中的预应力索有些是从顶推开始到连续梁就位都必须具有的永久索，有些是在顶推过程中必需的但到连续梁顶推就位后须拆除的临时索，还有一些是为了减小在顶推过程中产生过大的反向弯矩，适当地减少张拉索数，待全梁顶推就位后再按需要添加的补充索。以上3种预应力索均应严格按照设计规定进行穿束张拉或拆除，不得随意增减或漏拆。

(6)需拆除的临时索，如灌浆就不能拆除，其锚具外露多余的预应力索，不宜立即拆除，可在预应力索上画线注明锚具的位置，以便在顶推时检查锚具是否松动。

(7)对较长的永久索，因孔道上下弯曲，不可能用一根索从孔道头穿到尾，这样的索也不便于张拉，故采取分段穿索用连接器连接是必要的。

(8)预制台座地基或引桥的强度、刚度和稳定性很重要，如地基有沉陷或地基挠度过大，将使预制的梁段底面不平整，并增大梁底面的厚度，导致顶推摩阻力增加和梁重力增加，造成顶推作业困难。设在路基上的预制台座应比路基设计标高低一个梁高，故宜选在填方路基上，避免设在挖方地段。预制台座应尽可能利用引桥，可减少临时支墩和地基处理工作量以及防水、排水设施等的费用。

梁段顶推时，为纠正梁体偏移，应按具体情况采取下列导向装置：

(1)楔形导向滑板，其构造与滑板基本相同，但导向板是楔形，横向设在梁段两侧的反力架间，梁段通过时，利用楔形板的横向分力来纠偏。

(2)千斤顶适用于梁体偏移较大时，横向装置位于桥墩两侧的钢支架上，当需要纠偏时开动一侧的千斤顶使梁横移。

(3)导向装置应具有足够的承载力，防止纠偏时损坏。

(4)导梁宜采用刚度大、变形小的钢板梁。限于条件，国内目前多采用万能杆件或贝雷拼装的钢桁架梁，有的桥梁曾因对导梁的安装和导梁与梁体的连接注意不够，造成导梁个别杆件局部变形，使连接处梁体混凝土开裂，影响了顶推工作的正常进行。为此，应对导梁的施工作有关规定。

多联连接顶推的技术要点如下：

多孔多联预应力连续梁桥顶推时，可根据顶推方式采取分联顶推或将各联间伸缩缝临时连接，顶推完毕后将临时连接设施拆除，临时连接方法应按设计规定办理。

平面曲线与竖曲线顶推的施工技术要点如下：

用顶推法安装平曲线桥只适用于同半径的圆曲线桥，而其轴线半径不能太小，即每孔曲线桥的平面重心应落在相邻两座桥墩上箱梁底板的内外侧弦连接线以内。当桥梁大部分为直线，而桥梁前端为曲线时，可采取特殊措施用千斤顶安装。

顶推安装平曲线桥应注意如下事项：

(1)宜采用多点拉杆方式顶推，亦可采用水平—竖直千斤顶方式顶推。

(2)预制台座的平面及梁身均应按设计制成圆弧形。

(3)导梁宜制成直线，但与主梁连接处应偏转一角度，使两片导梁前端中心落在曲线梁圆弧的中线上。

(4)平曲线的顶推,应采取纵向与横向顶推结合的工艺,即在纵向水平千斤顶向前顶进的同时,还启动各墩曲线外侧的横向千斤顶,使梁体沿圆弧曲线前进。

用顶推法安装的竖曲线桥只适用于同曲率的竖曲线桥,桥上设的竖曲线多为凸曲线,顶推时宜对向顶推,在竖曲线顶点处合龙。当桥梁不长、跨数不多时,亦可自一端顶推全桥。

顶推工艺基本上与顶推平桥相同。顶推竖曲线桥应注意如下事项:

(1)各桥墩顶标高应与设计竖曲线符合。

(2)预制台座的底模板标高应符合设计竖曲线的曲率。

(3)所需水平顶推力的大小应考虑纵坡正负的影响。

各种顶推方式均有其优点和缺点。集中顶推方式的动力设备数量少,易集中控制和同步,但要求动力设备的功率大,传递给墩台的水平力较大;分散顶推方式的动力设备数量多、功率小,不易集中控制和同步,但传递给墩台的水平力较小;水平—竖向千斤顶顶推方式,全部操作可在墩台顶上进行,传力直接,但在顶推循环过程中,每次循环均须竖向顶梁,对梁体受力不利;拉杆顶推方式,不需顶起梁,对梁体受力易于掌握,不易产生意外,但顶推力通过拉杆传递给梁,梁体内需预埋连接零件,而且每次顶推循环后拆移拉杆时,有时会出现高空作业。施工时可根据施工条件选择适当的顶推方式。

计算顶推力是按多种因素(如滑动装置的摩擦系数和滑动装置使用中变形情况及梁段底板的平整度、预制梁段各部尺寸、千斤顶的工作效率等)都较为理想的情况下考虑的,目的是防止因发生意外而使水平顶力过小进而影响顶推工作的顺利进行。

左右两条顶推线若横向不同步运行,就可能使被顶推的梁体发生偏离,这里的“同步”包括同时顶推,而且左右的顶推力大小相等。多点顶推时,纵向各墩的水平千斤顶如不同步运行,则加重了早启动千斤顶的负担,甚至超过其顶推能力,而使顶推工作不能顺利进行。

在顶推过程中,往往由于左右两条线未能完全同步,各墩顶滑动装置的摩阻力也不尽一致,使梁的走向偏离中轴线是经常发生的,故须采用导向装置纠偏。

用竖向千斤顶将梁顶高的最大升高值必须有所限制,否则梁被顶高时将产生临时局部弯曲,此值如过大就可能使箱梁顶板和底板的上缘发生裂纹。各支撑点最大相对的顶高差值要控制在主梁能容许的竖向变位范围内,其值与墩距(含临时墩)、梁高、顶板和底板厚等有关,最好由设计方面通过计算确定。为了便于拉回滑块,梁底一次顶高不宜小于5 mm,设计无规定时,最大一次顶高不超过5~10 mm,顶推跨径较大时,可采用上限。

顶推装置的墩台水平顶推力如小于梁段(包括导梁)压在其他墩台上的阻力,则梁不会前进,而在滑块与梁底间做相对滑移运动(即打滑)。

拉杆式的水平千斤顶一般采用穿心式的,使拉杆一端能穿过千斤顶,锚固在千斤顶活塞顶端,另一端穿过拉锚器,用尾套锚固。为了减少拉杆的根数,增强拉锚器和千斤顶的锚固力,可使用高强度螺纹钢筋做拉杆。拉锚器通常通过箱梁外侧的预埋钢板固定在箱梁上,但为了拆装方便,减轻高空作业的劳动强度,拉锚座常制成插销式活动装置。

在顶推过程中,应注意加强检查,这些部分如果出了问题,后果是严重的。顶推的速度虽重要,但更重要的是顶推过程中的质量与安全。

顶推过程中最常见的故障是滑板被卡住,梁体不能前进,常用千斤顶将梁顶起取出滑板或调整滑板,故应对起顶反力值和起顶高度值加以限制,主要是为了控制主梁竖向位移所产生的附加应力,防止梁体开裂。

水平—竖向千斤顶顶推滑动装置的摩擦垫、滑板、滑块等部位的尺寸大小,均应按其所用材料的容许承载力计算确定。否则,在顶推过程中被压破,更换处理费时误事。

四氟板的容许应力分无侧限和有侧限两种,且与工作时的温度高低有关,温度低时其屈服点强度高。四氟板与金属板摩擦时,产生的热量多由金属板排走,如果两块四氟板相互摩擦移动,则产生的热量很多,温度很高,易使四氟板烧坏,故滑动装置不采用上下两层四氟板相互滑移。四氟板的容许应力可参考文献《公路施工手册·桥涵》拟定。对滑道的基本要求是表面光滑,摩擦系数小,不锈蚀。用不锈钢或镀铬带制作可符合要求。滑道长度和宽度的规定是考虑在滑动过程中,滑道容纳滑板数应不少于3块,以防止滑板偏离滑道;滑道顶面高差的规定是防止滑板局部受力而被压坏。

滑动装置的摩擦系数主要取决于四氟板与滑道面的摩擦系数。研究试验结果表明,启动摩擦系数为动摩擦系数的1.1~1.5倍,摩擦系数与滑道所用的材料无关,而与滑道表面的光洁度有关,滑道磨损变形或折皱,摩擦系数会增大,摩擦荷载压在四氟板上滞留时间延长而增加,故顶推工作一经开始,最好一气完成该节梁段。在四氟板与滑道之间涂以矿物油脂如轻机油或钾肥皂,可使摩擦系数降低。启动摩擦系数与动摩擦系数的推荐值是根据一般试验结果拟定的。

多联推顶目前常用的伸缩缝临时连接方案有两种:一种是在各联相邻间伸缩缝中灌注硫磺砂浆,冷凝后张拉临时预应力索,然后按程序进行顶推施工,待全桥顶推完毕,即可拆除临时预应力索,并把缝中硫磺砂浆加温熔化掉,落梁后进行伸缩缝的施工;另一种是在两梁段之间用塑料布隔开,张拉临时预应力索,然后按正常程序施工,待后一段达到设计位置,拆除临时预应力索,再将前面一联的连续梁向前顶推伸缩缝所需距离,达到设计位置时,再落梁进行伸缩缝施工。单点顶推时只能采用第一种方案,多点顶推则两方案均适用。

平曲线桥的曲率如变化太大,则其预制台座和预制梁段均需随曲率变化而变动。顶推过程中的方向也须经常调整改变,这些都很困难,所以规定顶推安装的平曲线桥只适用于同半径的圆曲线桥。与桥头引道衔接的桥梁两端为变曲率缓和曲线时,可采取特殊措施,见《公路施工手册·桥涵》。

顶推法安装的平曲线桥的另一主要限制条件是平曲线半径不能太小。如果每孔曲线桥的平面重心落在相邻两座桥墩上箱梁底板的弦连接线以外,箱梁就会倾覆,当然谈不上顶推了。满足上面所述条件不仅与曲线桥的半径大小有关,而且与箱梁底板的宽度有关。设曲线梁的弦中距 M 值小于1/2箱梁底板宽度,则一定可满足上述条件。

当梁重心在底板范围以内时,还要验算桥墩所受的偏心荷载反力所产生的应力及梁本身的扭转挠曲应力,见《公路施工手册·桥涵》有关要求。

用顶推法安装的竖曲线桥只适用于同曲率的竖曲线桥。自一端顶推全桥时,开始一段是向上坡顶推,水平顶推力应按顶推平坡时的摩阻力加上阻力考虑,顶过坡顶以后,水平顶推力应按顶推平坡时的摩阻力减去下坡阻力考虑。若纵坡太大,顶推下坡,虽不施加顶推力全梁也自动往下滑,则下坡时不宜采取顶推施工。

落梁工作包括:全桥顶推就位后,按营运阶段内力,将补充预应力筋进行穿束,张拉锚固压浆,再将临时预应力筋按设计规定顺序拆除,安装正式支座将梁顶起,取出滑动装置,然后将全梁落于正式支座上。为了消除由于预应力而引起的二次力矩,使梁体受力状态符合于其自重引起的弯矩和反力,落梁时千斤顶顶力应以支座反力调整控制为主,同时适当考虑梁底高程。

构件移运、堆放或吊装时,混凝土只承受构件本身自重产生的弯曲应力或轴心压应力,比受荷后的应力要小得多。因此,构件混凝土强度达到设计强度的75%时进行构件脱底模、移运、堆放、吊装等工作,应当是安全的。

第四节 装配式桥的施工质量控制

对于装配式混凝土、钢筋混凝土和预应力混凝土梁板桥构件的预制、移运、堆放和安装的施工应注意如下技术要求。

一、一般要求

预制场地应平整、坚实,应根据地基及气候条件,采取必要的排水措施,防止场地沉陷。

后张法预应力混凝土简支梁的预制台座应坚固、无沉陷,台座各墩间的距离应适宜,以保证底模挠度不大于2 mm,台座表面应光滑平整,在2 m长度上平整度的允许偏差为2 mm,气温变化大时应设伸缩缝。

预制模板应符合第三章的有关规定。底模板应根据桥梁跨度设置预拱度。装配式桥中的预应力混凝土梁、板预制构件施工前,应根据设计单位提供的理论拱度值,结合施工的实际情况,正确预计梁体拱度的变化情况,采取相应措施。当后张法全预应力混凝土梁预计的拱度值较大时,可考虑在预拱座上设置反拱。当梁体的实际拱度已较大,将对桥面混凝土的施工造成影响时,应书面报告监理工程师会同设计单位协商解决。

钢筋、混凝土及预应力筋的施工应符合第四章及《公路桥涵施工技术规范》(JTJ 041—2000)的相关规定。

采用平卧重叠法支立模板、浇筑构件混凝土时,下层构件顶面应设临时隔离层,上层构件须下层构件混凝土强度达到5.0 MPa后方可浇筑。

各种构件混凝土的浇筑除按规范规定外,还应遵守下列规定:

(1)梁板应按一定厚度、顺序和方向分层浇筑。

(2)腹板底部为扩大断面的T形梁,应先浇筑扩大部分并振实后,再浇筑其上部腹板。

(3)U形梁可上下一次浇筑或分两次浇筑。一次浇筑时应先浇筑底板(同时腹板部位浇至底板承托顶面),待底板混凝土稍沉实后再浇筑腹板;分两次浇筑时,先浇筑底板至底板承托顶面,按施工缝处理后再浇筑腹板混凝土。

(4)小型构件宜在振动台上振动浇筑。混凝土砌块、小型盖板、路缘石等小型构件，可在移动式底模或平整的地面上浇筑。

(5)装配式桥构件在脱底模、移运、堆放、吊装时，混凝土的强度不应低于设计所要求的吊装强度，一般不得低于设计强度的75%。对孔道已压浆的预应力混凝土构件，其孔道水泥浆的强度不应低于设计要求，如设计无规定，一般不低于30 MPa。

(6)安装构件时，支撑结构(墩台、盖梁)的强度应符合设计要求。支撑结构和预埋件(包括预留锚栓孔、锚栓、支座钢板等)的尺寸、标高及平面位置应符合设计要求。

(7)构件安装前必须检查其外形和预埋件的尺寸和位置，其允许偏差不得超过设计规定，如设计无规定，不得超过规范的有关规定。

(8)构件安装就位完毕并经过检查校正符合要求后，才允许焊接或浇筑混凝土，以固定构件。

(9)分层分段安装的构件继续安装时，必须在先安装的构件固定和受力较大的接头混凝土达到设计要求的强度后，方可进行。如设计无规定，应达到设计强度的75%后方可进行。

(10)分段拼装梁的接头混凝土或砂浆，其强度不应低于构件的设计强度。不承受内力的构件的接缝砂浆，其强度不应低于M10。需与其他混凝土或砌体结合的预制构件的砌筑面应按施工缝处理。构件在吊运安装时，必须遵守有关安全操作技术规程。吊运工具、设备的使用技术要求，应参照起重机吊装的有关规定执行。25 m以上的预应力简支梁应验算裸梁的稳定性。

二、构件移运及堆放的规定

(一)构件的移运

(1)构件移运时混凝土强度应达到设计强度的75%。

(2)构件移运时的吊点位置应按设计规定，如设计无规定，梁板构件的吊点应根据计算确定。构件的吊环应顺直，吊绳与起吊构件的交角小于60°时，应设置吊架与扁担，尽可能使吊环垂直受力。

(3)梁板、构件移运和堆放的支撑位置应与吊点位置一致，并应支撑牢固，避免损伤构件。在顶起各种构件时，应随时置好保险垛。

(4)吊移板式构件时，不得吊错上下面，以免折断。构件运输时，应有特制的固定架以稳定构件。小构件宜顺宽度方向侧立放置，并注意防止倾倒。如平放，两端吊点处必须设置支搁方木。

(5)梁的运输应顺高度方向竖直放置，并采取防止倾倒的固定措施，装卸梁时必须等支撑安稳后，才允许拆除吊钩。

(6)使用平板拖车或超长拖车运输大型构件时，车长应能满足支撑间的距离要求，支点处应设活动转盘以免搓伤构件混凝土。运输道路应平整，如有坑洼而高低不平，应事先修理平整。

(二)构件的堆放

成垛堆放时，对装配式构件应注意以下事项：

(1)堆放构件的场地应整平夯实。

(2)构件应按吊运及安装次序堆放,宜尽量缩短预应力混凝土梁板的堆放时间。

(3)构件堆垛时,应放置在垫木上,吊环向上,标志向外。混凝土梁或板的养护期未满的,应继续洒水养护。

(4)水平分层堆放构件时,其堆垛高度应按构件强度、地面承载力、垫木强度以及堆垛的稳定性而定。承重大构件一般以2层为宜,不应超过3层,小型构件一般不宜多于6~10层,层与层之间应以垫木隔开,各层垫木的位置应布在吊点处,上下层垫木必须在一条竖直线上。

(5)雨季和春季融冻期间,必须注意防止因地面软化下沉而造成构件断裂及损坏。

(6)水平多层堆放的板式构件,层与层之间以垫木隔开极为重要,因它可以明确板的支搁位置在设计支点附近,否则由于板的上下面不平整,凸出处成为支点,使板产生负弯矩,造成顶面开裂或折断等事故。支垫的位置应靠近设计点(即吊点),上下各层垫木必须在同一条竖直线上,也是为了防止板的开裂或折断。

第五节　装配式墩台及基础的安装技术要求

装配式墩台及基础的安装可分为砌块式墩台安装、柱式墩台安装、环管式墩台安装、整体式基础安装、简支梁板安装等五种类型。

一、砌块式墩台安装的技术要求

(1)砌块在使用前必须浇水湿润,表面如有泥土、水锈,应清洗干净。

(2)基底应加以清理,非砾类土地基应加铺薄层砂砾夯平,预制块安装前必须坐浆,基础预制块安装时,应水平放落,如放落不平、位置不对,应吊起重放,不得用撬棍拨移,以免造成基底凹陷。

(3)各砌层的砌块应安放稳固,砌块间应砂浆饱满,黏结牢固,不得直接贴靠或脱空。

(4)安装高度每升高1 m左右时应持平,并测量纵横向轴线,以控制砂浆厚度、标高及平面位置。

(5)砌筑上层砌块时,应避免振动下层砌块,砌筑工作中断后恢复砌筑时,已砌筑的砌层表面应加以清扫和湿润。

(6)桥墩破冰体镶面的砌筑应符合下列要求:

①破冰棱与垂直线的夹角大于20°时,破冰体镶面横缝应垂直于破冰棱,夹角小于等于20°时,镶面横缝可呈水平。

②破冰体镶面的砌筑层次应与墩身一致。

③砌缝宽度为10~12 mm。

④不得在破冰棱中线上及破冰棱与墩身相交线上设置砌缝。

(7)砂浆的技术要求如下:

①砌筑用的砂浆的类别和强度等级应符合设计规定。砂浆强度等级以M表示,为70.7 mm×70.7 mm×70.7 mm试件标准养护28 d的抗压强度,标准养护条件如下:水泥、

石灰等混合砂浆养护温度为(20±3)℃,相对湿度为60%~80%;水泥砂浆和微冻水泥砂浆养护温度为(20±3)℃,相对湿度为90%以上;常用的砂浆强度等级分为M20、M15、M10、M7.5、M5、M2.5六个等级。

②砂浆中所用的水泥、砂、水等材料的质量宜符合混凝土工程相应材料的质量标准。砂浆中所用的砂宜采用中砂或粗砂。当缺乏中砂、粗砂时,在适当增加水泥用量的基础上,也可采用细砂。砂的最大粒径,当用于砌筑片石时,不宜超过5 mm;当用于砌筑块石、粗料石时,不宜超过2.5 mm。如砂的含泥量达不到混凝土用砂标准,当砂浆强度等级大于或等于M5时可不超过5%,小于M5时可不超过7%。

③石灰水泥砂浆所用的生石灰应成分纯正、煅烧均匀透彻。一般宜熟化成消石灰粉或石灰膏使用,也可磨细成生石灰粉使用,消石灰粉和石灰膏应通过网筛过滤,并且石灰膏应在沉淀池内储存14 d以上。磨细生石灰粉应经4 900孔/cm^2筛子过筛。生石灰、生石灰粉及消石灰粉的技术指标如表5-1~表5-3所示。

表5-1 生石灰的技术指标

项目	钙质生石灰			镁质生石灰		
	优等品	一等品	合格品	优等品	一等品	合格品
CaO+MgO含量(%),不小于	90	85	80	85	80	75
未消化残渣含量 5 mm圆孔筛筛余(%),不大于	5	10	15	5	10	15
CO_2(%),不大于	5	7	9	6	8	10
产浆量(L/kg),不小于	2.8	2.3	2.0	2.8	2.3	2.0

表5-2 生石灰粉的技术指标

项目	钙质生石灰			镁质生石灰		
	优等品	一等品	合格品	优等品	一等品	合格品
CaO+MgO含量(%),不小于	85	80	75	80	75	70
CO_2(%),不大于	7	9	11	8	10	12
细度0.9 mm筛筛余(%),不大于	0.2	0.5	1.5	0.2	0.5	1.5
细度0.125 mm筛筛余(%),不大于	7.0	12.0	18.0	7.0	12.0	18.0

④砂浆的配合比可通过试验确定,可采用质量比或体积比。当变更砂浆的组成材料时,其配合比应重新试验确定。

⑤砂浆必须具有良好的和易性,其稠度用标准圆锥体沉入度表示,用于石砌体时宜为50~70 mm,气温较高时可适当增大。零星工程用砂浆的稠度,也可用直观法进行检查,以用手能将砂浆捏成小团,松手后既不松散,又不由灰铲上流下为度。

表 5-3 消石灰粉的技术指标

项目	钙质生石灰			镁质生石灰		
	优等品	一等品	合格品	优等品	一等品	合格品
CaO + MgO 含量(%),不小于	70	65	60	65	60	55
游离水(%)	0.4~2	0.4~2	0.4~2	0.4~2	0.4~2	0.4~2
体积安定性	合格	合格		合格	合格	
细度 0.9 mm 筛筛余(%),不大于	0	0	0.5	0	0	0.5
细度 0.125 mm 筛筛余(%),不大于	3	10	15	3	10	15

注:生石灰及消石灰粉技术指标见《建筑石灰试验方法》(JC/T 478.2—1992)。

⑥为改善水泥砂浆的和易性,可掺入无机塑化剂或以皂化松香为主要成分的微沫剂等有机塑化剂,其掺量可参照生产厂家的规定,通过试验确定,一般为水泥用量的0.5/10 000~1.0/10 000(微沫剂按100%纯度)。采用时应符合下列规定:微沫剂宜用不低于70 ℃的水稀释至5%~10%的浓度,稀释后存放不宜超过7 d;宜用机械拌和,拌和时间为3~5 min;砂浆配制应采用质量比,砂浆应随拌随用,保持适宜的稠度,一般宜在3~4 h内使用完毕;在运输过程中或在储存器中发生离析、泌水的砂浆,砌筑前应重新拌和,已凝结的砂浆不得使用。

二、柱式墩台安装的技术要求

(1)墩、台柱式构件与基础顶面的预留槽洞应编号,并检查各个墩、台高度和基础底标高是否符合要求,否则应进行调整,基座槽洞四周与柱边的空隙不得小于20 mm。

(2)墩、台柱吊入基座洞就位时,柱身竖直度或倾斜度以及平面位置符合设计要求后,再将楔子塞入槽洞打紧。对重大细长的墩柱,尚需用缆风绳或撑木固定,方可拆除吊钩。

(3)在墩、台柱顶安装盖梁前,应先检查梁口预留槽眼位置是否符合要求,否则应先修凿。

(4)柱身与盖梁安装完毕并检查符合要求后,可在基底座槽洞空隙与盖梁槽眼处灌注稀砂浆,待其硬化后,拆除楔子、支撑及缆风绳,在楔子孔中灌填砂浆。

三、环管式墩台安装的技术要求

(1)在基础或承台上安装预制混凝土管节、环圈做墩、台时,由混凝土基础或承台中伸出钢筋应插入管节、环圈中间的现浇混凝土内,插入钢筋的数量和锚固长度应按设计规定或通过计算确定。

(2)管节或环圈安装时,应严格控制轴线的设计位置,不得出现倾斜或上下错位现象。

(3)应用砂浆将管节或环圈处的接缝填塞抹平。

(4)管节或环圈内的钢筋绑扎和混凝土浇筑,应按规定执行。

四、整体式基础安装的技术要求

(1)安装前应检查支撑结构的尺寸、标高、平面位置和承载能力,使其符合设计要求。

(2)构件的混凝土强度应达到设计要求,设计无要求时应符合本章的一般规定。

(3)基础安装的岩面或混凝土的表面应平整,安装时冲刷干净,坐浆时要将水泥砂浆抹平,厚薄均匀。

(4)安装就位后,应采取保证构件稳定的措施。平面位置、高程、垂直度经检查校正符合设计要求后,方准焊接或浇筑接头混凝土。

(5)吊装大薄壁构件,应采取避免构件变形或损坏的临时加固措施。

(6)构件固定后方可摘去吊钩。

(7)分层安装时接头或接缝的混凝土强度未达到设计要求时,不得吊装上一层结构件。

(8)接头或接缝混凝土、砂浆宜采取快凝措施,强度等级宜比构件混凝土强度等级提高一级。

(9)已安装完毕的整体基础接头或接缝混凝土强度达到设计要求后,方可承受施工荷载。

(10)支承结构(墩台、盖梁、拱座等)应符合所要求的强度,即指安装上面的构件时所要求的强度,一般不应小于混凝土设计强度的75%。

(11)斜桥、弯桥安装时的特殊要求:主要是斜交方向,斜交角度较大时的支座型式及其安装问题,弯桥的超高与支座安装以及桥梁内侧与外侧长度不同等问题,这些都应按照设计规定处理。

五、简支梁板安装的技术要求

(一)一般要求

(1)除应验算构件在起吊过程中所产生的应力是否符合要求外,还应符合上述的有关规定。

(2)支座的安装应符合下列规定:

①板式橡胶支座在安装前的全面检查和力学性能检验,包括支座长、宽、厚、硬度(邵氏)、容许荷载、容许最大温差以及外观检查等,均应符合设计要求,如不符合设计要求,不得使用,否则以后更换支座很麻烦。

橡胶支座顶面或底面与梁底或墩台密贴,使支座全面积承受上部构造传递的竖直荷载,以符合设计要求。

②盆式橡胶支座的顶板与底盆底板是钢板,必须用焊接或栓接与梁底预埋钢板和墩顶预埋钢板连接上,并规定焊接或栓接的注意事项。锚碇螺栓外露螺杆高度不得大于螺母厚度,否则支座内部滑动会因螺栓的障碍而安装不进去。

盆式橡胶支座顶、底面积及压力均较大,浇筑支座底面钢垫板处墩顶混凝土时,必须有特殊措施,使垫板下混凝土能灌注密实。

盆式橡胶支座的聚四氟乙烯板与不锈钢板的滑动面和密封在钢盆内的橡胶垫块都不能有污物和损伤,否则将影响支座的质量,增大摩擦系数。钢盆内密封胶块安装时要排气密贴,以保证支座的承压能力。

(二)安装施工

简支梁和板可根据现场情况、梁和板的重力及所用设备制定安装方案,各受力部分的设备、杆件应经过验算。

斜桥、弯桥安装时,应按照设计要求办理,如设计无规定,可按规范规定办理。

梁板就位:每根大梁就位后应及时设置保险垛或支撑,将梁固定并用钢板与先安装好的大梁预埋横向连接钢板焊接,防止倾倒,待全孔大梁安装完毕后,再按设计规定使全孔大梁整体化。梁板就位后按设计要求及时浇筑接缝混凝土。

板式橡胶支座应符合现行《公路桥梁板式橡胶支座》(JT/T 4—2004)标准的规定。安装是相当重要的环节,对水平面应仔细校核,支座不得发生偏歪,不能脱空。盆式橡胶支座应符合现行《公路桥梁盆式橡胶支座》(JT 391—99)标准的规定。支座安装位置应准确,并注意安装平整,且盆式橡胶支座应注意使其滑动方向符合设计要求。

板式橡胶支座安装时,应注意下列事项:

(1)橡胶支座在安装前,应检查产品合格证书中有关技术性能指标,如不符合要求,不得使用。

(2)支座下设置的支撑垫石、混凝土强度应符合设计要求,顶面要求标准高、准确,表面平整。在平坡情况下同一片梁两端支撑垫石水平面尽量处于同一平面内,其相对误差不得超过 3 mm,避免支座偏歪、不均匀受力和脱空现象。

(3)安装前应将墩、台支座垫石处理干净,用干硬性水泥砂浆抹平,并使其顶面标高符合设计要求。

(4)将设计图上标明的支座中心位置标在支撑垫石及橡胶支座上,橡胶支座准确安放在支撑垫石上,要求支座中心同支撑垫石中心相重合。

(5)当墩、台两端标高不同,顺桥向有纵坡时,支座安装方法应按设计规定办理。

(6)吊装梁板前,抹平的水泥砂浆必须干燥并保持清洁和粗糙。梁板安放时必须仔细,使梁板就位准确且与支座密贴,就位不准或支座与梁板不密贴时,必须吊起,采取措施使垫钢板和支座位置限制在允许偏差内,不得使用撬棍移动梁板。

盆式橡胶支座的规格和质量应符合设计要求,支座组装时其底面与顶面(埋置于墩顶和梁底面)的钢垫板必须埋置密实。垫板与支座间平整粘贴,支座四周不得有 0. 3 mm 以上的缝隙,严格保持清洁。活动支座的聚四氟乙烯板和不锈钢板不得有刮伤撞伤。氯丁橡胶板块密封在钢盆内,要排出空气,保持紧密。

①活动支座安装前,用丙酮或酒精细心擦洗各相对滑移面,擦净后在四氟滑板的储油槽内注满硅脂类润滑剂,并注意硅脂保洁,坡道桥注硅脂时应注意防滑。

②盆式橡胶支座的顶板和底板可用焊接或锚固螺栓栓接,在梁体底部预埋的钢板或滑板,应根据浇筑时的温度、预应力张拉、混凝土收缩与徐变对梁长的影响,设置相对于设计支撑中心的预偏值。

球形支座各向转动性能一致,适用于弯桥、坡桥、斜桥、宽板及大跨径桥,球形支座无承重橡胶块,特别适用于低温地区。球形支座的技术要求如下:

(1)支座出厂时,应由厂家将支座调平,并拧紧连接螺栓,以防止支座在安放过程中发生转动和倾覆。支座可根据设计需要预设转角及位移,但施工单位应在订货前提出预设转角及位移量的要求,由生产厂家在装配时预先调整好。

(2)支座安装前方可开箱,并检查装箱清单,包括配件清单、检验报告复印件、支座产品合格证书及支座安装养护细则,施工单位开箱后不得任意转动连接螺栓,并不得任意拆卸支座。

(3)支座安装高度应符合设计要求,要保证支座平面的水平及平整。支座支撑面四角高差不得大于2 mm。

(4)支座安装应注意以下事项:

①支座开箱并检查清单及合格证。

②安装支座板及地脚螺栓:在下支座板四周用钢楔块调整支座水平,并使下支座板板底面高符合设计要求,找出支座纵、横向中心线位置,使之符合设计要求,用环氧砂浆灌注地脚螺栓孔及支座底面垫层。

③环氧砂浆硬化后,拆除支座四角临时钢楔块,并用环氧砂浆填满,抽出楔块的位置。

④在梁体安装完毕后或现浇筑混凝土梁体形成整体并达到设计强度后,在张拉梁体预应力之前,拆除上下支座连接板,以防止约束梁体正常转动。

⑤拆除上下支座连接板后,检查支座外观,并及时安装支座,防止尘罩。

⑥当支座与梁体及墩台采用焊接连接时,应先将支座准确定位后,用对称间断焊接,将下支座板与墩台上预埋钢板焊接,焊接时应防止烧伤支座混凝土。

(5)支座试运营期一年后应进行检查,消除支座附近的杂物及灰尘,并用棉丝仔细擦除不锈钢表面的灰尘。

其他特殊型式的支座,如聚四氟乙烯滑板式支座、圆形板式橡胶支座等的要求如下:

(1)聚四氟乙烯滑板式橡胶支座,四氟板表面应设置储油槽,支座四周设置防尘设施,在安装时应注意以下几点:

①墩台上设置的支撑垫石,其标高应考虑预埋在支座下的钢板厚度或在支撑垫石上预留一定深度的凹槽,将支座下钢板用环氧树脂砂浆黏结于凹槽内。

②在支座下钢板上及四氟滑板式支座上标出支座位置中心线,两者中心线相重合放置,为防止施工时移位,应采取临时固定措施。安装时宜在与年平均气温相差不大时进行。

③梁底预埋有支座上钢板与四氟滑板式支座密贴接触的不锈钢板,嵌入梁底上钢板内,或用不锈钢沉头螺钉固定在钢板上,并标出不锈钢板中心线位置。安装支座时,不锈钢板、四氟滑板表面均应清洁干净,在四氟滑板表面涂上硅脂油,落梁时要求平稳、准确、无振动,梁与支座密贴,不得脱空。

④支座正式就位后,拆除临时固定装置,采取安装防尘围裙措施。

(2)圆形板式橡胶支座安装注意事项同上规定。

支座安装的质量标准见表5-4。

表 5-4　支座安装规定值或允许偏差

检查项目		规定值或允许偏差(mm)
支座中心与主梁中线		应重合、最大偏差小于 2
高程		符合设计要求
支座圆角高差	承压力≤5 000 kN	<1
	承压力 >5 000 kN	<2
支座上下各部件纵曲线		必须对正
活动支座	顺桥向最大位移	±250
	双向活动支座横桥向最大位移	±25
	横轴线错位距离	根据安装时的温度与年平均最高、最低温度差计算确定
	支座上下挡块最大偏差交叉角	必须平行 <5°

六、施工观测及质量控制

(1)在支架上浇筑梁式桥的观测内容:施工时应对支架的变形、位移、节点和卸梁设备的压缩及支架基础的沉陷等进行观测,如发现超过允许值的变形、变位,应及时采取措施予以调整。

(2)悬臂浇筑混凝土过程中,对桥梁的中轴线、高程进行测量观测,误差应在允许范围内,高程偏差为 ±10 mm,中轴线偏差为 5 mm。

七、悬拼测量及挠度观测

控制每节箱梁施工中轴线及标高,监测施工过程中各块箱梁的挠度变化情况,并不断进行调整。

基准梁块四角高差的允许误差为 ±2 mm。

悬拼允许误差:湿接缝第一块箱梁中线允许误差为 2 mm;湿接缝第一块箱梁顶面标高允许误差为 ±2 mm;悬臂合龙时箱梁相对标高允许误差为 ±30 mm。

八、应力跟踪测量

对梁体主要断面应力观测值与理论值比较,研究体系转换过程中的应力变化,分析其他因素对箱梁的影响。

九、顶推过程中的施工观测

顶推过程中的施工观测项目如下:

(1)墩台和临时承受竖直荷载和水平推力所产生的竖直水平位移,需要时,观测其应力变化。

(2)桥梁顶推过程中,主梁和导梁控制截面的挠度,需要时,观测其应力变化。

(3)滑道装置的静摩擦系数和动摩擦系数:观测的结果应随时记录、整理,如超过设计规定限值,应分析原因,采取措施纠正。

(4)装配式桥安装施工过程中应经常对构件混凝土进行裂缝观测,若发现裂缝超过规定或有继续发展的趋势,应及时分析研究,找出原因,采取有效措施。

第六节　转体施工安装方法

一、转体施工安装方法

桥梁转体施工是20世纪50年代以后发展起来的新工艺,具有机具设备简单,材料节省,施工期间不受洪水威胁,又不影响通航等优点。自1999年四川省首例70 m箱形拱转体施工以来,目前国内转体施工桥梁已有60余座,数量居世界第一。

转体施工发展较快,平转法由有平衡重转体到无平衡重转体,无平衡重转体由单边转体到双边转体或不对称转体,由平转到竖转或平转竖转及先竖转后平转和其他组合转体方法。现主要介绍平转和竖转的施工技术要求和注意事项。

平转施工适用于钢构梁式桥、斜拉桥和各式混凝土拱桥。其基本原理是:将桥体(主要上部构造)整跨或从跨中分成两个半跨。利用两岸地形塔架或设置镦胎预制。在桥墩(梁台)处设置转盘,引导待转桥体部位或全部置于其上预制,通过张拉锚扣体系实现脱梁和对于转轴的重力平衡,再以适当动力(卷扬机、千斤顶等)牵引转盘将桥体平转至合龙位置,浇筑合龙段接头混凝土,封固转盘,完成平转施工。

竖转施工适用于转体重量不大的各式混凝土拱桥或某些桥梁的预制部件(塔、斜腿、劲骨架等)。其基本原理是:将桥体从跨中分成两半跨,在桥轴方向上的河床架设预制,待转桥体的岸端设铰,桥台或台后设临时塔架支撑提升系统,通过卷扬机回收提升牵引绳,将桥体竖转至合龙位置,浇筑合龙段接头混凝土,封固转铰完成竖转施工。

转体施工的桥体,转盘体系必须精心施工,各部分的几何尺寸如发生较大的偏差,易产生转体不平衡等后果,故对预制场地的选择、桥体结构尺寸和旋转环道精度作一规定。

预制及拼装:桥体的预制及拼装应按照设计规定的位置高程,并视两岸地形情况设计适当的支座和模板(或土胎)进行。预制时除按照《公路桥涵施工技术规范》(JTJ 041—2000)第9~11章的有关规定执行外,还应符合下列规定:

(1)充分利用地形,合理布置桥体预制场地,使支架稳固,工料节省,易于施工和安装。

(2)应严格掌握结构的预制尺寸和重量,其允许偏差为±5 mm,重量偏差不超过±2%。桥体轴线平面允许偏差为预制长度的±1/5 000。轴线立面允许偏差为±10 mm。环道转盘应平整,球面转盘应圆顺,其允许偏差为±1 mm。环道基座应水平,3 m长度内平整度不大于±1 mm。环道径向对称点高差不大于环道直径的1/5 000。

有平衡重平转施工要求:

(1)有平衡重平转施工工艺,可采用不同的锚扣体系。箱形拱、肋拱宜采用外锚扣体系桁架拱。刚架拱宜采用内锚扣(上弦预应力钢筋)体系。钢构梁式桥、斜拉桥为不需另设置锚扣的自平衡体系。

(2)桥体混凝土达到设计规定强度或者设计强度的80%后,方可分批分级张拉扣索。扣索索力应进行检测,其允许偏差为±3%。张拉达到设计总吨位左右时,桥体脱离支架,成为以转盘为支点的悬臂平衡状态,再根据合龙高程(考虑合龙温度)的要求精度调张拉扣索。

(3)采用外锚扣体系时,除按一般规定外,还应符合下列规定:

①扣索宜采用精轧螺纹钢筋,带轧丝锚的Ⅳ级圆钢筋。带镦头锚的高强钢丝、预应力钢绞线等高强材料,安全系数不应低于2。

②扣点应设在梁悬端点或拱顶点附近,控制好扣索合力作用点的位置,使桥体截面应力处于允许的受力状态。

③扣索锚点高程不应低于扣点,宜与通过锚点的水平线形成0°~5°的角度,以利于扣索调整和桥体脱梁。

④宜用千斤顶张拉扣索,张拉力先按设计张拉吨位控制,再按桥体脱开支架的要求适当调整。

(4)采用内锚扣体系时应符合下列要求:

①扣索采用结构本身钢筋或其杆件内另穿入高强钢筋。利用结构钢筋时应验算其强度。

②完成桥体转体合龙,浇筑接头混凝土并达到设计强度时,应解除扣索张力。

(5)转体平衡重视情况利用桥台或设临时配重。扣索和锚索之间宜通过置于扣锚支承(桥台或立柱)的顶部交换梁相连接。

转体合龙时应符合下列规定:

(1)应严格控制桥体高程和轴线。误差要求符合设计标准。合龙接口允许相对偏差为±10 mm。

(2)应控制合龙温度。当合龙温度与设计要求偏差3 ℃或影响高程差±10 mm时,应计算温度影响,修正合龙高程。合龙时应选择当日最低温度进行。

(3)合龙时宜采取钢楔剁尖等瞬时合龙措施,再施焊接头钢筋、浇筑接头混凝土,封固转盘。在混凝土达到设计强度的80%后,再分批分级松扣、拆除和锚索。

平转转盘有双支承式转盘和单支承式转盘两种。除大桥和桥体重心较高的桥体外,宜采用构造简单、适用的中心单支承式转盘,如图5-1所示。制作安装应符合下列规定:

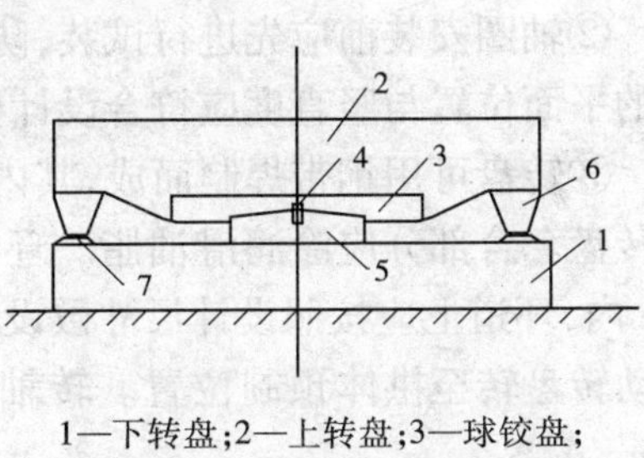

1—下转盘;2—上转盘;3—球铰盘;
4—钢质定位销;5—球面铰柱;
6—支腿;7—环道

图5-1　中心单支承式转盘示意

(1)球面铰柱用不低于C50混凝土浇筑于盘中央。球面用母线器成型,直径不小于100 mm的定位销(钢质或钢管混凝土)固定于球面铰柱中心。在球面打磨光滑、偏差符合要求后,其上覆盖塑料薄膜3~5层。浇筑球面铰柱达到设计强度后,拆去薄膜,将盖铰进行反复磨合,至单人用3 m杠杆推动为止。

(2)盖铰磨合符合要求后,其接触面应涂以黄油、四氟粉等润滑剂,再将铰盖浇固于上盘混凝土中。

(3)浇固于上盘周边的四个或多个辅助支腿,应对称均匀布置,与下环道保持不大于20 mm的间距,以备浇筑上盘混凝土或转体时作保持平衡临时支撑(支垫钢板)。

转体牵引力按下式计算

$$T = \frac{2fGR}{3D} \tag{5-1}$$

式中 T——牵引力,kN;

D——牵引力偶臂,m;

G——转体总重力,kN;

R——铰柱半径,m;

f——摩擦系数,无试验时可取静摩擦系数为0.1~0.12,动摩擦系数为0.06~0.09。

转体牵引索可用两根(钢绞线、高强度钢丝束),其一端引出、一端绕固于上转盘上,形成一转动力偶。牵引力可用卷扬机、牵引式千斤顶等施加,也可用普通千斤顶斜置在上下转盘之间,注意应预留顶位。转动时应注意控制转速。通常角速度不宜大于0.01~0.02 rad/min或桥体悬臂线速度不大于1.5~2.0 m/min。

无平衡重平转施工的技术要求:

(1)采用锚固体系代替平衡重平转法施工,是利用锚固体系、转动体系和位控体系构成平衡的转体系统。

(2)转动体系由拱体、上转轴、下转轴、下转盘、下环道和扣索组成。转动体系施工可按下列程序进行:安装下转轴、浇筑下环道、安装转盘、浇筑转盘混凝土、安装拱脚铰、浇筑铰脚混凝土、拼装拱体、穿扣索、安装上转轴等。施工时应符合下列要求:

①下转轴一般设计在桩基上,桩柱混凝土浇筑至环道设计高程时应安装用钢板卷制加工的轴圈。

②轴圈安装前应先进行试装,防止钢轴的支撑角钢与桩柱主钢筋发生干扰,轴圈与转轴的平面位置与竖直度应符合设计要求,然后点焊固定在桩柱主盘上,浇筑填心混凝土。

③转盘可用钢带焊制而成,其内径、走板平面平整度、焊缝均应符合设计要求。转轴与转盘套合部分应涂润滑油脂。环道上的滑道宜采用固定式,其平整度应控制在±1.0 mm内,环道上应按照设计尺寸敷设四氟板。当转盘填心混凝土达到75%设计强度后,可扳动转盘转至拱体预制位置。转轴与轴套应转动灵活,其配合误差应控制在0.6~1.0 mm。

④拱铰铰头可用钢板加工,其配合误差应小于2 mm。浇筑铰脚角锥体混凝土时可采用预制钢筋混凝土模板。承托拱体可利用第一段拱体的横隔板,并将其封闭,增设受弯钢筋来承担。

⑤扣索宜采用精轧螺纹钢筋,靠近锚块处宜接以柔性工作索,使其通过转向滑轮接至卷扬机,将钢筋张拉安装在立柱上的环套锚块上。

⑥上转轴的轴心平面位置应按照设计要求与下转轴的轴心设置偏心距。

(3)锚固体系由锚碇、尾索、支撑、锚梁(或锚块)及立柱组成锚碇,可设于引道或其他适当位置的边坡岩层中。锚梁(或锚块)支撑于立柱上。支撑和尾索一般设计成两个不同方向,形成三角形稳定体系,稳定锚梁和立柱顶部的上转轴使其为一固定点。当拱体设计为双肋,并采取对称同步平转施工时,非桥轴向(斜向)支撑可省去。锚固体系施工时,应符合下列规定:

①锚碇应按设计要求进行施工。锚固尾索时应考虑其着力点和受力方向,防止混凝土开裂。

②锚梁固定处设置张拉尾索设备。锚梁施工时应注意防止钢筋尾索、扣索和预应力钢材穿孔的干扰。浇筑的锚梁混凝土达到设计强度的50%后,方可将轴套穿入上下轴套和环套中。

③桥轴向的支撑可根据实际情况,利用引桥的梁作为支撑,或采用预制或现浇的钢筋混凝土构件。各类支撑应满足设计要求。

④立柱宜为钢筋混凝土结构。

(4)位控体系包括扣点缆风索和转盘牵引系统。安装时的技术要求按《公路桥涵施工技术规范》(JTJ 041—2000)的有关规定。

(5)尾索张拉、扣索张拉、拱体平转、合龙卸扣等工序,必须进行有关施工观测。

(6)尾索张拉时应符合下列规定:

①尾索张拉一般在立柱顶部的锚梁(锚块)内进行,操作程序与一般预应力梁后张法类似。

②两组尾索应按照上下左右对称、均衡张拉的原则,对桥轴向和斜向尾索分次、分组交叉张拉。

③张拉一级荷载时,应按照上一级荷载张拉后的伸长值与拉索中的应力数值分析、调整本级张拉荷载力,求各尾索内力均衡。

④尾索张拉荷载达到设计要求后,应对尾索观测和钢索内力测量1~3 d。如发现内力损失导致尾索间内力相差过大,应再进行一次尾索张拉,以求均衡达到设计内力。

(7)扣索张拉的技术要求:

①张拉前应设立桥轴向和斜轴向支撑以及拱体轴线上拱顶3/8、1/4、1/8跨径处的平面位置和高程观测点,在张拉过程中随时观测。

②全面检查支撑、锚梁、轴套、拱铰、拱体、锚碇并列表记录,分析确认不影响安全时,才可开始张拉。

③每索应分级张拉至设计张拉力,每级荷载张拉时,应对称于拱体,按由下向上的次序进行。各索内力相对偏差应控制在5 kN以内,应同时检查并调整各支撑点木楔,以免过大或过小。

④重复上述操作至张拉到设计荷载面使拱体脱架。

(8)无平衡重拱体进行平转时,应符合下列规定:

①应对全桥各部位包括转盘、转轴、缆风绳、电力线路、拱体下的障碍等进行测量,检查符合要求后方可正式平转。

②若起动摩阻力较大,不能自行起动时,宜用千斤顶在拱顶处施加顶力使其起动,然后应以缆风绳控制拱体转速。缆风绳走速在起动和就位阶段一般控制在0.5~0.6 m/min,中间阶段应控制在0.8~1.0 mm/min。

③上转盘采用四氟板作滑板支垫时,应随转随垫并密切注意四氟板接头和滑动支架情况。

④拱体旋转到距设计位置约5°时,应放慢转速,距设计位置相差1°时可停止外力牵引转动,借助惯性就位。

⑤当拱体采用双拱肋在一岸上下游预制进行平转达一定角度后,上下游拱体宜同步对称向桥轴线旋转。

(9)当两岸拱体旋转至桥轴线位置就位后,两岸拱顶高程超差时,宜采用千斤顶张拉。采用松卸扣索的方法调整拱顶高差,操作时应符合下列要求:

①测出两岸各扣索内力,建立拱顶水平和轴线观测站。

②对低于设计高程的拱顶端,其扣索可按对称均衡原则进行张拉。应先张拉内力较低的一排扣索,并分次张拉,使其尽可能达到设计高程。

③对高于设计高程的拱顶端,按与上相反的程序进行。

④若两岸拱顶高程差仍较大,可利用千斤顶再一次调整拱顶高程。

⑤当两岸拱体合龙处轴线与高程偏差符合要求后,尽量按设计要求的合龙温度进行合龙施工,其内容包括用钢楔顶紧合龙口,将两端伸出的预埋件用型钢连接焊牢,连接两端主钢筋,浇筑台座混凝土和拱顶合龙口混凝土。

(10)当台座和拱顶合龙口混凝土达到设计强度的75%后,可按下述要求卸除扣索:

①按对称均衡的原则,分级卸除扣索,同时应复测扣索内力、拱轴线位置和高程。

②全部扣索卸除后再测量轴线位置和高程。

(11)竖转施工的技术要求:

①对混凝土肋拱、刚架拱、钢筋混凝土拱,当地形、施工条件适合时可选择竖转法施工。其转动系统由转动铰、提升体系(动、静车组,牵引绳等)和锚固体系(锚索、锚碇)等组成,如图5-2所示。

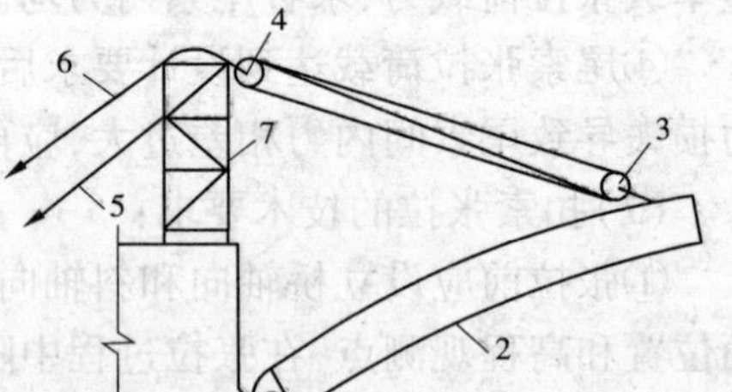

1—转动铰;2—桥体;3—动滑车;4—定滑车;
5—牵引车(接卷扬机);6—锚索(接锚碇);7—塔架

图5-2 竖转施工转动系统示意

②待转桥体在桥轴线的河床上架设或拼装要求符合《公路桥涵施工技术规范》(JTJ 041—2000)的规定。根据提升能力确定转动单元为单肋或双肋,宜采用横向连接为整体的双肋为一个转动单元。

③支撑提升和锚固体系的台后临时塔架可由引桥墩或立柱替代,提升动力可选用30~80 kN卷扬机。

④桥体下端转动可根据推力大小选用轴销铰、弧形柱面铰、球面铰等。前者为钢制,后两者为混凝土制并用钢板包裹铰面。

⑤转动时应符合下列规定:一是转动前应进行试转,以检验转动系统的可靠性。竖转

速度可控制在0.005～0.01 rad/min，提升重量大者，采用较低的转速，力求平稳。二是两岸桥体竖转就位，调整高程和轴线应符合《公路桥涵施工技术规范》（JTJ 041—2000）的相关规定。楔紧合龙缺口、焊接钢筋、浇筑合龙混凝土、封填转动铰至混凝土达到设计强度后，拆除提升体系完成竖转工作。

二、桅杆（扒杆）吊装的技术要求

桅杆（扒杆）为钢、木结构设施，其吊装与计算方法应根据《钢结构设计规范》（GB 50017—2003）和《公路桥涵钢结构及木结构设计规范》（JTJ 025—86）的设计方法。同时也可参考《公路施工手册·桥涵》的相关要求。

桅杆可分为独脚桅杆构造、木桅杆、钢管桅杆、格构式钢独脚桅杆和缆风绳等，其各自的性能分别叙述如下。

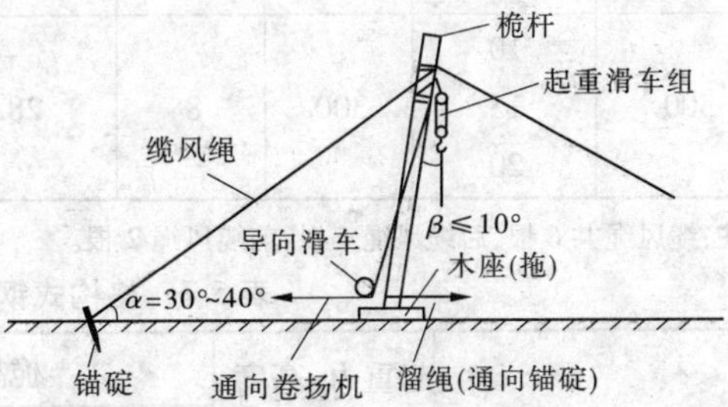

图5-3　独脚桅杆构造

独脚桅杆由整根圆木（钢管或型钢格构）、缆风绳及起重机滑车组成，如图5-3所示。其适用范围：木制桅杆的起重高度小于25 m，起重力小于200 kN；金属桅杆的起重高度可达到50～60 m，起重力达1 000 kN；缆风绳常用5～6根，其一端固定在地锚或建筑物上，与地面夹角为30°～45°。常用的独脚桅杆规格如表5-5～表5-7所示。

表5-5　圆木独脚桅杆的规格性能

桅杆起重力（kN）	桅杆高度 H（m）	桅杆梢径 d_0（mm）	缆风绳直径 d_1（倾角45°）（mm）	起重滑车组			卷扬机起重力（kN）	桅杆连接搭接长度 L（m）
				钢丝绳直径 d（mm）	滑车门数			
					定滑车	动滑车		
30	6.0	180	15.5	12.5	2	1	15	2.5～3.0
	8.5	200						2.5～3.0
	11.0	220						2.5～3.0
	13.0	220						3.0～3.5
	15.0	240						3.0～3.5
50	8.5	240	15.5	15.5	2	1	30	3.0～3.5
	11.0	260	20.0					3.0～3.5
	13.0	260	20.0					3.5～4.0
	15.0	280	20.0					3.5～4.0
100	8.5	300	21.5	17.0	3	2	30	3.5～4.0
	11.0	300						4.0～5.0
	13.0	320						4.0～5.0

注：表中的系数按滑车组偏心距 $e=0.2$ m计算而得。

表 5-6　钢管独脚桅杆的规格性能

桅杆起重力（kN）	桅杆高度（m）	钢管尺寸		缆风绳直径（倾角 45°）（mm）	起重滑车组			卷扬机起重力（kN）
		直径（mm）	壁厚（mm）		钢丝绳直径（mm）	滑车门数		
						定滑车	动滑车	
100	10	250	8	21.5	17.0	3	2	30
	15	250						
	20	300						
200	10	250	8	24.5	21.5	4	3	50
	15	300						
	20	300						
300	10	300	8	28.5	24.5	5	4	50
	15							
	20							

注：缆风绳共 6 根，后缆风绳 4 根，前缆风绳 2 根。

表 5-7　格构式钢独脚桅杆的规格性能

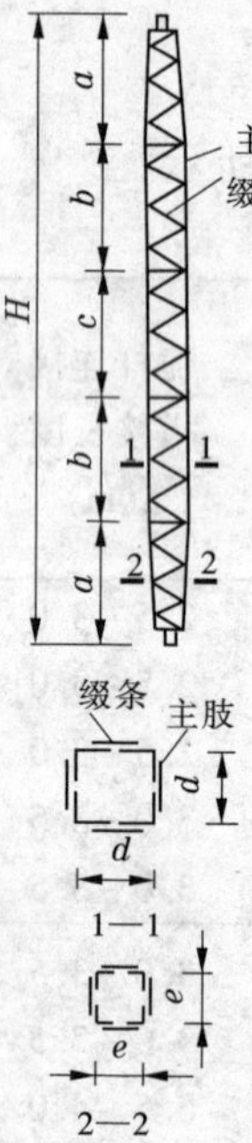

起重力（kN）	高度 H（m）	桅杆尺寸（m）					杆件规格（mm）		质量（t）
		a	b	c	d	e	主肢	缀条	
50	30	7.5	7.5	—	0.45	0.25	∟65×8	∟30×4	2.2
100	22.5	7.5	—	7.5	0.45	0.25			1.8
150	15	7.5	—	—	0.45	0.25			1.3
100	35	7.5	7.5	5	0.65	0.35	∟75×10	∟50×5	4.6
150	30	7.5	7.5	—	0.65	0.35			4.4
200	25	7.5	5.0	—	0.65	0.35			3.7
300	15	7.5	—	—	0.65	0.35			2.3
300	30	7.5	7.5	10	0.90	0.60	∟90×12	∟50×5	5.4
360	22.5	7.5	7.5	—	0.90	0.60			4.4
200	40	7.5	7.5	10	0.90	0.60	∟90×12	∟50×5	10.1
270	30	7.5	7.5	—	0.90	0.60			8.4
250	40	10	10	—	1.00	0.70	∟100×12	∟50×5	9.7
350	30	10	—	10	1.00	0.70			7.7
450	20	7.5	—	5	1.00	0.70			6.1
400	45	10	10	5	1.20	0.80	∟130×12	∟65×6	15.5
500	35	10	7.5	—	1.20	0.80			12.9
600	25	10	—	5	1.20	0.80			10.5
650	20	7.5	—	5	1.20	0.80			8.8
500	45	10	10	5	1.20	0.80	∟150×12	∟65×6	15.0
550	40	10	10	—	1.20	0.80	∟150×12	∟65×6	13.0
1 000	40	10	10	—	1.20	0.80	∟200×16	∟100×8	21.0

注：缆风绳根数根据起重量、起重高度以及钢丝绳的强度而定，一般为 6～12 根。

第七节　质量检查和质量标准

各种材料、各工程项目和各个工序应经常进行检验，保证符合设计和施工技术规范的要求。

悬臂浇筑预应力混凝土梁式桥的质量标准如表 5-8 所示。

表 5-8　悬臂浇筑预应力混凝土梁式桥的质量标准

项目		规定值或允许偏差（mm）
混凝土强度（MPa）		符合设计要求
轴线偏位	$L\leqslant 100$ m	10
	$L>100$ m	$L/10\ 000$
顶面高程	$L\leqslant 100$ m	±20
	$L>100$ m	$L/5\ 000$
	相邻节段高差	10
断面尺寸	高度	+5，-10
	顶宽	±30
	顶底腹板厚	+10，-0
同跨对称点高差	$L\leqslant 100$ m	20
	$L>100$ m	$L/15\ 000$

预应力悬臂拼装梁式桥安装完成时的质量标准如表 5-9 所示。

表 5-9　预应力悬臂拼装梁式桥安装完成时的质量标准

项目		规定值或允许偏差（mm）
混凝土强度（MPa）		符合设计要求
轴线偏位	$L\leqslant 100$ m	10
	$L>100$ m	$L/10\ 000$
顶面高程	$L\leqslant 100$ m	±20
	$L>100$ m	$L/5\ 000$
	相邻节段高差	10
同跨对称点高程差	$L\leqslant 100$ m	20
	$L>100$ m	$L/15\ 000$

预应力混凝土桥顶推安装完成后的允许偏差可按照表 5-8 的规定执行。

预制梁板的允许偏差如表 5-10 所示。

表 5-10　预制梁板的允许偏差

检查项目		规定值或允许偏差(mm)
梁板长度		±5，-10
宽度	干接缝(梁翼缘、板)	±10
	湿接缝(梁翼缘、板)	±20
	箱梁顶宽	±30
	腹板或梁肋	+10,0
高度	梁板	±5
	箱梁	0，-5
跨径(支座中心至支座中心)		±20
支座平面平整度		2
平整度		5
横系梁及预埋件位置		5

墩、台安装允许偏差如表 5-11 所示。

表 5-11　墩、台安装允许偏差

检查项目	允许偏差(mm)	检查项目	允许偏差(mm)
轴线平面位置	10	倾斜度	0.3%墩、台高，且不大于 20
顶面高程	±10	相邻墩、台柱间距	±15

简支梁、板就位后，与支座须密合，否则应重新安装，安装的允许偏差见表 5-12。

表 5-12　简支梁、板安装的允许偏差

检查项目		允许偏差(mm)	检查项目	允许偏差(mm)
支座中心偏位(mm)	梁	5	竖直度	1.2%
	板	10	梁、板顶纵向高程	+8，-5

基础施工允许偏差见表 5-13。

表 5-13　基础施工允许偏差

检查项目	允许偏差(mm)	检查项目	允许偏差(mm)
轴线偏位	25	基础底面高程(土质)	±50
断面尺寸	±50	基础底面高程(石质)	+50，-200
顶面高程	±30		

例：河南省水利第一工程局河口村水库金滩沁河大桥工程梁、承台、柱式桥墩、盖梁施工的技术要求。

(一)一般要求

(1)混凝土的质量应符合以上所述规定。

(2)水泥浆的抗压强度应不低于图纸规定,且不低于 30 MPa。

(3)预应力混凝土预制梁(板)及悬臂浇筑预应力混凝土梁的允许偏差应分别符合表 5-14 ~ 表 5-17 的规定。

表 5-14　预制梁(板)检查项目及允许偏差

项次	检查项目		规定值或允许偏差	检查方法
1	混凝土强度(MPa)		在合格标准内	按 JTG F80/1—2004 检查
2	梁(板)长度(mm)		+5,-10	用尺量
3	宽度(mm)	干接缝(梁翼缘、板)	±10	用尺量 3 处
		湿接缝(梁翼缘、板)	±20	
		箱梁顶宽	±30	
		腹板或梁肋	+10,-0	
4	高度(mm)	梁、板	±5	用尺量 2 处
		箱梁	+0,-5	
5	跨径(支座中心至支座中心)(mm)		±20	用尺量
6	支座表面平整度(mm)		2	查浇筑前记录
7	平整度(mm)		5	用 2 m 直尺检查
8	横系梁及预埋件位置(mm)		5	用尺量

表 5-15　小型预制件检查项目及允许偏差

项次	检查项目		规定值或允许偏差	检查方法
1	混凝土强度(MPa)		在合格标准内	按 JTG F80/1—2004 检查
2	断面尺寸(mm)	≤80	±5	用尺量 2 处
		>80	±10	
3	长度(mm)		+5,-10	用尺量

表 5-16　护栏的检查项目及允许偏差

项次	检查项目	规定值或允许偏差	检查方法
1	混凝土强度(MPa)	在合格标准内	按 JTG F80/1—2004 检查
2	平面偏位(mm)	4	30 m 或每 4 节段拉线检查
3	断面尺寸(mm)	±5	每 100 m 用尺测量 3 个断面
4	竖直度(mm)	4	每 100 m 用垂线检查 3 处
5	护栏接缝两侧高差(mm)	5	用尺量,每 100 m 每侧 3 处

注:当护栏长度小于 100 m 时,按 100 m 检查。

表 5-17　悬臂浇筑预应力混凝土梁检查项目及允许偏差

项次	检查项目		规定值或允许偏差	检查方法和频率
1	混凝土强度(MPa)		在合格标准内	按 JTG F80/1—2004 检查
2	轴线偏位(mm)	$L \leqslant 100$ m	10	用经纬仪检查,每跨 5 处
		$L > 100$ m	$L/10\,000$	
3	顶面高程(mm)	$L \leqslant 100$ m	±20	用水准仪检查,每跨 5 处
		$L > 100$ m	$L/5\,000$	
		相邻节段高差	10	
4	断面尺寸(mm)	高度	+5，-10	检查施工记录,每跨 5 个断面
		顶宽	±30	
		顶、底腹板厚	+10，-0	
5	同跨对称点高程差(mm)	$L \leqslant 100$ m	20	每跨用水准仪检查 5 处
		$L > 100$ m	$L/5\,000$	

①结构物的检查项目及允许偏差如表 5-18 ~ 表 5-23 所示。

②外观检查:

a. 混凝土表面应平整、密实,施工缝整齐。外露部分无模板接头痕迹和颜色不均匀现象。

表 5-18　混凝土基础检查项目及允许偏差

项次	检查项目		规定值或允许偏差	检查方法
1	混凝土强度(MPa)		在合格标准内	按 JTG F80/1—2004 检查
2	平面尺寸(mm)		±50	用尺量,长、宽各 3 处
3	基础底面高程(mm)	土质	±50	用水准仪测量 5 ~ 8 点
		石质	±50，-200	
4	基础顶面高程(mm)		±30	用水准仪测量 5 ~ 8 点
5	轴线偏位(mm)		25	用经纬仪检查,纵、横向各 2 处

表 5-19　承台检查项目及允许偏差

项次	检查项目	规定值或允许偏差	检查方法
1	混凝土强度(MPa)	在合格标准内	按 JTG F80/1—2004 检查
2	尺寸(mm)	±30	用尺量,长、宽、高各 2 处
3	顶面高程(mm)	±20	用水准仪测量 5 ~ 8 点
4	轴线偏位(mm)	15	用经纬仪检查,纵、横向各 2 点

表 5-20 墩、台身检查项目及允许偏差

项次	检查项目	规定值或允许偏差	检查方法
1	混凝土强度(MPa)	在合格标准内	按 JTG F80/1—2004 检查
2	断面尺寸(mm)	±20	用尺量 3 个断面
3	竖直度或斜度(mm)	0.3%H,且不大于 20	用垂线或经纬仪测量 2 点
4	顶面高程(mm)	±10	用水准仪测量 3 点
5	轴线偏位(mm)	10	用经纬仪检查,纵、横向各 2 点
6	大面积平整度(mm)	5	用 2 m 直尺检查
7	预埋件位置(mm)	10	用尺量

注:H 为墩、台身高度。

表 5-21 柱式墩及双壁墩检查项目及允许偏差

项次	检查项目	规定值或允许偏差	检查方法
1	混凝土强度(MPa)	在合格标准内	按 JTG F80/1—2004 检查
2	相邻间距(mm)	±15	用尺量或测距仪测量 3 处(顶、中、底)
3	竖直度(mm)	0.3%H,且不大于 20	用垂线或经纬仪,每柱纵、横向各检查 2 处
4	柱(墩)顶高程(mm)	±10	用水准仪检查
5	轴线偏位(mm)	10	用经纬仪定出轴线检查 4 处
6	断面尺寸(mm)	±15	检查 3 个断面

注:H 为墩柱或墩壁高度。

表 5-22 墩、台帽或盖梁检查项目及允许偏差

<table>
<tr><th>项次</th><th colspan="2">检查项目</th><th>规定值或允许偏差</th><th>检查方法</th></tr>
<tr><td>1</td><td colspan="2">混凝土强度(MPa)</td><td>在合格标准内</td><td>按 JTG F80/1—2004 检查</td></tr>
<tr><td>2</td><td colspan="2">断面尺寸(mm)</td><td>±20</td><td>检查 3 个断面</td></tr>
<tr><td>3</td><td colspan="2">轴线偏位(mm)</td><td>10</td><td>用经纬仪检查,纵、横向各 2 处</td></tr>
<tr><td rowspan="3">4</td><td rowspan="3">支座处顶面高程(mm)</td><td>简支梁</td><td>±10</td><td rowspan="3">用水准仪每支座测量 1 点</td></tr>
<tr><td>连续梁</td><td>±5</td></tr>
<tr><td>双支座连续梁</td><td>±2</td></tr>
<tr><td>5</td><td colspan="2">支座位置(mm)</td><td>5</td><td>用尺量</td></tr>
<tr><td>6</td><td colspan="2">预埋件位置(mm)</td><td>5</td><td>用尺量</td></tr>
</table>

b. 梁、柱、盖梁、主拱圈及基础的混凝土蜂窝、麻面面积不超过被检面积的 0.5%,深度不超过 10 mm。

c. 小型构件的外形轮廓清晰,线条直顺,无翘曲现象,无蜂窝、麻面。

d. 所有蜂窝、麻面,不整齐的施工缝及缝宽大于 0.15 mm 的裂缝。

表 5-23　就地浇筑箱形梁检查项目及允许偏差

项次	检查项目		规定值或允许偏差	检查方法
1	混凝土强度(MPa)		在合格标准内	按 JTG F80/1—2004 检查
2	轴线偏位(mm)		10	用经纬仪检查,每跨 5 处
3	顶面高程(mm)		±10	用水准仪检查,每跨 5 处
4	断面尺寸(mm)	高度	+5,-10	每跨用尺量 5 个断面
		顶宽	±30	
		顶、底、腹板厚	+10,-0	
5	长度(mm)		+0,-10	用尺量 5 处
6	平整度(mm)		8	用 2 m 直尺检查

(4)预应力筋后张法检查项目及允许偏差见表 5-24。

表 5-24　预应力筋后张法检查项目及允许偏差

项次	检查项目		规定值或允许偏差	检查方法和频率
1	管道坐标(mm)	梁长方向	30	检查 30%,每根查 10 个点
		梁高方向	10	
2	管道间距(mm)	同排	10	抽查 30%,每根查 5 个点
		上下层	10	
3	张拉应力值		符合图纸要求	查张拉记录
4	张拉伸长率		±6%	查张拉记录
5	断丝滑丝数	钢束	每束 1 根,且每断面不超过钢丝总数的 1%	查张拉记录
		钢筋	不允许	

(5)预应力钢丝、钢绞线及粗钢筋先张法检查项目及允许偏差见表 5-25、表 5-26。

表 5-25　预应力钢丝、钢绞线及粗钢筋先张法检查项目及允许偏差

项次	检查项目		规定值或允许偏差	检查方法和频率
1	镦头钢丝同束长度相对差(mm)	束长 >20 m	L/5 000,且不大于 5	每批检查 2 束
		束长 6~20 m	L/3 000,且不大于 4	
		束长 <6 m	2	
2	张拉应力值		符合图纸要求	查张拉记录
3	张拉伸长率		±6%	查张拉记录
4	同一构件内断丝根数不超过钢丝总数的百分数		1%	查张拉记录

注:L 为钢丝束长度。

表5-26 粗钢筋先张法检查项目及允许偏差

项次	检查项目	规定值或允许偏差	检查方法和频率
1	冷拉钢筋接头在同一平面内的轴线偏位(mm)	2及1/10直径	抽查30%
2	中心偏位(mm)	4%短边及5	用尺量
3	张拉应力值	符合图纸要求	查张拉记录
4	张拉伸长率	±6%	查张拉记录

(6)非预应力钢筋的允许偏差应符合规范规定。

(7)梁(板)相邻块段应接缝平整、密实、色泽一致,无明显错台。梁体表面及梁端封锚混凝土表面应平整、密实、无蜂窝及钢筋外露。

(二)原材料质量

1. 钢丝

(1)进场的预应力钢丝应具有厂方的质量保证书及自检报告,自检报告内容包括抗拉强度、伸长率和弯曲试验。

(2)进场后的预应力钢丝应进行下列检验:

①外观检查。同一钢号、同一直径、同一抗拉强度和同一交货状态的钢丝以每60 t为一批,按5%盘选取(不少于5盘)进行钢丝形状、尺寸检查。钢丝外观应逐盘检查,钢丝表面不得有裂缝、小刺、劈裂、机械损伤、氧化铁皮和油迹。

②力学性能试验。从每批中任意选取5%盘(不少于3盘)的钢丝,从每盘钢丝的两端各截取一个试件,进行抗拉强度、弯曲和伸长率试验。如有某一项试验结果不符合GB/T 5223—2002标准要求,则该盘钢丝为不合格品,并从同一批未经试验的钢丝盘中再取双倍数量的试件进行复验,如仍有二个指标不合格,则该批钢丝为不合格品,钢丝将被拒收。钢丝屈服强度检验按2%盘数选取,但不得少于3盘。

2. 钢绞线

进场的钢绞线应具备厂方的质量保证书,同时要有国家建筑钢材质量监督检验测试中心检验合格的自检报告,报告内容应包括拉力试验、松弛试验。

进场后的钢绞线,同一钢号、同一规格、同一生产工艺制造的钢绞线以每60 t为一批进行验收,每批选取3盘,每盘截取一个试件,做力学性能试验(由中心实验室统一取样验收)。如有某一项试验结果不符合《预应力混凝土用钢绞线》(GB/T 5224—2003)标准要求,则该盘钢绞线为不合格品;其复验方法与钢丝相同。另外,每批钢绞线任选3盘,进行表面质量及直径偏差试验。

3. 预应力粗钢筋

预应力粗钢筋应具有厂方的质量保证书及自检报告,自检报告内容包括外形尺寸的检查、拉力试验、冷弯试验。

进场后的粗钢筋应进行下列检验:应分批进行检验,每批质量不大于100 t,对表面质量应逐根目视检查,外观检查合格后在每批中任选4根钢筋截取试件,其中两根进行拉伸试验,两根进行弯曲试验,试验结果如有一项不符合表5-27的规定,则另取双倍数量的试件重做全部各项试验，如仍有一根试件不合格，则该批钢筋为不合格。拉伸试验的试件，不允许进行任何形式的加工。

表 5-27　精轧螺纹钢筋力学性能

级别	屈服点 $\sigma_{0.2}$ (MPa)	抗拉强度 σ_b (MPa)	伸长率 δ_5 (%)	冷弯	10 h 松驰率 (%)，不大于
	不小于				
JL540	540	835	10	$d=6a$　90°	1.5
JL785	785	980	7	$d=7a$　90°	
JL930	930	1 080	6		

注：1. a 为钢筋直径(mm)，其规格一般为 18 mm、25 mm、32 mm、40 mm；d 为弯心直径。

2. 除非生产厂方另有规定，弹性模量取为 2×10^6 MPa。

3. 冷弯指标不作为交货条件。

4. 热处理钢筋

从每批钢筋中抽取 10% 的盘数(不小于 25 盘)进行表面质量和尺寸偏差的检查。如检查不合格，则应对该批钢筋进行逐盘检查。

从每批钢筋中抽取 10% 的盘数(不小于 25 盘)进行力学性能试验。试验结果如有一项不合格，该不合格盘应报废，并再从未试验过的钢筋中取双倍数量的试样进行复检，如仍有一项不合格，则该批钢筋为不合格。

每批钢筋的质量应不大于 60 t。

5. 冷拉钢筋

相同级别和相同直径的钢筋每 20 t 为一批进行检验，每批钢筋外观经逐根检查合格后，再从任选的两根钢筋上各取一套试件，按照现行国家标准的规定进行拉力试验(屈服强度、抗拉强度、伸长率)和冷弯试验。

如有一项试验结果不符合《公路桥涵施工技术规范》(JTJ 041—2000)附录 G.4 的规定，则另取双倍数量的试件重做全部各项试验，如仍有一根试件不合格，则该批钢筋为不合格。

钢筋冷拉后，其表面不得有裂纹和局部缩颈。冷弯试验后，冷拉钢筋的外观不得有裂纹、鳞落或断裂现象。

6. 冷拔低碳钢丝

对进场的冷拔低碳钢丝，应逐盘进行抗拉强度、伸长率和弯曲试验。

从每盘钢丝上任一端截去不少于 500 mm 后再取两个试样，分别做拉力和 180° 反复弯曲试验，试验结果应符合《公路桥涵施工技术规范》(JTJ 041—2000)附录 G.5 的要求。弯曲试验后，不得有裂纹、鳞落或断裂现象。

7. 锚具、夹具和连接器

锚具、夹具和连接器进场时，应按出厂合格证和质量证明书核查其锚固性能类别、型号、规格及数量。

预应力筋锚具、夹具和连接器验收批的划分：在同种材料和同一生产工艺条件下，锚具、夹具应以不超过1 000套组为一个验收批;连接器以不超过500套组为一个验收批。

锚具、夹具和连接器按下列规定进行验收:

(1)外观检查。应从每批中抽取10%的锚具且不少于10套,检查其外观和尺寸。如有一套超过产品标准及设计图纸规定尺寸的允许偏差,则应另取双倍数量的锚具重做检查;如仍有一套不符合要求,则应逐套检查,合格者方可使用。如发现一套有裂纹,则应逐套检查,合格者方可使用。

(2)硬度检验。应从每批中抽取5%的锚具且不少于5套,对其中有硬度要求的零件做硬度试验,对多孔夹片式锚具的夹片,每套至少抽取5片。每个零件测试3点,其硬度应在设计要求范围内。如有一个零件不合格,则应另取双倍数量的零件重做试验,如仍有一个零件不合格,则应逐个检查,合格者方可使用。

(3)静载锚固性能试验。对大桥等重要工程,当质量证明书不齐全、不正确或质量有疑点时,经上述两项试验合格后,应从同批中抽取6套锚具、夹具或连接器组成3个预应力筋锚具组装件,进行静载锚固性能试验。如有一个试件不符合要求,则应另取双倍数量的锚具、夹具或连接器重做试验,如仍有一个试件不符合要求,则该批锚具、夹具或连接器为不合格品。

对用于其他桥梁的锚具、夹具或连接器进场验收,其静载锚固性能可由锚具生产厂提供试验报告。

预制构件安装的检查项目及允许偏差如表5-28所示。

表5-28 梁、板安装的检查项目及允许偏差

项次	检查项目		规定值或允许偏差	检查方法
1	支座中心偏位(mm)	梁	5	用尺量,每孔抽查4~6个支座
		板	10	
2	竖直度		1.2%	吊垂线,每孔抽查2片
3	顶面纵向高程(mm)		+8,−5	每孔抽查2片,每片用水准仪测3点

第六章　桥面工程与附属工程

桥面工程与附属工程共包括伸缩装置、沉降缝桥面防水、泄水管桥面铺装、桥面防护设施及桥头搭板等。各项工程的施工技术要求分述如下。

第一节　一般规定

橡胶伸缩装置应符合现行标准《公路桥梁橡胶伸缩装置》(JT/T 327—2004)的规定。伸缩装置的位置构造应按设计规定办理。安装各种伸缩装置时的定位值均应通过计算确定。

梁体温度应测量准确,伸缩体横向高度应符合桥面线形。装设伸缩装置的缝槽应清洁干净,如有顶头现象或缝宽不符合设计要求,应凿剔平整。现浇混凝土时宜在接缝伸缩开放状态下浇筑,应防止已定位的构件变位,伸缩缝两边的组件应平顺、无扭曲。

梳形钢板伸缩装置、板式橡胶伸缩装置施工前必须认真做好伸缩部位的清理工作。施工中应加强锚固系统的锚固,防止锚固螺栓松动、螺帽脱落,注意养护。

梳形钢板伸缩装置、板式橡胶伸缩装置如果锚固不牢,前者会由于螺栓的脱落而发出较大噪声,后者的橡胶管会脱落。梳形钢板伸缩装置易夹进杂物,应当经常清扫,保持干净。

沥青混凝土桥面铺装的施工应符合现行《公路沥青路面施工技术规范》(JTG F40—2004)的有关规定。

桥面防护的防撞护栏的施工应符合现行《高速公路交通安全设施设计及施工技术规范》(JTJ 074—94)的有关规定。

第二节　伸缩装置的技术要求

一、梳形钢板伸缩装置的技术要求

(1)采用梳形钢板伸缩装置安装时的间隙应按安装的梁体温度确定,一般可按下式计算

$$\Delta_1 = L - L_1 + L_2 \tag{6-1}$$

式中　Δ_1——安装时的梳形板间隙;

L——梁的总伸缩量;

L_1——施工时梁的伸长量,应考虑混凝土干燥收缩引起的收缩量,预应力混凝土还应考虑混凝土徐变引起的收缩量;

L_2——富余量。

(2)梳形钢板伸缩装置所用的钢材性能应符合有关规定;安装时注意事项应符合标

准《公路桥梁橡胶伸缩装置》(JT/T 327—2004)的规定。

(3)应设置橡胶封缝条防水。

二、橡胶伸缩装置的技术要求

(1)采用橡胶伸缩装置时,材料的规格性能应符合设计要求,根据桥梁跨径大小或连续梁(包括桥面连续的简支梁)的每联长度可分别选用纯橡胶式、板式、组合式橡胶伸缩装置。对于板式橡胶伸缩装置应有成品解剖检验证明。安装时应根据气温高低对橡胶伸缩体进行必要的预压缩,气温在 5 ℃以下时不得进行橡胶伸缩装置的施工。

(2)采用后嵌式橡胶伸缩体时,在桥面混凝土干燥收缩完成且徐变也大部分完成后再进行安装。

(3)伸缩装置安装时应注意下列事项:

①检查桥面板端部预留空间尺寸,钢筋注意不受损伤。若为沥青混凝土铺装,宜采用后开槽工艺安装伸缩缝,以提高与桥面的顺适度。

②根据安装时的环境温度计算橡胶伸缩装置的模板宽度与螺栓间距,将准备好的加强钢筋与螺栓焊接就位后浇筑混凝土并养护。

③将混凝土表面清洁后涂防水胶粘材料。利用调正压缩的工具将伸缩装置安装就位,安装时注意事项见本章第一节规定。向伸缩装置螺栓孔内灌注防腐剂后注意及时盖好盖帽。

三、模数式伸缩装置的技术要求

(1)模数式伸缩装置的橡胶件一般起防水、防尘、密封作用。模数式伸缩装置安装必须在工厂组装,按照用户提供的施工安装温度定值,固定后出厂。若施工安装时温度有变化,一定要重新调整定位后再安装就位。

(2)伸缩装置是由异形钢梁与单元橡胶密封带组合而成的,称为模数式伸缩装置。它适用于伸缩量为 80 ~ 1 200 mm 的桥梁工程。

(3)伸缩装置必须在工厂组装,但装钢构件应进行有效的防护处理。吊装位置应用明显颜色标明,出厂时应附有有效的产品质量合格证明文件。

(4)伸缩装置中所用的异形钢梁沿长度方向的直线度应满足 1.5 mm/m、全长应满足 10 mm/10 m 的要求。伸缩装置钢构件外观应光洁平整,不允许变形扭曲。

(5)伸缩装置在运输中应避免阳光直接暴晒、雨淋、雪浸,并应保持清洁,防止变形,且不能与其他物质相接触,注意防火。

(6)伸缩装置安装施工时应注意下列事项:

①要按照设计核对预留槽尺寸,预埋锚固筋若不符合设计要求,必须首先处理,满足设计要求后方可安装伸缩装置。

②梳形钢板伸缩装置具有耐久性好、不易变形腐蚀、行车比较平稳的优点,但也存在缺点,如钢板不易焊牢、锚固不强、有漏水现象、钢板松动后车辆行驶易发出较大噪声、缝内夹进杂物时活动异常等。要锚固得当,增加锚固板和锚固环,在齿板底部设置止水橡胶带,既增强锚固又达到止水效果,齿缝填充延伸率较大的阳离子乳化沥青效果更好。

③伸缩装置安装之前,应按照安装时的气温调整安装时的定位值,用专用卡具将其固定。

④橡胶伸缩装置在安装前应作全面检查和材料性能检验,包括长宽厚硬度(邵氏)、成品解剖检验证明等。与橡胶支座胶料相比,增加了耐水性、耐油性要求,因伸缩装置处于桥梁表面,受水、油、尘土的污染与橡胶相比更为严重。

对于板式伸缩装置的成品解剖检验,以检测生产过程中钢板和角钢等预埋位置是否按照设计图纸位置安放准确。因为在实际应用中发现有的工厂加工的板式伸缩装置,解剖后其预埋钢板、角钢等构件位置不准,钢板偏斜严重,钢板间胶层的允许变形达不到设计要求,再加上施工质量不好,使用后造成严重破坏,故必须进行成品解剖检验。

⑤安装时,伸缩装置的中心线与桥梁中心线应重合,并使其顶面标高与设计标高相吻合,按桥面横坡定位、焊接。

⑥浇筑混凝土前将间隙填塞,防止所浇筑的混凝土把间隙堵死,影响伸缩,并防止混凝土渗入模数式伸缩装置位移控制箱内,也不允许将混凝土浅填在密封橡胶带缝中及表面上,如果发生此现象,应立即清除,然后进行正常养护。

⑦待伸缩装置两侧混凝土强度满足设计要求后方可开放交通。

四、弹塑体材料填充式伸缩装置的技术要求

(1)伸缩体由高黏弹塑性材料和碎石结合而成的称为填充式伸缩装置。它适用于伸缩量小于 50 mm 的中、小跨度的桥梁工程,适宜温度为 -25 ~60 ℃,具体应按设计要求设置。

(2)弹塑性材料物理性能应符合有关规定,产品应附有有效的合格证书。弹塑性材料加热熔化温度应按要求严格控制。主要层石料压碎值不大于 30%,扁平及细长石料含量小于 15% ~20%,石料使用前应清洗干净,其加热温度应控制在 100 ~150 ℃。

(3)风力大于 3 级、气温低于 10 ℃及雨天时不宜施工。

(4)施工可采用分段分层浇灌铺筑法和分段分层拌和铺筑法。

五、填充式伸缩装置的技术要求

TST 类黏弹性结合材料的特点是在高频作用下(如冲击、振动)呈现的是高弹性,在低频作用下(如温度作用下的伸缩、自然状态下的徐变)呈现的是可塑性。就物理性能而言,其优于沥青。它主要用于伸缩量小于 50 mm 的各种桥梁接缝,对一般公路和高等级公路上占绝大多数的中、小桥及立交桥等均适用。对多孔大桥可划分多联敷设多道接缝或采用多孔筒支梁,不做桥面连续,每墩顶接缝均做成弹性接缝也是可行的。

美国 DS 布朗公司用 SOZ 与骨料结合做成弹塑性体填充式伸缩装置,其位移量也是≤50 mm,方法与效果类似 TST 黏弹性结合材料。

六、复合改性沥青填充式伸缩装置的技术要求

(1)将复合改性沥青加热熔化,将石料加热至 180 ~200 ℃,按 2∶1的比例将复合改性

沥青和粗石料拌制成粗混合料。按4∶1的比例将复合改性沥青和细石料拌制成混合料。

(2)伸缩体由复合改性沥青及碎石混合而成。适用于伸缩量小于50 mm的中、小跨径桥梁工程,适用温度为－30～70 ℃,具体应按设计要求设置。

(3)复合改性沥青应符合产品有关规定,其加热熔化温度要控制在170 ℃以内。粗石料(粒径14～19 mm)和细石料(粒径6～10 mm)应满足下列要求:

强度＞100 MPa,相对密度2.6～3.2,磨耗值＜30,磨光值＞42,压碎值＜20,扁、平、细、长颗粒含量＜15%。

(4)伸缩缝安装允许偏差见表6-1。

表6-1　伸缩缝安装允许偏差

项目		允许偏差
缝宽		符合设计要求
与桥面高差（mm）		2
纵 块	大型	±0.2%
	一般	±0.3%
横向平整度		用3 m直尺,不大于3 mm

第三节　桥面防水泄水管沉降缝的技术要求

沉降缝是装配式桥梁按设计要求设置的缝宽均匀一致、从上到下竖直贯穿桥涵的结构物。缝端面必须平整,按设计要求设置嵌缝材料。要求缝宽变化或缝两边结构上下错动时能保持其防水效果。沉降缝中的材料、结构和施工工艺应满足设计要求。

桥面防水的要求如下:

(1)桥面防水层应按设计要求设置。

(2)敷设桥面防水层时应注意下列事项:

①防水材料应经常检查,在符合规定标准后方可使用。

②防水层通过伸缩缝或沉降缝时,应按设计规定敷设。

③防水层应横桥向闭合敷设,底层表面平顺、干燥、干净。沥青防水层不宜在雨天或低温下敷设。

④水泥混凝土桥面铺装层当采用油毛毡或织物与沥青黏合的防水层时,应设置隔断缝。

泄水管施工技术要求如下:

(1)泄水管的施工应按设计要求执行。泄水管应伸出结构物底面100～150 mm。

(2)立交桥及高速公路上的桥梁、泄水管不宜直接挂在板下,可将泄水管通过纵向及竖向排水管直接引向地面或按设计要求办理,并且管道要有良好的固定装置,如锚碇轨及抱箍等预埋件。

第四节　桥面铺装及防护设施和桥头搭板的技术要求

一、桥面铺装的技术要求

沥青混凝土桥面铺装按设计要求施工，具体如下：

(1)沥青混凝土铺装前应对桥面进行检查，桥面应平整、粗糙、干燥、整洁，桥面横坡应符合要求，不符合要求时应予以处理。铺筑前应洒布黏层沥青，石油沥青洒布量为 0.3 ~ 0.5 L/m^2。

(2)沥青混凝土的配合比设计，铺筑碾压等施工程序，应符合《公路沥青路面施工技术规范》(JTG F40—2004)的有关规定。

水泥混凝土桥面铺装时，除应按混凝土的有关规定执行外，还应注意下列事项：

(1)水泥混凝土桥面铺装的厚度应符合设计规定，其使用材料、铺装层结构、混凝土强度、防水层设置等，均应符合设计要求。

(2)必须在横向联结钢板焊接工作完成后，才可进行桥面铺装工作，以免后焊的钢板焊接工作引起桥面水泥混凝土在接缝处发生裂纹。

(3)浇筑桥面水泥混凝土前使预制桥面板表面粗糙、清洗干净，按设计要求敷设纵向接缝钢筋网或桥面钢筋网，然后浇筑。

(4)水泥混凝土桥面铺装如设计为防水混凝土，施工时应按照有关规定办理。

(5)水泥混凝土桥面铺装，其做面应采取防滑措施，做面宜分两次进行，第二次抹平后，沿横坡方向拉毛或采用机具压槽。拉毛和压浆槽深度为 1 ~ 2 mm。

(6)钢纤维水泥混凝土桥面铺装，除按混凝土浇筑的有关规定外，宜符合现行中国工程建设标准化协会标准《钢纤维混凝土结构设计与施工规程》(CECS38)的规定。

复合式桥面上层为沥青桥面铺装，下层为水泥混凝土桥面铺装，其铺筑方法同桥面铺装的技术要求。

特大桥桥面铺装应按原设计施工。

桥面铺装施工允许偏差见表 6-2。

表 6-2　桥面铺装施工允许偏差

项目			允许偏差
厚度(mm)			-10，-5
平整度(mm)	高速公路、一级公路	水泥混凝土及沥青混凝土	1.8(3.0)
			1.5(2.5)
	其他公路	平整度仪、3 m 直尺	2.5(4.2)
抗滑构造要求			符合设计要求
横坡	水泥混凝土面层		±0.15%
	沥青混凝土面层		±0.3%

注：括号内的数值为全桥每车道连续检测每 100 m 计算 *IRI*(m/km)值，桥长不满 100 m 者按 100 m 处理。

二、桥面防护设施的技术要求

(一)一般要求

(1)桥面人行道和栏杆等,一般悬装在翼缘板之外,故必须在主梁已经横向连接稳定后方可安装。构件重心设计在底层结构外缘之内的人行道路板,必须采取由里向外的次序敷设,防止倾覆。其他注意事项按设计规定。

(2)桥面安全带和路缘石、人行道梁、人行道板、栏杆、扶手、灯柱等,在修建安装完工后,其竖向线形或坡度、断缝或伸缩缝必须符合设计规定。

(3)钢筋混凝土墙式护栏的高度必须在纵坡变化点处调整,以便线形顺适、美观。

(4)钢筋混凝土柱式护栏、金属制护栏放样前应选择桥梁伸缩缝附近的端部立柱等作为控制点。当间距出现零时,可用分配办法使之符合规定的尺寸,立柱宜等间距设置。

(5)轮廓标的安装高度,宜尽量统一,且连接牢固。

(二)安装桥面安全带和路缘石的要求

(1)悬臂式安全带构件必须与主梁横向连接或拱上建筑完成后才可安装。

(2)安全带梁必须安放在未凝固的 M20 稠水泥砂浆上,以便形成顶面设计的横向排水坡。

(3)为减少从路缘石与桥面铺装缝中渗水,路缘石宜采用现浇混凝土,使其与桥面铺装的底层混凝土结为整体。

(三)安装人行道的要求

(1)悬臂式人行道构件必须与主梁横向连接或拱上建筑完成后才可安装。

(2)人行道板梁必须安装在未凝固的 M20 稠水泥砂浆上,并以此来形成人行道顶面设计的横向排水坡。

(3)人行道板必须在人行道梁锚固后才可敷设,对设计无锚固的人行道梁、人行道板的敷设应按照由里向外的次序。

(4)在安装有锚固的人行道梁时,应对焊缝认真检查,必须注意施工安全。

(5)人行道敷设应符合表 6-3 的要求。

表 6-3　人行道敷设要求

项目	规定值或允许偏差
人行道边缘平面偏位(mm)	5
纵向高程(mm)	+10.0
接缝两侧高程差(mm)	2
横坡	±0.3%
平整度(mm)	5

(6)栏杆块件必须在人行道板敷设完毕后才可安装,安装栏杆柱时必须全桥对直,按平(弯桥、斜桥要平顺)、竖直后用水泥砂浆填缝固定。桥上灯柱应按设计位置安装,必须牢固,线条顺直,整齐美观。灯柱线路必须安全可靠。栏杆、护栏安装质量应符合表 6-4

的规定。

表6-4　栏杆、护栏安装要求

项目	规定值或允许偏差(mm)
护栏、栏杆平面偏位	4
栏杆、扶手平面偏位	3
栏杆柱顶面高差	4
护栏、栏杆柱纵横向竖直度	4
相邻栏杆扶手高差及护栏接缝两侧高差	5

(四)桥头搭板的施工要求

钢筋混凝土桥头搭板,台后填土的填料应以透水性材料为主,分层压实应按《公路桥涵施工技术规范》(JTJ 041—2000)的相关规定执行。台背回填前应按设计要求作防水处理。

台后地基如为软土,应按设计依照《公路桥涵施工技术规范》(JTJ 041—2000)第4章进行处理,预压时应进行沉降观测,预压沉降控制值应在施工搭板前完成。

桥头搭板下路堤可设置排水构造物。

钢筋混凝土搭板及枕梁宜采取就地浇筑。

例:河南省水利第一工程局河口村水库金滩沁河大桥工程桥面铺装工程的技术要求。

一、桥面铺装

(一)范围

本节工作内容为混凝土及沥青混凝土桥面铺装。

(二)材料

1. 钢筋

钢筋应符合第三章钢筋加工的要求。

2. 混凝土

混凝土应符合第三章混凝土及钢筋混凝土工程的要求。

(三)泄水管

(1)泄水管采用铸铁件或塑料管。

(2)泄水管管部与盖子必须密合,且不得有裂缝、砂眼和其他影响强度及使用价值的缺陷。

(3)铸件的边缘应做成整齐的圆角。

(4)应清除所有铸铁件的鳞屑,使表面光洁均匀。

(四)防水层

(1)水泥混凝土防水层的材料及配合比应符合第三章混凝土及钢筋混凝土的有关规定。

(2)水泥砂浆防水层的水泥和砂的配合比一般采用1:2～1:2.5(体积比),水灰比可采用0.4～0.5,坍落度可采用70～80 mm,水泥宜采用普通硅酸盐水泥或膨胀水泥,亦可采用矿渣硅酸盐水泥。侵蚀性环境中的水泥砂浆防水层,应按图纸要求采用水泥。

(3)卷材防水层应采用耐腐蚀、抗老化的石油沥青油毡、沥青玻璃布油毡、再生胶油毡等,不得使用纸胎油毡。

(4)涂料防水层可采用沥青胶结材料或合成树脂、合成橡胶的乳液或溶液;较潮湿基面应采用湿固型涂料或乳化沥青、阳离子氯丁橡胶乳化沥青等亲水性涂料。

(五)施工要求

1. 一般要求

(1)预制板或现浇桥面板与桥面铺装混凝土的混凝土龄期相差应尽量缩短,以避免两者之间产生较大的收缩差。

(2)为使桥面铺装与下面的混凝土构件紧密结合,应对桥面铺装下面的混凝土拉毛,并用高压水冲洗干净。

(3)若桥面设置钢筋网,应采取措施保证其位置正确和保护层厚度。现浇混凝土时,施工人员不得踩踏在钢筋网上。

(4)浇筑桥面混凝土前,应在桥面范围内布点测量高程,以确定浇筑后的铺装厚度。

(5)当进行混凝土桥面铺装时,应按图纸所示预留好伸缩缝工作槽。当进行沥青混凝土铺装时,可不留伸缩缝预留工作槽,而安装伸缩缝前先行切割沥青混凝土铺装所占的伸缩缝的位置。

(6)桥面铺装宜在全桥宽上同时进行,或按监理工程师的指示办理。

2. 混凝土桥面的铺装

(1)混凝土桥面铺装的施工应按《公路水泥混凝土路面滑模施工及技术规程》(JGJ/T 037.1—2000)第7章及《公路水泥混凝土路面施工技术规范》(JTG F30—2003)有关章节要求进行摊铺。

(2)混凝土的敷设要均匀,敷设的高度应略高于完成的桥面标高;要用振动器压实,并用整平板整平。

(3)混凝土桥面铺装的最终修正工作,应包括镘平及清理。在修整前要清理所有表面自由水,但不能用水泥、石粉或沙子来吸干表面水分。

(4)在一段桥面铺装修整完成并在其收浆、拉毛后,应尽快予以覆盖和进行养生。

(5)当混凝土桥面铺装之上另有一层混凝土铺装时,该混凝土桥面铺装除按上述要求外,其表面应拉毛。

(6)当桥面需要铺防渗混凝土时,应参照抗渗混凝土要求进行配合。如使用外加剂改善混凝土的和易性与质量,应通过监理工程师认可的试验确定,外加剂费用不另支付。

3. 沥青混凝土桥面铺装

(1)沥青混凝土桥面铺装必须按照《公路沥青路面施工技术规范》(JTG F40—2004)第7.6节要求进行摊铺。

(2)在沥青混凝土桥面铺装下,如另有一层混凝土底层,应待底层的混凝土强度达到设计强度的90%以上时方能进行沥青混凝土桥面铺装。

4. 防水层

(1)铺设防水层的桥面板表面应平整、干燥、干净。防水层沿缘石或中间分隔带的边缘应封闭，以免桥面水渗入主体结构内。

(2)防水层应根据不同材料按制造商推荐的敷设要求进行。

5. 泄水管

(1)在浇筑桥面板时应预留泄水管安装孔，桥面铺装时应避免泄水管预留孔堵塞。

(2)泄水管顶面应略低于桥面铺装面层，下端应伸出结构物底面100～150 mm，或按图纸所示将其引入地下排水设施。

(六)质量检查

1. 桥面铺装

桥面铺装应符合表6-5的规定。

表6-5　桥面铺装检查项目

<table>
<tr><th>项次</th><th colspan="3">检查项目</th><th colspan="2">规定值或允许偏差</th><th>检查方法(每幅车道)</th></tr>
<tr><td>1</td><td colspan="3">强度或压实度</td><td colspan="2">在合格标准内</td><td>按 JTG F80/1—2004 检查</td></tr>
<tr><td>2</td><td colspan="3">厚度(mm)</td><td colspan="2">+10，-5</td><td>对比检查桥面浇筑前后标高，每100 m 5处</td></tr>
<tr><td rowspan="6">3</td><td rowspan="6">平整度</td><td rowspan="3">高速公路、一级公路</td><td></td><td>沥青混凝土</td><td>水泥混凝土</td><td rowspan="5">用平整度仪，全桥每车道连续检测，每100 m计算 IRI 或 σ</td></tr>
<tr><td>IRI(m/km)</td><td>2.5</td><td>3.0</td></tr>
<tr><td>σ(mm)</td><td>1.5</td><td>1.8</td></tr>
<tr><td rowspan="3">其他公路</td><td>IRI(m/km)</td><td colspan="2">4.2</td></tr>
<tr><td>σ(mm)</td><td colspan="2">2.5</td></tr>
<tr><td>h(mm)</td><td colspan="2">5</td><td>3 m直尺，每100 m 3处×3尺</td></tr>
<tr><td rowspan="2">4</td><td rowspan="2">横坡</td><td colspan="2">水泥混凝土</td><td colspan="2">±0.15%</td><td rowspan="2">每100 m检查3个横断面</td></tr>
<tr><td colspan="2">沥青面层</td><td colspan="2">±0.3%</td></tr>
<tr><td>5</td><td colspan="3">抗滑构造深度</td><td colspan="2">符合图纸规定</td><td>铺砂法每200 m检查3处</td></tr>
</table>

注：1. 桥长不满100 m者，按100 m处理。

2. 复合桥面时，必须对混凝土面及沥青面层都作检查，但混凝土桥面不做抗滑构造。

2. 泄水管

泄水孔进水口应略低于桥面铺装面层，泄水时不得冲刷墩、台和下穿道路。

二、桥梁支座

(一)范围

范围包括桥梁板式橡胶支座、盆式橡胶支座及球型支座的供应和安装。

(二)一般要求

(1)桥梁支座应符合《公路桥梁板式橡胶支座》(JT/T 4—2004)、《公路桥梁盆式橡胶支座》(JT 391—99)及《球型支座技术条件》(GB/T 17955—2000)的有关规定。

(2)桥梁支座应按图纸所示，或由承包人推荐、监理工程师认可的厂商制造和供应。承包人应在支座制造期间，为监理工程师检查支座制造及支座成品提供设备和方便。厂商应提供支座承受其上反力的静力计算和变形数据。

(3)承包商应对进场的支座按图纸及规范有关要求进行检查，并将检查结果报送监理工程师批准。当监理工程师要求时，应在现场抽样，并送监理工程师认为合格的实验室进行成品检验。

(三)材料

1. 橡胶

橡胶支座的橡胶材料应符合规范要求。本工程采用的橡胶种类应按图纸规定或由监理工程师指定，不得使用再生橡胶制造支座。

2. 聚四氟乙烯(PTFE)板

聚四氟乙烯板应为纯聚四氟乙烯，符合《聚四氟乙烯板材》(ZBG 33002)及规范要求。聚四氟乙烯板表面必须压制润滑油储存槽，其直径为10 mm，深度为聚四氟乙烯板的一半。储存槽总平面面积为支座总面积的20%～30%。

3. 钢材

(1)钢夹板应为符合《碳素结构钢》(GB/T 700—2006)、《热轧钢板和钢带的尺寸、外形、质量及允许偏差》(GB/T 709—2006)要求的Q235钢板。

(2)滑动支座所用的不锈钢板应符合《不锈钢冷轧钢板》(GB/T 3280—1992)的规定，并经磨光，其表面粗糙度的轮廓算术平均偏差 R_a 应小于0.8 μm。当不锈钢尺寸小于或等于500 mm时，厚度不得小于2 mm；当不锈钢尺寸大于500 mm时，厚度不得小于3 mm。

4. 聚四氟乙烯板黏结剂

黏结剂必须质量稳定，橡胶与聚四氟乙烯板之间的黏着强度应满足规范要求。

5. 支座安装

所有支座安装都必须按照图纸规定，确保其平面位置的正确。

板式橡胶支座安装的注意事项如下：

(1)支座安装前，应检查产品的技术指标、规格尺寸是否符合图纸要求，如不相符，不得使用。

(2)桥墩和桥台上放置支座部位的混凝土表面应平整清洁，以保证整个面积上的均匀压力，并应认真检查表面、底座及垫石标高，对处于纵坡及弯道上的桥梁，在支座施工时应做相应调整和处理或采用坡形支座。支座垫石标高的容许误差，简支梁为±10 mm，连续梁为±5 mm。

(3)为方便更换，板式支座不宜采用固定装置。

(4)支座安装应在温度为5～20 ℃的环境下进行。

(5)在上部结构的构件吊装时，应采取措施保持支座的正确位置，符合《公路桥涵施工规范》(JTJ 041—2000)第3.8节构件的安装要求。

(6)橡胶支座与上下部结构间必须接触紧密，不得出现空隙。

(7)橡胶支座应水平安装。因施工原因而倾斜安装时应征得监理工程师的同意，但其坡度不能超过2%。选择用橡胶支座时，必须考虑由于支座倾斜安装而产生的剪切变形所需要的橡胶层厚度。

盆式橡胶支座的安装应注意下列事项：

(1)活动支座安装前应用丙酮或酒精将支座各相对滑移面及有关部分擦试干净，擦净后在四氟滑板的储油槽内注满硅脂润滑剂，并注意硅脂保洁；坡道桥注硅脂应注意防滑。

(2)安装支座的标高应符合设计要求，支座顶板、底座表面应水平，支座承压力小于或等于5 000 kN时，其四角高差不得大于1 mm；支座承压力大于5 000 kN时，其四角高差不得大于2 mm。

(3)盆式橡胶支座的顶部和底板可用焊接或锚固螺栓栓接在梁体底面和墩台顶面的预埋钢板上；采用焊接时，应防止烧坏混凝土；安装锚固螺栓时，其外露杆的高度不得大于螺母的厚度。

(4)支座安装的顺序，宜先将上座板固定在大梁上，而后根据顶板位置确定底盆在墩台上的位置，最后予以固定。

(5)支座中线应尽可能与主梁中线重合，其最大水平位置偏差不得大于2 mm；安装时，支座上下各个部件纵轴线必须对正，对活动支座，其上下部件的横轴线应根据安装时的温度与年平均的最高、最低温差，由计算确定其错位的距离；支座上下导向接块必须平行，最大偏差的交叉角不得大于5′。

球型支座的安装应注意下列事项：

(1)支座安装前，开箱检查装箱清单、原材料检验报告的复印件和产品合格证是否符合图纸要求，如不相符，不得使用。开箱后不得任意松动连接螺栓，并不得任意拆卸支座。

(2)支座与梁体及墩台采用预埋螺栓连接，必要时亦可采用与预埋钢板焊接，但将支座与预埋钢板焊接时，要防止支座钢体过热，以免烧坏硅脂及聚四氟乙烯板。

(3)支座安装时，支座的相对滑动面应用丙酮、酒精仔细擦净，不得夹有灰尘和杂质，然后在表面均匀地涂满硅脂润滑剂。

(4)支座安装高度应符合图纸要求，要保证支座支撑平面的水平及平整，支座支撑面四角高差不得大于2 mm。

(5)安装支座板及地脚螺栓时，在下支座板四角用钢楔块调整支座水平，并使下支座板底面高出桥墩顶面20~50 mm，找正支座纵、横向中线位置，使之符合图纸要求后，用环氧砂浆灌注地脚螺栓孔及支座底面垫层。

(6)环氧砂浆硬化后，拆除支座四角临时钢楔块，并用环氧砂浆填满抽出楔块的位置。

(7)梁体安装完毕后，或现浇混凝土梁体形成整体并达到图纸规定强度后，在张拉梁体预应力之前，拆除上、下连接板，以防止约束梁体正常转动，并及时安装活动支座的橡胶防尘罩。

三、桥梁接缝和伸缩装置

(一)范围

范围为桥梁的所有竖向、横向或斜向接缝和伸缩装置，包括橡胶止水片、沥青类等接缝填料及桥面上伸缩装置的供应和安装。

(二)材料

(1)除图纸或监理工程师另有规定外，桥梁接缝和伸缩装置的材料应符合《公路水泥混凝土路面接缝材料》(JT/T 203—1995)及《公路桥梁橡胶伸缩装置》(JT/T 327—2004)的要求。

(2)检验各种合格证书。

①承包人应提供制造厂家用于制造接缝或伸缩装置的材料及制造规范和有关成品的检验说明。

②监理工程师可以要求进行他认为必需的任何试验,以验证各种材料是否符合规范。所有试验都应在监理工程师预先批准的专门实验室内进行,试验费用由承包人负担。

(三)施工要求

1.一般要求

(1)桥梁接缝和伸缩装置类型应符合图纸要求。承包人如要改变类型,须制定各项安装参数,以书面形式报监理工程师批准。

(2)所有产品在任何时候都应严格按照生产厂家推荐的方法装卸、放置、装配和安装。

(3)当接缝处的温度低于10 ℃时不应浇筑热浇封缝料。

(4)沥青混凝土的铺装应在伸缩装置完成前完成,且不为伸缩装置预留位置,而在安装伸缩装置前,切割先前敷设的沥青混凝土铺装所占的伸缩装置的位置。

(5)伸缩装置的牌号、型号应符合图纸规定。安装伸缩装置时,上部构造端部间的空隙宽度及伸缩装置的安装预定宽度,均应与安装温度相适应,并应遵照图纸规定。伸缩装置的安装应在伸缩装置制造商提供的夹具控制(将伸缩装置预置)下进行。伸缩装置一般在5~20 ℃的温度范围内安装。当伸缩装置的安装温度不同于图纸规定时,各项安装参数应予以调整。

(6)伸缩装置的安装须满足制造商的有关要求。伸缩装置下面或背面的混凝土应密实,不留气泡,预埋件位置应准确。安装完成后的伸缩装置应与桥面铺装结合平整。

2.橡胶伸缩装置

(1)按照图纸的要求选用伸缩装置,安装时应根据气温的高低,对橡胶伸缩体进行必要的预压。

(2)当气温在5 ℃以下时,不得进行橡胶伸缩装置的施工。

(3)采用后嵌式橡胶伸缩体时,应在桥面混凝土干燥收缩完成且徐变大部分完成后再进行安装。安装时,应根据温度高低施加必要的预压力。

(4)安装伸缩装置时,承包人应按生产厂家的安装说明进行施工。

3.模数式伸缩装置

模数式伸缩装置种类、型号众多,有异形钢与单元橡胶密封带组合而成(例如“毛勒缝”即为其一种)。不同牌号和型号的伸缩装置均应由专门的生产厂家成套供应。

(1)伸缩装置应根据图纸提供的型号、长度、密封橡胶件的类别以及安装时的宽度等要求进行购置和装配。

(2)伸缩装置应预先在工厂组装好,由专门的设备包装后运送至工地。装配好的伸缩装置在出厂前,生产厂家应按图纸要求的安装尺寸,用夹具固定,以便保持图纸需要的宽度,并应分别标出质量、吊点位置。若组合式伸缩装置过长,受运输长度限制或其他原因,经监理工程师批准,在工厂试组装后,可以分段组装运输。但模数式伸缩装置必须在工厂组装。伸缩装置运到工地存放时,应垫离地面300 mm,并不得露天存放,承包人确保其不受损害。

(3)在浇筑桥面板或桥台混凝土时,承包人应按图纸或生产厂家提供的安装图,预留安装伸缩装置的凹槽,并按图纸要求预埋钢筋,且钢筋头应伸进凹槽内。

(4)伸缩装置的安装应在生产厂家提供的夹具控制下进行。安装前,承包人应对上部构造端部间的空隙宽度和预埋钢筋的位置进行检查,使其符合图纸要求,并将预留凹槽内混凝土打毛,清扫干净;根据生产厂家提供的安装温度或温度范围,查验实际气温与安装温度是否相符合。如果有出入,则应调整伸缩装置的安装宽度。

(5)在预留凹槽内画出伸缩装置定位中心线(顺缝向和垂直缝向)和标高,用起重机将伸缩装置吊入预留凹槽内,使伸缩装置准确就位。如伸缩装置坐落在坡面上,须作适应纵横坡的调整。此后,将锚固钢筋与预埋钢筋焊连,使伸缩装置固定。禁止在伸缩装置边梁上施焊,以免造成边梁局部变形。伸缩装置固定后即可松开夹具,使伸缩装置参与工作。

(6)安装伸缩装置的最终一道工序是在槽口上立模板浇筑混凝土。模板应严密无缝,防止混凝土进入控制箱内,同时,也不允许将混凝土溅洒到密封橡胶件上,如果发生上述现象应立即予以清除。在边梁、控制箱及锚固板周围的混凝土务必要振捣密实,并及时进行养护。浇筑混凝土前,应经监理工程师对安装好的伸缩装置进行检查认可。

(7)当伸缩装置在桥面铺装前安装时,在桥面施工中对伸缩装置应加盖临时保护设施,避免撞击及直接承受车辆荷载。桥面铺装完成后,在桥面上不应出现缝隙,且桥面与伸缩装置齐平。

(8)伸缩装置的安装宜由专业施工单位施工,或在伸缩装置生产厂家派员指导下施工。

4. 填充式材料伸缩装置

填充式材料伸缩装置亦称无缝伸缩装置,由支承钢板和弹性材料混合石料加固的填料组成。弹性材料应经过特殊改性,具有特殊性能,以保证该材料能在较大温度范围内既具有柔韧性,又有较高的软化点,在室外温度下不会发生流变现象。弹性材料有多种,其中“TST”是目前公路桥梁中常用的一种。弹性材料混合石料的填料的材料性能、指标及规格应符合图纸的规定。施工的技术要求及注意事项应符合图纸要求。

(四)质量检查

1. 基本要求

(1)伸缩装置产品必须有合格证,并经监理工程师验收合格后才能安装。

(2)伸缩装置必须锚固牢靠,不能松动,伸缩性能必须有效。

2. 外观鉴定

伸缩装置应无阻塞、渗漏、变形、开裂现象,不符合要求时必须进行整修。

四、防水处理

(一)范围

范围为桥梁工程中的混凝土或砌体表面防水工作。与路堤材料及路面接触的所有公路通道结构物的外表面应按图纸及以下要求作防水处理。

（二）材料

结构物防水处理用的材料应符合图纸要求，材料的主要性能应符合《地下工程防水技术规范》（GB 50108—2001）及《地下防水工程质量验收规范》（GB 50208—2002）的相关规定。

沥青涂刷层及沥青油毛毡防水层用的材料应符合以下标准：①沥青应符合《建筑石油沥青》（GB/T 494—1998）；②沥青油毛毡应符合《石油沥青纸胎油毡、油纸》（GB 326—1989）。

（三）施工要求

1. 沥青涂刷层

需作防水处理的混凝土按照第三章混凝土的有关规定养护之后，其表面应平整、洁净，并至少晾干10 d，然后用刷子或喷枪给混凝土或砌体表面喷上一道沥青胶结材料底层及三道防水沥青，每层均应在完全吸收后才喷刷下一层。在封层凝结前不应与水或土接触。当混凝土或前一层未干或气候条件不适宜时不应涂防水层。

沥青胶结材料防水层的施工气温不得低于图纸规定。温度低于图纸规定时，必须采取保温措施。在炎热季节施工，应采取遮阳措施，防止烈日暴晒，沥青流淌。

2. 沥青油毛毡防水层

需用预制沥青油毛毡做防水层的混凝土养护后，其表面应平整、洁净，并至少晾晒10 d，然后用一层冷底子油彻底封闭。当冷底子油的溶剂完全挥发后，连续洒布一层热沥青混合物，而后在热沥青层上铺油毡。铺油毡前，应将油毡表面的云母片、滑石粉等杂物清除。

油毡应铺紧密，使油毡与混凝土之间，或各层油毡之间不存在空气。油毡之间应搭接，端头至少应搭接150 mm，侧向至少应搭接100 mm。接头应安排得在任何一点都不超过三层油毡厚度，而且接头距离应尽可能远一些，以便把水从外露边缘排走。油毡防水层铺贴时的气温应不低于5 ℃。

3. 晾干

当使用含挥发溶剂的沥青材料时，应待所有溶剂挥发后再铺下一层。如果使用乳化沥青，则应待全部水分蒸发。

4. 保护

除非图纸上另有说明，所有暴露于外面的、无覆盖的防水层都应用最小厚度10 mm的沥青砂层进行保护。

第七章　桥梁的检查与评定

桥梁检查可分为经常检查、定期检查和特殊检查三部分。

经常检查:主要指对桥面设施、上部结构、下部结构及附属构造物的技术状况进行的检查。

定期检查:为评定桥梁使用功能、制定管理养护计划提供基本数据,对桥梁主体结构及附属构造物的技术状况进行的全面检查,它为桥梁养护管理系统收集结构状态的动态数据。

特殊检查:是查清桥梁的病害原因、破损程度、承载能力、抗灾能力,确定桥梁技术状况的工作。

特殊检查分为专门检查和应急检查两类:

(1)专门检查。根据经常检查和定期检查的结果,对需要进一步判明损坏原因、缺失程度或使用能力的桥梁,针对病害进行专门的现场试验检测、验算与分析等鉴定工作。

(2)应急检查。当桥梁受到灾害性损伤后,为了查明破损状况,采取应急措施,组织恢复交通,对结构进行的详细检查和鉴定工作。

桥梁管养单位应对辖区内所有桥梁建立“桥梁”基本状况卡片,将有关信息输入数据库,建立永久性档案。

第一节　桥梁的检查要求

一、经常检查

经常检查的周期根据桥梁技术状况而定,一般每月不得少于一次,汛期应加强不定期检查。

经常检查采用目测方法,也可配以简单工具进行测量,当场填写“桥梁经常检查记录表”时,现场要登记所检查项目的缺损类型,估计缺损范围及养护工作量,提出相应的小修保养措施,为编制辖区内的桥梁养护计划提供依据。

经常检查中发现桥梁重要部件存在明显缺损时,应及时向上级部门提交专项报告。

经常检查应包括下列内容:

(1)外观是否整洁,有无杂物堆积、杂草蔓生,构件表面的涂装层是否完好,有无损坏、老化变色、开裂、起皮、剥落、锈迹。

(2)桥面铺装是否平整,有无裂缝、局部坑槽、积水、沉陷、碎边,混凝土桥面是否有剥离、渗漏,钢筋是否有露筋、锈蚀,缝料是否老化、损坏,桥头有无跳车等。

(3)排水设施是否良好,桥面泄水管是否堵塞和破损。

(4)伸缩缝是否堵塞卡死,连接部件有无松动、脱落、局部破损。

(5)人行道、路缘石、栏杆、扶手、防撞护栏和引道护栏有无撞坏、断裂、松动错位、缺件、剥落、锈蚀等。

(6)观察桥梁结构有无异常变形、异常的竖向振动、横向摆动等情况,然后检查各部位的技术状况,查找异常原因。

(7)支座是否有明显缺陷,活动支座是否灵活,位移量是否正常。支座的经常检查一般为每季一次。

(8)桥位区段河床的冲淤变化情况。

(9)基础是否受到船只或漂浮物撞击而受损,是否受到冲刷损坏、外露、悬空、下沉,墩台及基础是否受到生物腐蚀。

(10)墩台是否受到船只或漂浮物撞击而受损。

(11)翼墙(侧墙、耳墙)是否有开裂、倾斜、滑移、沉降、风化剥落和异常变形。

(12)锥坡、护坡、调治构造物有无塌陷,铺砌面有无缺损、勾缝脱落、灌木杂草丛生等。

(13)交通信号、标志、标线、照明设施以及桥梁其他附属设施是否完好。

(14)其他显而易见的损坏或病害。

二、定期检查

(一)定期检查的要求

定期检查的时间应符合下列规定:

(1)定期检查周期根据技术状况确定,最长不得超过3年,新建桥梁交付使用一年后,进行第一次全面检查,临时桥梁每年检查不少于一次。

(2)在经常检查中,发现重要部位(构件)的缺损明显达到三、四、五类技术状况时,应立即安排一次定期检查。

定期检查以目测观察结合仪器观测进行,必须接近各部件仔细检查其缺损情况。定期检查的主要工作有:

(1)现场校核桥梁基本数据(桥梁基本状况卡片)。

(2)当场填写"桥梁定期检查记录表",记录各部件缺损状况并作出技术状况评分。

(3)实地判断缺损原因,确定维修范围及方式。

(4)对难以判断损坏原因和损坏程度的部件,提出特殊检查的要求。

(5)对损坏严重、危及安全运行的危桥,提出限制交通或改建的建议。

(6)根据桥梁的技术状况,确定下次检查的时间。

(二)特大型、大型桥梁的控制检测要求

(1)设立永久性观测点,定期进行控制检测,控制性检测的项目及永久性观测点如表7-1所示,特大型桥梁或特殊桥梁还可根据养护、管理的需要,增加相应的控制检测项目。

(2)新建桥梁交付使用前,公路管理机构应事先要求桥梁建设单位在竣工时设置便于检测的永久性观测点。大型、特大型桥必须设置永久性观测点,测点的编号、位置(距离、标高和地物特征)和竣工测量数据均应在竣工图上标明,作为验收文件中必要的竣工

资料，予以归档。

表 7-1　桥梁检测项目和永久性观测点

检测项目	观测点
墩、台身、索塔、锚碇的高程	墩、台身底部（0.5～2 m），桥台侧墙尾部顶面和锚碇的上、下游各 1～2 点
墩、台身、索塔倾斜度	墩、台身底部（0.5～2 m），桥台的上、下游两侧各 1～2 点
桥面高程	沿行车道两边，按每孔跨中 $L/4$、支点等不少于 5 个位置、10 个点，测点应固定于桥面板上
拱桥台、悬索桥、锚碇水平位移	拱座、锚碇的上、下游两侧各 1 点
悬索桥索卡滑移	索卡处设 1 点

（3）应设而没有设置永久性观测点的桥梁，应在定期检查时按规定补设。测点的布设和首次检测的时间及检测数据等，应按竣工资料要求予以归档。

（4）桥梁主要结构的维修、加固或改建前后，必须进行控制测量，以保持观测资料的连续性。若控制点有变动，应及时检测，建立基准数据。

（5）桥梁永久性观测点的设置要牢固可靠，当永久性控制测点与国家大地测量网联络有困难时，可建立相对独立的基准测量系统。

（6）特大型、大型、中型桥墩（台）旁，必要时可设置水尺或标志，以观测水位和冲刷情况。

（三）桥面系统构造的检查要求

（1）桥面铺装层纵、横坡是否顺适，有无严重的裂缝（龟裂、纵横裂缝）、坑槽、波浪、桥头跳车、防水层漏水。

（2）伸缩缝是否有异常变形、破损、脱落、漏水，是否造成明显的跳车。

（3）人行道构件、栏杆、护栏有无撞坏、断裂、错位、缺件、剥落、锈蚀等。

（4）桥面排水是否顺畅，泄水管是否完好、畅通，桥头排水沟功能是否完好，锥坡有无冲蚀、塌陷。

（5）桥上避雷装置是否完善，避雷系统性能是否完好。

（6）桥上交通信号、标志、标线、照明设施是否损坏、老化、失效，是否需要更换。

（7）桥上航空灯、航道灯是否完好，能否保证正常照明，结构物内供养检修的照明系统是否完好。

（8）桥上的路用通信、供电线路及设备是否完好。

（四）钢筋混凝土和预应力混凝土桥梁的检查要求

（1）梁端头、底面是否损坏，箱形梁内是否有积水，通风是否良好。

（2）混凝土是否有裂缝、渗水、表面风化、剥落、露筋和钢筋锈蚀，有无碱－骨料反应引起的整体龟裂现象，混凝土表面有无严重碳化。

（3）预应力钢束、锚固区段混凝土有无开裂，沿预应力筋的混凝土表面有无纵向裂缝。

(4)梁(板)式结构的跨中、支点及变截面处,悬臂端牛腿或中间铰部位,钢构的固结处和桁架节点部位,混凝土是否开裂、缺损或出现钢筋锈蚀。

(5)装配式梁桥应注意检查联结部位的缺损状况:①组合梁的桥面板与梁的结合部位及预制桥面板之间的接头处混凝土有无开裂渗水;②横向联结结构件是否开裂,连接钢板的焊缝有无锈蚀断裂,边梁有无横移或向外倾斜。

(五)支座的检查要求

(1)支座组件是否完好、清洁,有无断裂、错位、脱落。

(2)活动支座是否灵活,实际位移是否正常,固定支座的锚销是否完好。

(3)支撑垫石是否有裂缝。

(4)简易支座的油毡是否老化、破裂或失效。

(5)橡胶支座是否老化、开裂,有无过大的剪切变形或压缩变形,各夹层钢板之间的橡胶层外凸是否均匀。

(6)四氟滑板支座是否脏污、老化,四氟乙烯板是否完好,橡胶块是否滑出钢板。

(7)盆式橡胶支座的固定螺栓是否剪断,螺母是否松动,钢盆外露部分是否锈蚀,防尘罩是否完好。

(8)组合式钢支座各组件相对位置是否准确,受力是否均匀。

(9)摆柱支座各组件相对位置是否准确,受力是否均匀。

(10)辊轴支座的辊轴是否出现不允许的爬动、歪斜。

(11)摇轴支座是否倾斜。

(12)支座的柱体有无混凝土脱皮、开裂、露筋,钢筋及钢板有无锈蚀。

(六)墩台与基础的检查要求

(1)墩台及基础有无滑动、倾斜、下沉或冻拔。

(2)台背填土有无沉降或挤压隆起。

(3)混凝土墩台及帽梁有无冻胀、风化、开裂、剥落、露筋等。

(4)石砌墩台有无砌块断裂、通缝脱开、变形,砌体泄水孔是否堵塞,防水层是否损坏。

(5)墩台顶面是否清洁,伸缩缝处是否漏水。

(6)基础下是否发生不许可的冲刷或淘空现象,扩大基础的地基有无侵蚀。桩基顶段在水位涨落、干湿交替变化处有无冲刷现象、磨损、颈缩、露筋,有无环状冻裂,是否受到污水、咸水或生物的腐蚀,必要时对大型、特大型桥的深水基础应派潜水员检查。

(七)桥梁的检查要求

桥梁检查中发现的各种缺损均应在现场用油漆等将其范围及日期标记清楚,发现三类以上桥梁及有严重缺损和难以判明损坏原因和程度的桥梁,应作影像记录,并附病害状况说明。

桥梁定期检查后应提出下列文件:

(1)桥梁定期检查数据表。当天检查的桥梁现场记录,应在次日内整理成每座桥梁定期检查数据表。

(2)典型缺损和病害的照片及说明。缺损状况的描述应采用专业标准术语,说明缺损的部位、类型、范围、数量和程度等。

(3)桥梁清单及基本状况卡片。定期检查完成后,应将本次检查的桥梁各部技术状况评定结果登记在桥梁基本状况卡片内。

(4)定期检查报告内容如下:①辖区内所有桥梁的保养小修情况;②需要大、中修或改建的桥梁计划,说明修理的项目、拟用的修理方案,估计费用和实施时间;③要求进行特殊检查的桥梁的报告,说明检查的项目及理由;④须限制桥梁交通的建议报告。

三、特殊检查

在下列情况下应作特殊检查:

(1)定期检查中难以判明损坏原因及程度的桥梁。

(2)桥梁技术状况为四、五类者。

(3)拟通过加固手段提高荷载等级的桥梁。

(4)条件许可时,特殊重要的桥梁在正常使用期间可周期性进行荷载试验,桥梁遭遇洪水、流冰、滑坡、地震、风灾、漂流物或船舶的撞击,因超重车辆通过或其他异常情况影响造成损害时,应进行应急检查。

(5)特殊检查应委托有相应资质和能力的单位承担。

特殊检查应根据桥梁的破损状况和性质,采用仪器设备进行现场测试、荷载试验及其他辅助试验,针对桥梁现状进行验算分析,形成鉴定结论。

实施专门检查前,承担单位负责检查的工程师应充分收集资料,包括设计资料、竣工图材料、试验报告、施工记录、历次桥梁定期检查和特殊检查报告,以及历次维修资料等。原资料如有不全或有疑问,可现场测绘构造尺寸,测试构件材料组成及性能,勘查水文地质情况等。

桥梁特殊检查应根据需要对以下三个方面的问题作出鉴定:

(1)桥梁结构材料缺损状况。包括对材料的物理、化学性能退化程度及原因的测试鉴定,结构开裂状态的鉴定及评定。

(2)桥梁结构承载能力。包括对结构强度、稳定性和刚度的验算、试验和鉴定。

(3)桥梁防灾能力。包括对桥梁抵抗洪水、流冰、风、地震及其他地质灾害等能力的检测鉴定。

桥梁结构材料缺损状况鉴定,可根据鉴定要求及缺损的类型和位置选择表面测量、无破损检测和局部取样试验等有效可靠的方法。试样应在有代表性构件的次要部位获取。

桥梁结构的验算及承载力试验应按国家及行业有关标准和技术规范进行。

特殊检查报告应包括下列主要内容:

(1)概述检查的一般情况,包括桥梁的基本情况,检查的组织、时间、背景和工作过程等。

(2)描述目前的桥梁技术状况,包括现场调查、试验与检验的项目及方法,检测数据与分析结果和桥梁技术状况评价等。

(3)详细叙述检查部位的损坏程度及原因,并提出结构部件和总体的维修、加强加固或改建的建议方案。

第二节　桥梁的评定标准及评定方法

桥梁的质量评定可分为一般规定、一般评定和桥梁适应性评定三种,其评定的方法可分为桥梁部件缺损状况评定方法、各部件权重及综合评定方法、桥梁技术状况评定标准等。

一、一般规定

桥梁评定分为一般评定和适应性评定。

一般评定是依据桥梁定期检查资料,通过对桥梁各部件技术状况的综合评定,确定桥梁的技术状况等级,提出各类桥梁的养护措施。

桥梁适应性评定包括:依据桥梁定期检查及特殊检查资料,结合试验与结构受力分析,评定桥梁的实际承载能力、通行能力、抗洪能力,提出桥梁养护改造方案。

一般评定由负责定期检查者进行适应性评定,应委托有相应资质及能力的单位进行。

二、一般评定的要求

全桥总体技术状况等级评定,宜采用考虑桥梁各部件权重的综合评定方法。亦可按重要部件最差的缺损状况评定或对照桥梁技术状况评定标准进行评定。

桥梁各部件技术状况的评定方法如下:

(1)根据缺损程度(大小、多少或轻重)、缺损对结构使用功能的影响程度(无、小、大)和缺损发展变化状况(趋向稳定、发展缓慢、发展较快)等三个方面,以累加评分方法对各部件缺损状况作出等级评定,评定方法见表 7-2。

表 7-2　桥梁部件缺损状况评定方法

缺损状况及标度			组合评定标度					
缺损程度及标度		程度		小→大 少→多 轻度→严重				
		标度		0	1	2		
缺损对结构使用功能的影响程度	无、不重要	0				0	1	2
	小、次要	+1				1	2	3
	大、重要	+2				2	3	4
以上两项评定组合标度				0	1	2	3	4
缺损发展变化状况的修正	趋向稳定	−1			0	1	2	3
	发展缓慢	0			1	2	3	4
	发展较快	+1		1	2	3	4	5
最终评定结果			0	1	2	3	4	5
桥梁技术状况及分类			完好	良好	较好	较差	差的	危险
				一类	二类	三类	四类	五类

注:"0"表示完好状态,或表示没有设置的构造部件。当缺损程度标度为"0"时,不再进行叠加。"5"表示危险状态,或表示原未设置,而调查表明需要补设的部件。

(2)重要部件如墩台与基础、上部重构件、支座等,对其中缺损最严重的构件评分,其他部件根据多数构件缺损状况评分。

(3)推荐的各部件权重见表7-3。各地区也可根据本地区的环境条件和养护要求,采用专家评估法修订各部件的权重。

表7-3　推荐的桥梁各部件权重及综合评定方法

<table>
<tr><th>部件</th><th>部件名称</th><th>权重 W_i</th><th>桥梁技术状况评定方法</th></tr>
<tr><td>1</td><td>翼墙、耳墙</td><td>1</td><td rowspan="17">(1)综合评定采用下列计算式
$$D_r = 100 - \sum_{i=1}^{n} R_i W_i / 5$$
式中　R_i——按表7-2方法对各部件确定的评定标度(0~5);
W_i——各部件权重,$\sum W_i = 100$;
D_r——全桥结构技术状况评分(0~100),评分高表示结构状况好,缺损少。
(2)评定分类采用下列界限:
$D_r \geqslant 88$　一类
$88 > D_r \geqslant 60$　二类
$60 > D_r \geqslant 40$　三类
$40 > D_r$　四类、五类
$D_r \geqslant 60$的桥梁,并不排除其中有评定标度$R_i \geqslant 3$的部件,仍有维修的需要</td></tr>
<tr><td>2</td><td>锥坡、护坡</td><td>1</td></tr>
<tr><td>3</td><td>桥台及基础</td><td>23</td></tr>
<tr><td>4</td><td>桥墩及基础</td><td>24</td></tr>
<tr><td>5</td><td>地基冲刷</td><td>8</td></tr>
<tr><td>6</td><td>支座</td><td>3</td></tr>
<tr><td>7</td><td>上部主要承重构件</td><td>20</td></tr>
<tr><td>8</td><td>上部一般承重构件</td><td>5</td></tr>
<tr><td>9</td><td>桥面铺装</td><td>1</td></tr>
<tr><td>10</td><td>桥头与路堤连接部</td><td>3</td></tr>
<tr><td>11</td><td>伸缩缝</td><td>3</td></tr>
<tr><td>12</td><td>人行道</td><td>1</td></tr>
<tr><td>13</td><td>栏杆、护栏</td><td>1</td></tr>
<tr><td>14</td><td>灯具、标志</td><td>1</td></tr>
<tr><td>15</td><td>排水设施</td><td>1</td></tr>
<tr><td>16</td><td>调治构造物</td><td>3</td></tr>
<tr><td>17</td><td>其他</td><td>1</td></tr>
</table>

桥梁技术状况评定等级分为一类、二类、三类、四类、五类。桥梁总体及部件技术状况评定标准见表7-4。

梁、拱、墩台裂缝的最大限值规定如表7-5所示,裂缝超过表列数值时应进行修补或加固,以保证结构的耐久性。

三、桥梁适应性评定的内容

对桥梁的承载能力、通行能力、抗洪能力应周期性地进行评定,评定周期一般为3~6年。评定工作可与桥梁的定期检查、特殊检查结合进行。

承载能力、通行能力的评定一般采用现行荷载标准及交通量,也可考虑使用期预测交通量,承载能力、通行能力评定方法见《公路旧桥承载力评定规程》。抗洪能力评定的具体要求见《公路桥涵养护规范》(JTG H11—2004)中的相关规定。

四、养护对策

(1)对一般评定划定的各类桥梁,分别采取不同的养护措施:一类桥梁进行正常保养;二类桥梁须进行小修;三类桥梁须进行中修,酌情进行交通管制;四类桥梁须进行大修

表 7-4　桥梁技术状况评定标准

项目	一类	二类	三类	四类	五类
总体评定	完好、良好状态 1. 重要部件功能与材料均良好 2. 次要部件功能良好，材料有少量（3%以内）轻度缺损或污染 3. 承载能力和桥面行车条件符合设计指标	较好状态 1. 重要部件功能良好，材料有局部（3%以内）轻度缺损或污染，裂缝宽小于限值 2. 次要部件有较多（10%以内）中等缺损或污染 3. 承载能力和桥面行车条件达到设计指标	较差状态 1. 重要部件材料有较多（10%以内）中等缺损，裂缝宽度超过限值，或出现轻度功能性病害，但发展缓慢，尚能维持正常使用功能 2. 次要部件有大量（10%～20%）严重缺损，功能降低，进一步恶化将不利于重要部件和影响正常交通 3. 承载能力比设计降低10%以内，桥面行车不舒适	差的状态 1. 重要部件材料有大量（10%～20%）严重缺损，裂缝宽度超过限值，风化、剥落、露筋、锈蚀严重，或出现轻度功能性病害，且发展较快。结构变形小于或等于规范值，功能明显降低 2. 次要部件有20%以上的严重缺损，失去应有功能，严重影响正常交通 3. 承载能力比设计降低10%～25%	危险状态 1. 重要部件出现严重的功能性病害，且有继续扩张现象，关键部位的部分材料强度达到极限，出现部分钢筋断裂、混凝土压碎或杆件失稳变形的破损现象，变形大于规范值，结构的强度、刚度、稳定性和动力响应不能达到平时交通安全通行的要求 2. 承载能力比设计降低25%以上
墩台与基础	1. 墩台各部分完好 2. 基础及地基状况良好	1. 墩台基本完好 2. 3%以内的表面有风化、麻面、短细裂缝，缝宽小于限值，砌体灰缝脱落 2. 表面长有青苔、杂草 3. 基础无冲蚀现象	1. 墩台3%～10%的表面有各种缺损，裂缝宽超限值，有风化、剥落、露筋、锈蚀现象；砌体灰缝脱落，局部变形等 2. 出现轻微的下沉、倾斜、滑动等现象，发展缓慢或趋向稳定 3. 基础有局部冲蚀现象，桩基顶段被磨损	1. 墩台10%～20%的表面有各种缺损，裂缝宽而密，剥落、露筋、锈蚀严重，砌体大面积松动、变形 2. 墩台出现下沉、倾斜、滑动、冻拔现象，变形小于或等于规范值。台背填土有沉降裂缝或挤压隆起，变形发展较快 3. 基础冲刷大于设计值，基底冲空面在10%～20%以内，桩基顶段被侵蚀、露筋、缩颈，或有环状冻裂，木桩腐蚀、蛀蚀严重	1. 墩台不稳定，下沉、倾斜、滑动、冻拔现象严重，变形大于规范值，造成上部结构和桥面变形过大，不能正常行车 2. 墩台、桩基出现结构性裂缝，裂缝宽度超过限值 3. 基底冲刷深度大于设计值，冲空面积达20%以上。地基承载力降低，桥台岸坡滑移

续表 7-4

项目	一类	二类	三类	四类	五类
支座	1. 各部分清洁完好,位置正确 2. 支座工作状态正常	1. 支座有尘土堆积、略有腐蚀 2. 支座滑动面干涩	1. 钢支座固定螺栓松动,锈蚀严重 2. 橡胶支座开始老化 3. 混凝土支座有剥落、露筋、锈蚀现象	1. 钢支座的组件出现断裂 2. 橡胶支座老化开裂 3. 混凝土支座碎裂 4. 活动支座坏死,不能活动 5. 支座上下错位过大,有倾倒脱落的危险	支座错位、变形、破损严重,已失去正常支撑功能,使上下部结构受到异常约束,造成支撑部位的缺损和桥面的不平顺
砖、石、混凝土上部结构	1. 结构完好,无渗水,无污染 2. 次要部位有少量短细裂纹,裂纹宽度小于限值	1. 结构基本完好 2. 3%以内的表面有风化、麻面、短细裂缝,缝宽小于限值,砌体灰缝脱落 3. 上下游侧表面有水迹污染,砌体滋生杂草	1. 结构 3% ~10% 的表面有各种缺损,裂缝宽超限值,有风化、剥落、露筋、锈蚀,桥面板裂缝渗水 2. 石砌拱桥砌体灰缝脱落,局部松动、外鼓 3. 横向连接件断裂、脱焊或松动,边梁或边拱肋有横移或外倾迹象	1. 结构 10% ~20% 的表面有各种缺损,重点部位出现接近全截面的开裂,裂缝宽超限值,顺主筋方向有纵向裂缝,钢筋锈蚀和混凝土剥落严重,桥面开裂渗水严重,砌体有较大松动、变形 2. 结构存在明显的永久变形,变形小于或等于规范值,桥面竖向成波形	1. 结构永久变形大于规范值 2. 重点部分出现全截面开裂,裂缝宽度超过限值,部分钢筋屈服或断裂,混凝土压碎。主拱圈出现四铰,成不稳定结构 3. 受压构件有严重的横向扭曲变形 4. 承载能力比设计降低 25% 以上
钢结构	1. 各部件及焊缝均完好 2. 各节点铆钉、螺栓无松动 3. 各部分油漆均匀、完整,色泽鲜明	1. 各部件完好,焊缝无开焊 2. 少数节点有个别铆钉、螺栓松动变形 3. 油漆变色、起泡剥落,面积在 10% 以内	1. 个别次要构件有局部变形,焊缝有裂纹 2. 连接铆钉、螺栓损坏在 10% 以内 3. 油漆失效面积在 10% ~20%	1. 个别主要构件有扭曲变形、损伤裂纹、开焊、严重锈蚀 2. 连接铆钉、螺栓损坏在 10% ~20% 3. 油漆失效面积在 20% 以上	1. 主要构件有严重扭曲变形、开焊,锈蚀削弱截面 10% 以上,钢材变质,强度性能恶化。油漆失效面积在 50% 以上 2. 节点板及连接铆钉、螺栓损坏在 20% 以上 3. 结构永久变形大于规范值 4. 结构振动或摆动过大,行车和行人有不安全感

续表 7-4

项目	一类	二类	三类	四类	五类
人行道栏杆	完整清洁，无松动，少数构件局部有细裂纹、麻面	个别构件破损、脱落，3% 以内构件有松动、开裂、剥落和污染	10% 以内构件有松动、开裂、剥落、露筋、锈蚀、破损、脱落	10% ~ 20% 构件严重损坏、错位、变形、脱落、残缺	
桥面铺装、伸缩缝	1. 铺装层完好、平整、清洁，或有个别细裂缝 2. 防水层完好，泄水管完好、畅通 3. 伸缩缝完好、清洁 4. 桥头平顺，无跳车现象	1. 铺装层 10% 以内的表面有纵横裂缝、浅坑槽、波浪 2. 防水层基本完好，泄水管堵塞，周围渗水 3. 伸缩缝局部破损 4. 桥头轻度跳车，台背路面下沉在 2 cm 以内	1. 铺装层10%~20%的表面有严重的龟裂、深坑槽、波浪 2. 桥面板接缝处防水层断裂渗水，泄水管破损、脱落 3. 伸缩缝普遍缺损 4. 桥头跳车明显，台背路面下沉 2 ~ 5 cm	1. 铺装层 20% 以上表面有严重的破坏，桥面普遍坑洼不平、积水 2. 防水层老化失效，普遍断裂、渗水，泄水管脱落，泄水孔堵塞 3. 伸缩缝严重破损、失效，难以修补 4. 桥头跳车严重，台背路面下沉大于 5 cm	
调治构造物	1. 构造设置合理，功能正常 2. 构造物完好	1. 构造物功能基本正常 2. 构造物局部断裂，砌体松动、变形	1. 构造物本身抗洪能力不足，基础局部冲蚀 2. 构造物 20% 以内出现下沉、倾斜、局部坍塌	1. 构造物本身抗洪能力太低，基础冲蚀严重 2. 构造物 20% 以上被破坏，部分丧失功能或功能下降	
翼(耳)墙、锥(护)坡	1. 翼(耳)墙完好无损，清洁 2. 锥(护)坡完好，无垃圾堆积，无草木滋生 3. 桥头排水沟和行人台阶完好	1. 翼(耳)墙出现个别裂缝，缝宽小于限值，局部剥落，砌体灰缝脱落，面积在 10% 以内 2. 锥(护)坡局部塌陷，铺砌缺损，垃圾堆积，草木丛生 3. 桥头排水沟堵塞不畅通，行人台阶局部塌落	1. 翼墙断裂与桥台前墙脱开，但无明显外倾、下沉，砌体灰缝脱落，局部松动外鼓，面积小于 20% 2. 锥(护)坡出现大面积塌陷，铺砌缺损，形成冲沟或积水坑，坡脚有局部冲蚀 3. 桥头排水沟和行人台阶损坏，功能降低	1. 翼墙断裂、下沉、外倾失稳，砌体变形，部分严重倒塌 2. 锥(护)坡体和坡脚冲蚀严重，有滑移、坍塌，坡顶下降很大，作用明显减小 3. 桥头排水沟和人行台阶全部损坏，几乎消失	

续表 7-4

项目	一类	二类	三类	四类	五类
照明、标志、附属设施	完好无缺,布置合理	照明灯泡损坏,灯柱锈蚀,标志不正、脱落,附属设施基本完好	灯柱歪斜不正,灯具损坏,标志倾斜损坏,附属设施需要保养维修	照明线老化破断或短路,灯柱、灯具、线路不齐,标志损失严重,附属设施需维修与更换	

或改造,及时进行交通管制,例如限载、限速通过,当缺损较严重时应关闭交通;五类桥梁需要进行改建或重建,及时关闭交通。

表 7-5　裂缝限值

结构类型	裂缝种类			允许最大缝宽(mm)	其他要求
钢筋混凝土梁	主筋附近竖向裂缝			0.25	
	腹板斜向裂缝			0.30	
	组合梁结合面			0.50	不允许贯通结合面
	横隔板与梁体端部			0.30	
	支座垫石			0.50	
预应力混凝土梁	梁体竖向裂缝			不允许	
	梁体纵向裂缝			0.20	
砖、石、混凝土拱	拱圈横向			0.30	裂缝高度小于截面高度的一半
	拱圈纵向			0.50	裂缝长度小于跨径的 1/8
	拱波与拱肋结合处			0.20	
墩台	墩台帽			0.30	不允许贯通墩身截面一半
	墩台身	经常受侵蚀性水影响	有筋	0.20	
			无筋	0.30	
		常年有水,但无侵蚀性水影响	有筋	0.25	
			无筋	0.35	
		干沟或季节性有水河流		0.40	
	有冻结作用部分			0.20	

注:表中所列除特指外适用于一般条件。对于潮湿环境和空气中含有较强腐蚀性气体条件下的缝宽,限制应要求严格一些。预应力混凝土梁指全预应力或部分预应力 A 类构件。

(2)对适应性不能满足的桥梁,应采取提高承载能力、加宽、加长、基础防护等改造措施。若整个路段有多座桥梁的适应性不能满足，应结合路线改造进行方案比较和决策。

例：河南省水利第一工程局承建的河口村水库金滩沁河大桥工程质量检验要求。

一、质量检验

（一）线形

竣工后的桥梁应线型平顺、美观，弯度、坡度、超高、加宽要做到流畅顺适。桥面、缘石、栏杆、护栏等的标高要符合图纸要求。

（二）外观要求

（1）同一或相邻结构物表面、纹理和颜色应均匀一致。除非监理工程师另有书面批准，承包人应采用同一类型的模板、修饰方法、脱模剂等。结构物所用的水泥及外加剂应尽可能采用同一厂家产品。

（2）一种结构型式与另一种结构型式连接处的过渡段坡度、半圆形接头等应匀顺，以使结构物具有美感。

（3）混凝土结构物外露的表面应平整，无蜂窝、麻面、露筋及空洞。分段浇筑时，段与段之间不得有错台。

（4）桥面铺装防水混凝土表面不得有麻面、蜂窝和裂纹，施工缝处不得有裂缝。

（5）伸缩装置的伸缩性能应有效，无阻塞、渗漏、松脱和开裂现象。

（6）伸缩装置应保持顺直、平整，车辆通过时无颠簸现象。

（7）泄水管周围不允许漏水，进水口应略低于桥面面层。

（8）预制构件尺寸准确，拼装时接头平顺。

（9）为了获得满意的外观质量，监理工程师认为有必要进行修整时，其费用由承包人负责。

（三）桥梁总体质量

桥梁总体质量应符合表7-6的要求。

表7-6　桥梁总体质量要求

项次	检查项目		规定值或允许偏差	检查方法
1	桥面中心线偏差(mm)		10	用经纬仪检查3～8处
2	桥宽(mm)	车行道	±10	用钢尺量，每孔3～5处
		人行道	±10	
3	桥长(mm)		+300，-100	用测距仪检查
4	引道中心线与桥梁中心线的衔接(mm)		±20	分别将引道中心线和桥梁中心线延长至两岸桥长端部，比较其平面位置
5	桥头高程衔接(mm)		±3	用水准仪测量

二、桥梁荷载试验

（1）特大型桥、结构复杂的大型桥完工以后，应对桥梁或桥梁的某一部分进行荷载试验，以验证结构物具有足够承受设计荷载的能力。

(2)荷载试验由业主委托有资格的科研单位或设计单位承担。

(3)桥梁荷载测试项目按图纸规定，一般动载试验包括冲击、自振频率、动挠度、脉动、动应变试验，静载试验包括静挠度、静应变试验。上述项目精度将根据具体情况，选择部分或全部进行试验，投标时可增加其他项目进行试验。

(4)根据试验结果，结构物或结构物的任一部分，如由于施工原因不能满足图纸要求，承包人应进行重建或补强，重建或补强结构物的费用由承包人承担。